近代史資料

中国社会科学院近代史研究所《近代史资料》编辑部 编

总142号

中国历史研究院专项出版经费资助

Sources in Modern Chinese History

中国社会科学出版社

图书在版编目(CIP)数据

近代史资料．总142号／中国社会科学院近代史研究所《近代史资料》编辑部编．—北京：中国社会科学出版社，2020.8

ISBN 978－7－5203－6839－1

Ⅰ．①近…　Ⅱ．①中…　Ⅲ．①中国历史—近代史—史料　Ⅳ．①K250.6

中国版本图书馆CIP数据核字（2020）第128095号

出 版 人　赵剑英
责任编辑　冯春凤
责任校对　张爱华
责任印制　张雪娇

出　　版　中国社会科学出版社
社　　址　北京鼓楼西大街甲158号
邮　　编　100720
网　　址　http://www.csspw.cn
发 行 部　010－84083685
门 市 部　010－84029450
经　　销　新华书店及其他书店

印　　刷　北京君升印刷有限公司
装　　订　廊坊市广阳区广增装订厂
版　　次　2020年8月第1版
印　　次　2020年8月第1次印刷

开　　本　880×1230　1/32
印　　张　9.125
插　　页　2
字　　数　238千字
定　　价　68.00元

凡购买中国社会科学出版社图书，如有质量问题请与本社营销中心联系调换
电话：010－84083683

目　　录

李秀成方山被执的调查报告
……………… 陈枫林 著　王密林　曹　曦 整理（1）
任阙斋东游漫录 ……… 章宗祥 著　韩　策 整理（16）
中国海关《十年报告》（1902—1911）选译
——陆海军变化、土匪、革命 … 郭大松 译（71）
六二回忆（十一） ………………………… 李景铭 著（103）
孙洪伊年谱简编 ………………………… 谷小水 编（150）
孙瑞芹自传（四）
……………… 张坚一　张未名 译　关　康 校（205）
陈布雷致宋美龄函一封 ……………… 古为明 整理（289）

李秀成方山被执的调查报告

陈枫林 著　王密林　曹　曦 整理

编者按：本篇系上世纪50年代初，南京市文物保管委员会委托原南京江宁区文教助理陈枫林调查并撰写。报告于1953年6月19日完成后，除罗尔纲在《李秀成自述原稿注》（中华书局1982年版）、《太平天国史》（中华书局1991年版）等书中以《李秀成方山被执调查记录》之名有所征引外，一直未曾公开刊布。报告搜集大量口碑史料，详细披露了李秀成被捕杀的具体过程，是太平天国史研究重要且珍贵的史料，而且报告经多人批注，本身也颇有文献价值。今整理发表，以供研究参考。

原稿为繁体竖写，有红、蓝水笔所注眉批，正文中亦有夹注（未能确认批注者身份），为保存原貌，均予保留，并对讹误错漏处略加纠正补充。原件为私人收藏。

一、重视的由来

（一）东山俱乐部陈庆绵的谈天给我的启示

一九五〇年，我由江宁七区（原注：区人民政府在龙潭。）调任一区文教助理，本不知太平天国忠王李秀成昔年在方山被执

整理者：王密林，《中国美术报》出版中级；曹曦，安徽大学历史系讲师。

的事情。一天，东山俱乐部（原注：县政府和一区区政府皆在东山。）陈庆绵同志（原注：现任本县人民法院秘书。）于工作之余闲谈道："我讲一个太平军的故事给你听，是我解放前在方山大井村做小学教师时听伪保长李慕华说的。在太平天国天京沦陷的时候，方山下有个施老太上山扎草，在草丛中遇见一位太平军的落难英雄。这人叫做忠王，要求老太能够暂藏留他，许以重金相酬。老太归商其子，子以利小不肯为，报告地方官。地方官俘送南京，不意行至南京城外，途遇清军，为其所夺，冒功请赏。王某与地方官害了革命领导，结果毫无所得！"我深觉此故事有关革命史实，且有很大的革命教育意义，故每于方山周围视寻［巡］学校时稍稍留心。

（二）南京、无锡一九五一年的太平天国起义百周年纪念展览会给我的教育

太平天国运动是历史上最大的一次农民运动，时间【历】十八年而转十七省，它是资产阶级性【质】的民主革命。这两个展览会，一因靠近，一因到无锡学习，我都去细细地学习一过，特别是忠王兵到苏州、群众欢迎的蜡像给我印象最深。罗尔纲、周穗成先生[①]的文章和在黑板报上的答问给我学习很多东西。周穗成[②]先生与我细谈半小时，寻出薛福成《庸盦笔记》中有关忠王被执一节给我看，并介绍我买了《李秀成自传》细阅，使我对太平天国史之研究有了很大兴趣，回宁后函请涧西小学校长郑新梅帮助调查研究。

（三）南京文管会的委托

① 原文为"罗尔纲、周穗成先生"，"周穗成"用红笔划去，今恢复。周穗成，字少平，江苏宜兴人，曾任苏南文物保管委员会成员，后被错划为右派，疑因避嫌被批注者划去。

② "周穗成"用红笔划去，今恢复。

今年南京举行“太平军克复南京一百周年纪念展览会”，我到堂子街某王府参观后，在意见簿上提议文管会组织一个小型调查组，到郊外方山调查忠王被执真相，以明究系“两国奸民”解送，抑系萧军所俘。后南京文管会要我提出调查对象以及民间传说已有材料，故益努力搜求。今年到方山去了三次，并组织今涧西校长王宝廉、大井村校长孙寿柏帮助调查。

（四）文献的矛盾和丰富，加深我追求真相的心情和勇气

薛福成《庸盦笔记》与赵惠甫《能静居日记》记忠王方山被执大相矛盾，薛谓萧拿，赵谓陶送，又自传与罗尔纲注解及《太平天国野史》皆有矛盾，故不仅被执一事也。又由于周少平及[①]六合贡生张卓人之帮助，于是信心益坚。

二、民间的传说

（一）涧西郑新梅校长、涧东葛有贵（原注：葛大茂之父，去年七十三岁病故。）所传者（一九五一年九月廿日）

清将曾国荃围攻南京城陷，小天王夜半领一批人马，由通济门经高桥门走淳化，过土桥到九龙山。忠王李秀成耽误时间，匹马单枪追赶（红笔补：幼）天王，不料出通济门岔上方门，因追不上（红笔补：幼）天王，隐方山顶海会寺（原注：一名海慧寺，寺后有石龙池，故俗称石龙寺。）避难。有丁村（原注：丁村、涧东、涧西三村成鼎足形。）王奶奶上山扎草，忠王因肚饥，密与妪约，每日送饭两餐，报以厚金。王妪送饭两日，被王小二（原注：丁村称王老二。）发觉，严审王妪。王妪不得已，遂实告小二。小二上庙侦察，知系落魄军官，转报涧东奸民陶大赖。陶前任太平军小官，后乃降清者，到庙一看认识忠王，诱至

① “周少平及”四字用红笔划去，今恢复。

山下，（原注：一说同民练去诱至山下。）急报南京，某提督即派勇士百余人将方山包围，忠王遂被俘。（红笔眉批：陶大兰一事是肯定的，余待考。）

（二）丁村梁天民（原注：七十余岁，一九五二年已故。）、杨光照（原注：六十余岁，一九五二年已故。）、梁保森所传者（一九五二年三月廿八日）

李秀成出城时，因小天王马蹄受伤，不能走，（红笔批：可供参考。）忠王把马换把［给］他骑，自己回营牵马，脱离大队，误入方山边，躲横岭定林寺。（原注：寺旁有塔，俗称宝塔寺，距南京东南三十里，寺在山腰。）有随从二人，日间隐藏山脚深草中，晚间回庙住宿。在该处隐藏两天，由随从下山用银元买饭吃。（原注：一说买米。）清军既占南京，到乡间推行政治，组织民练，当日群众集合上山打猎，深草中发现忠王等三人。有老人认识忠王，报告民练小头目王老二（原注：丁村人。）。王到山上将忠王诱至丁村，拘杨光照祖上堂屋一夜，（红笔批：可供参考。）复报告陶大赖（原注：涧东人。）。陶名目比王大，忠王求他护送回队，陶许之。忠王将自己所藏庙中一囊珠玉、金银及宝剑告诉大赖。大赖到庙上拿出，次日伪说送城，带忠王由青沙嘴过河，经殷巷走牛首山。王老二落得一场空手，心抱不平，跨马急报清兵。清将萧孚泗派骑兵快马追赶，追至牛首山，陶遁，忠王遂被俘。于是清兵大营王老二[①]，以后地方将此事编成小戏，叫《王老二大胆捉忠王》，王老二一条扁担重百二十斤，一把镰刀八十斤。实则王老二之气力与中人等，并不比他人稍强也。（原注：编小戏节为梁保森。）（红笔眉批：王老二一节、《捉忠王》小戏可供参考。）

（三）下王墅刘仲缉（原注：六十一岁，少与王墅秀才夏仲

---

① 此句疑有脱漏。

鸾之子泳清所谈友好，自谓常至夏处阅书，曾亲见夏仲鸾关于忠王被执之记录，后往外经商，年衰回乡者。）所传者（一九五三年五月五日）

曾国藩及弟围攻金陵久不下，乃借英美炮火及掘隧道，明攻暗袭，城遂陷，洪大全被俘。忠王李秀成见大事已去，将坐骑让与小天王出奔，只身由洪武门出走，原意收集残余，再图大举，奈人心涣散，孤掌难鸣。其时仓卒出城，头发未薙，服装未换，极易引人注视，遂昼伏夜行，潜匿城东南三十里之天邱山（原注：方山亦名天邱山。）石龙池畔，已两昼夜未进饭食，腹中馁甚。天甫明，有乐村村民王小二入山采薪，深入石龙池，瞥见忠王，见其服装与众不同，问是何人。忠王即告知之，并言腹饥思食。王小二谓忠王曰："饭在村中，容我取上与大王食。"急急奔回，告知陶大赉，谓忠王在石龙池，可多集乡人围擒，缚官请赏。大赉韪其言，乃约村农十余人前往山顶石龙池处。忠王守王小二送饭，良久不至，心知有异，遂坐以待变，俯视有十余人荷棍上山，知为逻已，乃解佩剑投于石龙池，抚膺长叹曰："丈夫生不逢辰，死亦何惧？惟恨不能马革裹尸，而入竖子之手，有负此七尺躯耳。"须臾，陶大赉率众至，忠王挥手告曰："尔等何须如此？余当随汝等下山，由汝等送官请赏可也。"言毕，从容下山。至乐村，在陶大赉家饭毕，星夜解送上元县。先是，上元县已派干弁萧某在岔路上巡逻，适大赉解忠王至，萧某自欲攘功，谓大赉曰："汝等乡人擒获忠王，自可到县请赏，我不阻拦，惟李秀成系发匪首逆，该犯路上如有疏失，汝等非但无功，且获大罪，不如交我解县，汝等随我到县请赏。"大赉不敢抗，遂一同到县请功，领赏白银二百两、"忠勇可嘉"软匾一方。（原注：大红绸子的。）其功由上元县冒领，即将忠王亲解两江总督署与曾国藩收押。国藩初讯时，颇爱忠王沈毅，力劝降清。忠王怒叱之："汝本汉人，认贼作父，腆颜事仇，可耻可恶。"

（红笔眉批：忠王答词可供参考。）

国藩无言可对，随即勒询口供。忠王索纸笔，堂下奋笔直书一万余言，措词内容如何，国藩秘而不宣，无从得悉。遂与洪大全同解北京，不屈殉难。在途中囚车内，自填《临江仙》一阕，慷慨激昂，其词曰：“寄身虎口运筹工，贼途（徒）不识英雄！忘（妄）将金锁绾飞鸿，纵然生羽翼，难以御长风。槛凤篏鸾今已矣，让他竖儒邀功。六弢（韬）三略总成空，哥哥行不得，泪洒杜鹃红。”①（红笔批：词的出处，最早见于丁守常《从军日记》，后由《金壶七墨》转载，以致流传至今。）

此词亦谓洪大全所作，未知孰是，姑录于此。此事后来编成京剧，剧名《捉忠王》，在方山演出，（原注：草台班子，刘老曾亲见此剧。）入民国已不唱。方山每年三月十九、二十、二十一出会，执锣鼓者皆着白衣，有谓即系纪念忠王，亦有谓系纪念崇祯帝者。

（四）涧东陶明才（原注：七十六岁，陶大赉之侄孙，大赉胞弟大彬之孙，中农。现住大赉老宅，宅为洪、杨以前老屋。）、陶瑞林（原注：中农，明才之承继孙，现为涧东村长。）所传者（一九五三年六月十四日）

陶大赉谱作大来，（原注：为烧去复制之挂谱。）行二，父名正魁，妻傅氏，有子光礼，礼无后，由大来抱弟大彬之孙明才承继。（原注：世系：良光—成略—正魁—大来—光礼）大赉住涧东，（原注：涧东三十八户，陶姓九户。）富农，有田三十余亩。又在涧西小街做磨坊，为涧东、涧西、丁村、虞村、杨村、直埂村、魏家庄、长塘头八村村董，有膂力胆量，甚狡猾。尝饲黑骡一口，制土枪一枝。帽旗作两色，清军至戴清帽、树清帜；太平军至又戴红帽、树红帜。实则倾向清军，每当太平军至，辄

① （）内系红笔批改。

放土枪数响，全村人先走，自己俟人走尽，跨骡急驰而去。王老二既在石龙池随忠王下山，忠王曰：“能送我过江过河，（原注：山东南二里许有秦淮河，过河有大路通秣陵关。）金钱随你要，好马听你骑，高官任你拣。”老二不决，商诸大赉。商议既定，大赉伪对忠王曰：“我愿送王过江。”实则送往城中。事成，清赐大赉功臣牌一个、银若干，王老二亦赐红顶一个、银子若干。大赉后至溧阳戴埠经商，商号陶聚丰，开煤炭行兼磨坊，有牲口二十余条。光绪初年，以五十多岁卒于戴埠。（原注：以上陶明才谈，以下祖孙合谈。）至于珠宝不甚明了。涧西孙明兴（原注：四十余岁。）云，忠王侍从文士逃走时，掷于宝积庵东之白龙洼，（原注：白龙洼为一山沟，下山为涧，流入秦淮，涧东、涧西二村为其所分，故名。）有金水烟袋、金足蹬、宝剑等。宝剑闻于清末曾出现于村前沼池内，不知下落。（原注：五十四岁涧东郭善发谓。）王长发谓，陶大赉曾往南京卖宝，因疑被执。村后马山地于当时曾有太平军数人掘出太平军烈士一名，欲为烈士报仇，吓死村中张姓一人。有谓此烈士即系忠王也。（原注：陶瑞林）至谓过去方山出会，锣鼓手皆着白衣，是乃纪念祠山大帝阴救人命免至遭殃者，既非纪念忠王，亦非纪念崇祯。三月十九日山南不出会，丁村会期三月十四，涧东三月十六，与崇祯三月十九吊死煤山之期不合耳。至于忠王宝积庵受难之说，这是后事，少时我未听闻。海会寺老僧云云亦不可靠，因彼三十余岁始至此山者。

（五）丁村吴祥生（原注：五十余岁，贫农。）、王长发（原注：卅多岁，贫农。）所传者（一九五三年六月十四日）

忠王一行四人，随从中一个文士、两个武士。初落定林后，走石龙池天门口，移息宝积庵，为王老二等上山扎柴所发现。（原注：吴谓王老二夫妻上山扎柴所发现，王谓王老二等上山扎柴所发现，陶瑞林谓王老二母亲上山扎草先发现。）忠王等一见惊散，文士逃走。乃诱忠王至丁村，（原注：丁村四十四户，王姓十二户。）同时捕获武士二人，偕陶大赉一同绑送清营。陶大赉常做“大兵”（原注：吴祥生称清军为大兵。）的生意，与清军相熟，今涧东陶明才老人是其侄孙。（原注：明才无后，以瑞林为承继孙，瑞林现为涧东村长。）王老二名书发，（原注：王书发世系：王士元—起仁—五房廷锡—二房书发）兄弟四人。兄名书正，三弟书桂，四弟书有。保林（原注：六十七岁，中农。）是其亲侄。（原注：世系：书有—保林—长钧—明华）王明华现为本乡（原注：洋桥乡）文书，书正、书发、书桂皆无后。书有十四岁时为太平军所掳，参加太平军，天京沦陷后，由李鸿章派船送回家。（原注：据宝林谈。）书有回家时十八岁，以年幼参军，不识自己家，但言“方山白庵底下是我家”，因当时宝积庵本为白墙也。书发行二，妻殷氏，不识字，清给一品不受，只要七品。最后清以书发不会做官，七品也未给，只给白银若干、红顶一个。（原注：有谓给他十品和一个白顶子。）老二自以为荣，顶子时刻不离，下田也带［戴］。因为好玩银子，未成正用，胡乱花光，三十多岁得阴病而死。忠王当初允王老二如能将我送走，定替村上起造转楼，加功重赏，否则绝德无嗣。宝积庵建于唐代，位于山顶南侧，距我村较近。太平天国时已破坏，但其时林木甚多，故好隐藏。山顶海会寺（原注：石龙池后有。）老僧八十余岁，曾对王宝廉老爷亦云忠王遇险宝积庵。（红笔批：海会寺）

（红笔眉批：补充更正之处：书发行二（王老二），书桂行三。忠王受难之处由宝积庵改为海会寺。忠王同行有侍从三人，另传有三子，一子逃至苏北古寨。）

（六）大井村校长孙寿柏、大井村王考成（原注：六十二岁。）、乐村乐德永所传者（一九五三年五月十日）

忠王遇难地点有定林寺、宝积、石龙池数说，此与捉忠王人物住处有关。主定林寺者，谓王小二住下乐村，现已绝嗣，陶大赉住上乐村。主宝积庵者，谓王小二住丁村，陶大赉住涧东。至石龙池，两说均提及忠王曾在彼处栖息。

上乐村有陶氏宗祠，木主甚多，惟已狼藉不全，另有两块题匾，已历“仲、王、承、志、元、大、在、嘉、宏、均、立、德、纯、粹”十四世。其中“大”字辈与忠王遇难年代相近，惟“大”字辈中无大赉其人。下乐村确有王小二，（原注：乐德永可证明其遗址。）上乐村人均否认有陶大赉其人，有则在涧东。丁村王姓排行，是以“士起臣书保，长明富贵永”十字传的。王小二属书字辈，有近族王明华为其曾孙辈，现任乡文书。陶大赉确在涧东，除刘仲缉外，一致共认。其遗宅未坏（原注：瓦屋），现为其侄孙陶明才及明才之承继孙瑞林所住。门楣上有两道横匾遗迹。明才思想有顾虑，无法从其口中聆取材料。至于《捉忠王》戏，据说是京剧。剧中饰陶大赉者为大花脸，出场报名曰“俺陶大赉也”。另说剧中有王小二一角，青衣小帽，砍柴镰刀九十斤，挑柴扁担八百斤，神乎其神，用夸张性，增强【戏】剧性，似属虚妄。此剧据说在南京也曾上演，可从戏剧界了解详情。

陈枫林按：戏剧一节为大井村王考成所谈，我访下王墅刘仲缉先生，刘谓曾在方山某村亲见其演出，为草台班子之京剧。涧东陶明才谓此剧也系京剧，但谓陶饰红脸，王饰白脸。丁村梁天银（原注：四十六岁。）谓，于民国二十年在宜兴徐舍乡下，亦见有类此剧之演出云。涧西校长王宝廉于我访问涧东陶明才时谓，涧东现在藏有此剧剧本，因思想有顾虑，不愿拿出。

三、调查的收获

（蓝笔批：总结以上六项“民间传说”，把它归纳起来，可见忠王落难方山乃至被俘经过的事迹如下：）

（一）忠王逃在方山顶破庙海会寺内，为王书发等上山扎柴发现，下山后为王书发、陶大赉诱缚南京清营。临难爱护革命领袖，与幼主马，另骑不劣［力］之马，具有忘我的革命牺牲精神。（红笔批：这也是忠王伟大之处。）萧孚泗冒功请赏，混淆历史。

忠王自传云："另骑不力之马……逃在荒山顶破庙内……被两国奸民查获解送前来。"于此次调查中可以完全证实，陶明才、刘仲缉、葛有贵（原注：葛大茂之父。）等皆主忠王遇险海会寺。吴祥生、王长发等皆主王书发等上山扎柴所发现，下山后，陶明才、刘仲缉、吴祥生等皆主陶、王等解送清营。果尔，则薛福成《庸盦笔记》、罗尔纲《忠王自传注释》，以及《太平天国野史》卷十三有关忠王被执一节，皆成错误。即华岗《太平天国战争史》"二十二日李秀成在南京方山失路，结果被萧孚泗所俘"（原注：一六七页），黄祖英等合编《近百年史话》"李秀成逃出了南京城，在乡间给清军捉住"（原注：一三页），皆不甚符合事实了。即罗尔纲《忠王传》"秀成见幼天王所骑马劣，以己所骑战马易之"（原注：附《忠王自传》卷首。）也不正确。因《忠王自传》明言"另骑不力之马"，传说中也有"忠王与主易马，另骑营马以至掉队误入方山也"。（原注：见第二传说。）

（红笔眉批：华岗书中所注之日期，系根据郭廷以所编《太平天国大事日志》下册。）

（二）两国奸民查出姓名、住址及其身世始末。

六月十四日，因我细细打通陶、王二姓思想，最后在陶瑞林、王明银处拿出陶、王二姓挂谱，加以陶明才、王长发之说明，始知陶大赉谱作大来，（原注：因谱曾遭水浸，重新复制，大赉可能误为大来。因村人都呼陶大赖（?），来字是平声，且赉字一般人不易写出，故刘仲缉先生未传之前皆书作“赖”。刘谓尝观夏氏记载是作“赉”字，《经书》“周有大赉”之意。）住涧东，（原注：三【十】八户，陶姓九户。）富农，有田三十余亩。于涧西小街开有磨坊，常与清军做生意，为涧东、涧西（原注：三十三户，多孙姓。）、丁村（原注：四十四户，王姓十二户。）等八村村董，有膂力、胆量，甚狡猾。有黑骡一头、土枪一枝。帽旗作两色，清军至，戴清帽、树清帜；太平军至，又戴红帽、树红帜。实则倾向清军，太平军至，辄放土枪数响，令村人先走，自己俟人走尽，跨骡急驰而去。王书发天明上山扎柴，在石龙池遇见忠王，邀忠王下山。忠王曰：“若能送我过江过河，汝有殊功，当以重金良马相酬。”书发不决，商诸大赉，大赉曰：“我送过江。”当日，因两帮争宝未定，留宿丁村杨姓家。次日（原注：二十一日），移至涧西。（原注：大赉在涧西开有磨坊。）廿二日，大赉等星夜解送南京，于郊外途遇萧军攘功，是即“二十二日，李秀成在南京方山失路，结果为萧孚泗所俘”也。事成，清赐大赉功臣牌一个、银若干。王书发亦受红顶一个、银子若干。大赉因得忠王珠宝，又加清赏，心虑地方对其怨妒，迁至溧阳戴埠经商，商号“陶聚丰”。开煤炭行兼营磨坊，有牲口二十余条。光绪初年，以五十余岁卒于戴埠。王书发，贫农，自得清赏，颇以为荣，顶子时刻不离，下田、下地都戴着。因为好顽［玩］银子，胡乱花光，三十余岁得阴病而死。妻殷氏，无后嗣。

（红笔眉批：“来”作“赉”，还值得研究的，因“赉”无根据；而“来”有挂谱可凭。）

（三）忠王利诱书发、大赉，一心挣脱险地继续革命。

陶明才谓忠王诱书【发】曰：“若能送我过江过河，汝有殊功，金银随你要，好马随你骑，高官任你拣。”王长发、陶瑞林说：“忠王一心想走，曾言若能将我送走，丁村起转楼，方山周围房子我来修。”刘仲缉也谓，忠王原意收集残余，再图大举，虽非尽然，于此也可看出，忠王无时不想挣脱，继续领导革命。

（四）太平军不忘革命统帅，重回天京寻找统帅，并为烈士复仇。

涧东烈属郭善发（原注：五十四岁。）言：于忠王送走两天后，有太平军大队来到。陶瑞林谓，有太平军数人来至村后马山地，掘出太平军烈士一名，尸身未化，欲为死者执仇，吓死村中张姓一人。

（五）陶大赉、王书发之间存有矛盾。

丁村梁天民等谓，陶独送忠王，王老二大不满意，呼清兵追至。王长发等谓，珠宝多为陶所窃去，后往南京卖宝，为疑被执。事实容有出入，但陶、王间之有矛盾，于此可知无疑。

（六）秀成有子三人。

张卓人先生谓，一名征祥，一名英祥，一名荣发。淮阴籍教师刘剑飞谓，一子逃居苏北古寨乡下，于民国九年，服务沭阳时见于该县边境古寨附近，并见淮阴《苏北日报》登载其子谈话。（原注：刘时任沭阳教师，现任我县八辉庙小学校长。）

（红笔眉批：刘老师的传说不可靠。）

四、调查的方式方法

（一）确定简单调查提纲。

1. 涧东、涧西、丁村计有若干户？内陶、吴二姓若干户？陶大赉、王老二之身世若何？

2. 忠王方山被执，究为陶所缚走，抑系萧军捉去？

3. 所遗珠宝何往？有哪些东西？

4. 编成戏剧是京戏、小戏？内容何如？

（二）打通干群思想，消除顾虑。

丁村、涧东二村为陶、王二奸之住落，陶、王二姓特多，（原注：丁村王姓十三户，涧东陶姓九户。）干部亦多姓王、姓陶，如乡文书王明华、村长陶瑞林是。故曾先向干部群众说明调查意义，是了解历史真相，并非追究责任，请在会上民众中予以妥善解释。

（三）动员涧西、井村校长王宝廉、孙寿柏注意收听材料，重点了解，以为参考。

（四）以个别访问为主，以涧东、丁村为重点进行调查，特别是陶、王二族之老者与干部。

（五）根据文献书谱与传说加以分析、比较、研究。

六月十四日，因陶瑞林、王明银容易启发，拿出挂谱，（原注：陶谱纸谱，王为绸谱。）加以陶明才、王长发之说明比较清晰，陶、王二奸之身世已甚明了，但稍不仔细即陷错误。如丁村王明银（原注：群众）之祖父保兴，亦名王小二，王明银又言王四爷捉忠王。于是根据传说询人对谱，知明银之父长福，长福谓其父保兴属狗，今年如在，已九十二岁。是保兴生于一八六二年（原注：即同治元年），当忠王遇难时，只有三岁，焉能捉人？王老二世传无后，阴病而死。而王四爷名书有，子保林，今年六十七岁，保林之子长钧，钧子明华，是此乡（原注：洋桥乡）文书，故不能成立。谱上书发行二，无子。王姓之人又皆言王老二属书字辈，故书发为王老二无疑也。有时为一字而登山，无宝积庵之“积”字，孙寿柏谓系“亭”字，刘仲缉谓系“珠”字，又有人谓系“吉”字。五月上旬（原注：星期天）去调查时，与涧西小学校长王宝廉上山看，瓦屋全毁，仅有小茅屋二间，老师姑、小尼姑二人。后有一碑，见之始知，建于唐代之宝积庵也。

五、存在的缺点

（红笔批：传说中的缺点是缺乏时间的说明。）

（一）陶明才、王保林之思想，仍有很多顾虑没有打消。陶大赉对捉忠王一节，多推给王老二。故大赉上山与否、得宝与否皆不肯谈。王保林一说三不知，抽身想走，仅谓其父书有，十四岁为太平军所掳，参加童子军，十八岁时天京沦陷后，由清官李鸿章船送回家。

（二）因为重点放在涧东、丁村，对涧西材料太少，应该补查，特别是陶之磨坊与忠王缚在涧西之情形。

（三）山顶到宝积庵之路没有亲去了解一次。初看上去，到丁村比到乐村难走，石龙池在海会寺后。忠王天明受惊，随即下山。看情形究宜向何方走出为宜，实应加以考虑。五一年，我至海会寺，未曾注意及此。今年又未亲去，也应补查一下。

（四）文献不足，时间不够，涧西王宝廉校长未能主动积极帮助。今年自己前往亲查三次，皆系利用星期日。除第一次住宿涧西，晚上往涧东访谈外，余均当日回县。华岗《太平天国战争史》谓“二十二日，李秀成在方山失路被萧所俘”，此二十二日不知何所根据。①

（红笔批：系根据郭廷以《太平天国大事日志》，盖天京失守之日——清历六月十六日即阳历七月十九日，郭廷以：“十九夜冲出天京，二十日避难方山，廿一日在涧西，廿二日即被出卖而被俘至南京。”郭根据清方记载注解，无误。我所编《忠王年谱稿》的推算也同。）

（蓝笔眉批：“六月庚午以后，曾军轮队攻城。乙酉时加午，

---

① “华岗”至“不知何所根据”红笔划去。

曾军由太平门发地雷，揭开城垣二十余丈，总兵李臣典先登……戊子，擒忠王李秀成、伪王兄洪仁达、洪仁发等……七月乙巳，诛伪忠王李秀成、伪王兄洪仁达、洪仁发……。”《续纂江宁府志》，光绪七年印。）

任阙斋东游漫录

章宗祥 著　韩　策 整理

说明： 章宗祥（1879—1962），字仲和，号任阙斋主人，浙江湖州府乌程县（民国归并吴兴县，现在湖州市）人，廪贡生，1903 年毕业于东京帝国大学法科。清末历充京师大学堂教习、修订法律馆总纂、宪政编查馆编制局副局长、资政院帮办事务、万国卫生博览会监督，曾任商部候补主事、民政部参事、内城巡警总厅厅丞、内阁法制院副使；民国后历任国务院法制局长、大理院长、司法总长及驻日公使，是清末民初政治、法律及外交领域的重要人物。

本刊总 38 号（1979 年）曾刊出章宗祥《东京之三年》，记述驻日时期外交事务。《任阙斋东游漫录》作于 1928 至 1929 年，铅字排印，疑系自印本。书中比较详细地记录了其担任驻日公使期间（1916—1919）的所见所闻及友人交际情况，间有回忆和议论，恰可与《东京之三年》互补。现整理刊出，冀有补于北洋时期中日关系、历史人物及日本历史文化的研究。( ) 内文字均为原注。

整理者： 韩策，北京大学历史学系助理教授、北京大学现代史料研究中心主任。

序

仲和既得谤，屏迹海滨，追思平生所经历，分类纂述，成书若干种，于十余年来政治之迁贸、法制之变革、外交之本末，记载宏富，卓然为有裨掌故之作。此《东游漫录》一卷，乃专述其自民国五年至八年奉使日本时之琐闻轶事。虽无关闳旨，而其平日治事之勤，律己之严，与人接物必以礼法，往往流露楮墨，令读者穆然想见其风裁，固不第足以广闻见、资谈助而已也。仲和所学以法律为专门，其居官事业，以整饬狱讼、培植理官人才、确定司法独立基础，为尤彪炳可传。外交非其所素习，然观其奉使之际，一言一动，皆有典则，刚柔得中，和而不流，虽古之肤使，何以加兹。嗟乎，以仲和之品之节，皭然与冰玉争莹，而不见谅于当世，跼天蹐地，无所于容，士无祝鮀之佞，而冀幸于苟免者，固亦难矣。

民国十八年十月吴汪荣宝序

自序

自八年夏离政界，卜居津卫，读书余暇，于时局之变迁，及历年从政关涉之事，思有所记述，搜集资料，略得端倪，而友人以经营实业事相召，遂至沪滨与商界周旋，耳闻目见，惟算盘一事。嗣又执务银行，日日言利，思想随俗而化，几不自知，忽近十年，性灵中若有所感，方谢事求复故我，又因故不能不作去国之计。一年以来，隐名独处，门无客来，乃得理其旧业，以自叙传之体例，追述往事。其内容有特性者，则使成专篇。东使时代，外交可纪各节，别为《东京之三年》一卷，《漫录》所载，为在外日常所闻见及友人交际逸事，盖日记之片段，非有组织之游记也。曩日有所作，辄就正于衮甫老友，脱稿请益，幸不我弃。其中宜增损者，皆从其指示，加以修正。老友为序卷首，辞多过誉，反躬自省，惧戾不暇，宁求人知，或他日世人见谅。论事求真是非，毋徒以浮说重我之谤，则大幸尔。

己巳（1929）十月吴兴章仲和自识

最初旅程记

民国五年六月三十日奉使日之命，翌月十七日自北京起程。时袁项城殁未久，京中人心惶惶，迁津者甚众。陆闰生使日时，其棲凤楼之住宅，余兄弟借居之。是时伯初已奉堂上赴津，因将粗重器具，分寄亲友各处。书籍多种，搜集时颇费心血，虑其散失，悉寄存大理院书库。十余年旧巢，半月中一律清理。携东行李无多，颇觉身轻无累。京友设饯，日辄数次，以天气炎热，都辞谢之。法界同人，格外关系，特于法学会茶聚，摄影志别。司法事业，经营数年，仅小有基础，中途改业，与同人不无恋恋也。

启行之日，循例挂一专车，警厅备乐队送别。无论何国，尊视官吏，无逾中国矣。友人至津者，咸来车站话别，颇不寂寞。至新车站，廉砺卿偕法界同人来迓。日领松平恒雄夫妇亦至。是晚在敷岛酒楼晚餐。略周旋后，即送眷至伯初宅。傍晚赴松平约，先就浴，主客各以浴衣就食。西礼晚餐须易礼服，日本料理乃适相反，虽文简不能并论，然盛夏得此脱略，受福不浅。松平为旧时一高同学，人温厚诚恳，在中国颇有声誉。时余患猩红热未久，步行尚无力。散后，即登天潮丸。船小舱热，几等火坑，万不能寝。夫妇二人，复上岸至利顺德饭店一宿。清晨登舟，即解缆。一行为余夫妇，及德馨、德声、德和三女。德和服水手衣，人咸以男孩视之。德卫自幼由伯初抚养，未随行。朱茂溪从余任秘书长数年，因调充随员，亦同行。外此男仆傅荣、于贵，女仆陆妪，都为上下九人。傅荣为陆闰生旧仆，曾在使署任役三年，略谙日语。一路以此仆为最熟悉情形矣。

舟行风平浪静，彦安及各儿仍晕不能起。天潮丸无休息室，仅饭厅一小间兼公用，而乘客用膳尚须分两班。船主招待则甚周至。翌晨，船员及乘客各出纸索书，因作书半日。午刻至大连。舟未傍岸，南满公司派人来接，眷属尚偃卧未起身也。上岸，由公司预备双马车，沿路有警保护，宿大和旅馆，用特别室，饭厅亦用专室。公司特派专员招料。是晚旅馆有音乐会，南满总裁中村雄次郎亦到。中村及他客，大半依西式服夜礼服，余以旅行中未易衣。次日答访中村，出门即有警卫。是晚中村饮于郊外星浦酒楼，时有小雾，坐对海面，颇觉广漠。旋雾散，小岛陆续出现，诚奇观也。滞大连两日，换乘台中丸赴神户。计舟行两日，船中舱位舒适，不似天潮丸之局促矣。船主于甲板上备一藤椅，以木牌标明“中华民国公使阁下”字样，备余专用，惟不及夫人。在舟进口时悬中国之旗，表敬意也。舟行一日后，途中与自天津起碇之湖南丸相遇。时日使日置益适乘此船，以无线电来询起居，亦以无线电答之。湖南丸马力速，越余船而过，先抵神户数小时。

舟抵神户，嵇涤笙为驻神领事，偕馆员及华侨多人来迓，即至东亚旅馆。新闻记者包围发问、摄影，颇不得自由。自大连、门司以来，迭与三面记者杂谈。后东京《大和新闻》载《章公使骂日本》一篇，即得于此辈之零杂报告。惟《朝日新闻》记者某君与余识于北京，特自门司同舟至神户，于舟中暇时约谈，并声明对于两国关系，尽请直言其意见，若于地位上不能发表者，必以友谊删节之。寻复以所谈原稿相示，经余详细校订，始行登载。似此审慎，自无误传之虑。若于匆遽中杂言乱询，应接不暇，亦安有真正意见容其传达耶。领事御昼礼服，胸悬勋章，一见颇以为奇。及是晚华侨在会馆公宴，服饰悉与领事同，询其故，乃知华侨喜以所得勋章自炫，而以夜礼服为不便，故创此昼礼服悬宝星之例。领事徇众，遂亦从之耳。

时日置亦至神户，期于翌日午后五时快车赴东京。余则定翌晚十一时行。住友公司干部铃木、小仓诸人，约是晚在日本料理楼为日置及余接风，以日置五时起程，三时余即开席。席间布置极为周到，室之四周各置花冰，料理精美，召集著名之艺妓侑酒。惜日置以时至，中途即行，余等于七时余散。晚餐之早，洵创例矣。十一时登车，领署通知车站，特于普通车中为余备一寝室。时车中乘客极拥挤，诸小儿寝台未经预定，磋商久之，始各得寝所。余夫妇归室，见寝台较寻常稍宽，惟仅设一铺，当然让诸夫人。上层则低而无寝具，乃商借被毯，始得勉强就寝，尚不如寻常寝台之适也。日本车中之特别寝室，大都专备一人之用，若夫妇同行，甚不合用。舟中之特备一椅，盖同一用意。然施诸男女平等之外交官，及凡事先让妇人之欧风人士，则以此敬特客者，特客自身反因此受亏矣。其后陆子欣过东，亦坐此寝室，自身言病，而寝台仍为夫人所占，不得已终日兀坐椅旁。日本古来风气，重男轻女，近来女权亦渐扩张，此等制度，他日或可渐改。车过西京，董绶金所荐女仆藤井绿子于此上车。绿子精于小楷，人尚安静，因令伴诸儿。惟至东京车站，即以家庭教师自称，并不乐执他役，终日伏案作书，两三月后即自行辞去。

车于翌日午刻抵东京总车站。从前在新桥，今移此，规模宏大。国都正门之气象，与前大不同矣。刘子楷偕馆员来迓。日友有至者，惟外务省无正式接待，以国书未递，尚未认为国宾也。中国于各国公使至国境，即由国家招待，专车乐队，成为通例，实则外交礼节，各国均无此逾分之待遇。下田歌子女史亲自至站接彦安，相抱甚欢，师弟之情，与寻常酬应不同。在站与各人周旋后，即至使署。

新任第一日

使署地址在东京麹町区永田町，与锅岛侯爵住宅为比邻，日本内阁总理之馆舍，相隔近一街口。幕府时代为某诸侯旧居，闻初时法国使署颇希望此地，旋为中国所得。建筑为西式，落成于李伯行任内。署有额，详记其原委。院落甚广，官员住宅咸附设其中。使署式样虽旧，有大跳舞厅，东京使署有此者，惟中国及俄、奥两馆而已。至署约午后一时，刘子楷即将使事交代。在客厅与馆员闲谈，忽忽已三时，方忆及在车中未用午膳，乃命馆中厨役备饭。厨役于仓促间，以白汤鸡丝面进，枵腹之余，亦甘食之。惟盛暑热食，增汗数倍。既登楼，楼上为私室，一切器具尚齐备。所不足者，寝台为铺板，未免忆及书生时代之生活耳。中国官署，公用物向来无人管理，新任初至，用品率待新置。日使署近年历任甚讲公德，卸任后，关于公用物都令保存，即私置陈设品亦有留存者，与旧时外省各署之空洞破坏者，不可同日而语矣。余在任三年，颇多预置，及行时特备册移交。惜其后遇大地震，使署被灾，咸付一炬也。

是晚馆员全体在跳舞厅设宴欢迎。横滨领事为王稚虹，亦偕馆员加入。家族同席，甚欢洽。九时余散坐纳凉。李文权来访，以夜间例不会客辞之。众谓时刻尚早，答以向来习惯，十时必就寝，夜间雅不欲治事或见客；余公私生活，喜有定时，愿今后与诸君共守之。向来使署办公，无一定时刻。余就任后，除星期日外，每日晨九时至公事房，午后五时退归私室，经年未稍改。馆员亦于定时内办公。散值后各治私事，咸以为便云。

箱根十日游

盛夏赴任时，欧美各使，咸离东京外游，日本知名之士，亦大都赴别庄避暑。递国书事竣，访问非其时，馆中无事，乃携眷作箱根游。近年在北京，夏期每遇星期六，辄往西山，与曹润田、卫心微诸友，赁屋同居，灵光寺及四望顶，均为旧游地。星期一则归治事。中国官署，例无暑假也。是夏已在西山布置草庐，以行程匆促，不克晏息。至东京更感炎热，亟思得清凉之地，稍事休养。

箱根距东京不远，山上有温泉。火车至小田原，易电车或自动车，半时即达塔之泽。是处著名之日本式旅舍，为环翠楼与福住，再上为宫之下，富士屋在焉，旅客大都宿此。更上为芦之汤，温泉有硫磺质，治皮肤病甚效。其上即箱根山顶。夹道有松林，为古时诸侯所植。山顶有芦之湖，富士山影印于湖底，可称奇景。富士屋在此设分馆，备旅客暂憩之用，爱湖者亦可常宿，泛舟游泳，别有风趣。昔时游学，假期辄来箱根游息，时宿环翠楼。楼主人之子，亦肄业大学，以同学故，中国学生往宿者，甚得优待，款以华大之室，而不以茶代多寡为意。日本士绅宿此室者，例须茶代百金，中国学生则仅给数金，待遇不稍亚，盖其意不在利矣。日本旅馆之茶代，不易知其标准，日本本国人亦以是为苦。近年有废止之议，尚未普及也。余在使任内，出游悉寓西式客寓，固由西式生活简适合意，实则茶代问题亦为一因。

此次游箱根，先期电富士屋定室，复电外宾麕集，仅小室二，俟翌月方有正屋。余不能待，不得已即寓小室。室在正屋左偏，大都备小儿等住宿。赴膳厅或客厅时必经外院，遇雨，乃穿厨次而过。虽稍不便，亦安之。富士屋纯粹西式，游客以欧美人为多，规则甚严，浴衣跣足，不得出寝室外。日人之以东洋风自傲者，辄不愿来居。七年夏，汤济武与林宗孟游箱根，汤与余寓富士屋，林喜日本风，寓对门奈良屋。夜膳后，浴衣跣足来访，客寓侍者坚不纳，谓衣履不整，无以对女客。林乃归易洋装，始得入内。日本客之受拒绝者，盖数数矣。客寓中游泳场、球场咸备。主人夫妇，常至欧美客寓考察实习，归而应用之，事事亲自督率，不稍暇，故成绩颇著。客寓之外，复经营自动车，车稳而捷，不愧为登山利器。车手颇受教育，登山时偶越过人力车及重载车，或道窄移动置物，辄举手向车夫或乡人为礼，未闻争路而喧扰者。主人之兄，在日先经营金谷客寓，亦布置井然，棠棣相印，亦韵事也。

此行同往者，为彦安与三女，并携女仆二人。其后三年中，游箱根者凡五六次，皆寓富士屋，得相当之室，不似此行之拥挤矣。

觐见仪节

五年八月二日午前十时，觐见日皇，递国书。先一日，外务大臣石井菊次郎夫妇约余夫妇午餐，并接洽觐见各事宜。是日，宫内省派式部官奥平昌国以公式双马车来署，余先刻服大礼服以候。各新闻社闻信，纷派人至门前摄影。中国外交官大礼服，绣金色嘉禾，冠白毛帽，加以金带长剑，至为华丽。赴任时，虑新制未能赶成，假得一旧者携东。及到后，命三越定制，数日即完工。三越承揽此等礼装，久成熟手矣。惟盛夏服此，厚重颇不能耐。中国服制，夏期本有白色常礼服，商之宫内省，以日本定例，须服黑色大礼服，乃勉从之。幸是晨天阴，尚非酷热，然卸单薄之夏衣，骤加此厚重之呢服，身体之受束缚，难以尽言。日方礼服亦相等。无论何国，官场咸重仪式，此节推美国为最简单也。及时，式部官引公使同乘公车，公使夫人及翻译官则乘使署自备之车。是日翻译官为郭东泉。日本接待使节，大使有仪仗队为前驱，公使则无之。若中国则接待公使亦若大使，初未加以区别。以外交仪节言之，中国所定，与各国未尽符合者至多，盖当局者迄未尽心考察耳。

车进二重桥，达宫门。宫为欧式，内部有和风装饰。下车后，在接待室小憩。外务大臣及式部长等咸礼服以待。日皇御殿，公使随式部官进谒。进殿门，正立稍鞠躬；及殿中，更稍鞠躬；离御前三尺，乃正式鞠躬。日皇中立，微动体相答。中国所定礼节，对长上连续三鞠躬，甚不合理。各国通行之礼节，从无连续三鞠躬者，即敬神时，在神前亦一鞠躬而止。其进门及中间之鞠躬，寓致敬意，非相对之礼也。是时公使向上中立，翻译官左侧立。日皇右侧为式部长，下为翻译官，与吾国翻译官适并立。外交通例，公式用法语。日本于觐见时，用法语或英语或本国语，悉听公使自择。公使言后，由己方翻译官，译致彼方翻译官，翻译官转陈式部长，然后由式部长直奏。日皇答词，亦先由式部长告翻译官展转传述。公使即谙日语，亦不能应用也。余以中国语诵国书，俟照上例传述毕，然后将国书呈递。日皇接受后，以卷纸诵答词，其传述亦经三次。余通日语，咫尺之间，可以直达之语，乃经如许之手续，一语辄闻三遍，颇生异感。国书递受毕，日皇乃赐握手，加慰劳语。余答谢，鞠躬退出如前仪。旋至接待室，晤皇后宫大夫。谒见皇后，公使与夫人同进。至时，仍由式部官引导至别殿，其仪式与觐见日皇同。鞠躬毕，皇后分别慰问公使夫妇数语，循例答谢。退出如仪，仍与式部官乘公车回署，以香宾酒款之，礼乃成。公使觐见，尚有与大使不同者。大使觐见毕，于宫中赐餐，公使则无之。各皇族处，循例先往投刺，另定期谒晤。是时式部长为户田氏共，皇后宫大夫为大森钟一，翻译官为吉田要作。吉田于仪式各节，最为熟悉，以式部官兼任外务省翻译官，各国使署，咸倚任之。

五人组之招待

至东后，日友人之酬应，以五人组一局为开始。五人者，江口定条、犬塚信太郎、饭田延太郎、大内畅三及桑田丰藏是也。五人相约迭为主人，因名五人组。江口为三菱要人，从事实业，而以教养青年为己任。犬塚与饭田，在东三省经营矿业。大内与犬养毅为一派，任议员，后充东方文化事业总干事，常川驻中国。桑田为三菱代表，久住北京，与余识最早，惜数年后即以病去世。五人组之宴，首由江口设于山口屋，同席者有三菱之三谷一二、大石广吉、三宅川百太郎诸人。嗣于三河屋为牛肉锅会。学生时代，时以牛肉锅补寄宿舍之俭食。彼时每锅值仅三角，今则价增数倍，而材料减少，每客须三四锅始果腹，奢俭大不同矣。饭田则于吉祥寺别庄招待一次，家族亦同往。其后酬应日多，五人组之会亦遂作罢。

大坂[1]之游

赴任时过神户，住友公司以制造各厂悉在大坂，约往参观，以匆促赴东京，与日置约秋冬再往。五年十一月十二日，与日置及郭东泉偕行赴大坂，寓大坂旅馆，一切由住友招待。招待员为太田，通华语。翌日，参观住友之伸铜厂、电线厂、铸钢厂及东洋纺织厂终日。伸铜厂者，以粗圆之铜干，用极强力之机器，压成细铜，极短之铜干，其结果乃成数百倍长之铜丝，故以伸铜名。电线厂用女工为多，普通所用电线，由铜丝包以橡皮及麻线丝线，所费手续甚繁。铸钢厂观铁汁流出时，各带黑色眼镜，然

① 大坂，今作大阪。

归后眼受强烈之光热，觉不舒者久之。纺织厂日本最发达，近推设于中国。津沪纱厂，以日本人经营者为多，即所谓中国人自设者，几无不仰给于日本。日用最要之品，中国不能自给，前途至可虑也。是晚因参观各厂，颇惫，早息。

十四日游奈良，住友备一电车直达，途中不少停，行甚速。住友忠辉为主人哲嗣，特来陪游。饭于奈良旅馆。奈良旅馆由铁道省经营，布置为西式，惟所用材料悉用国货，电灯、桌椅，均参以东方意匠，颇觉幽雅。午后游公园，随处皆鹿，不避人，与以食即食，日人以神鹿名之。余爱鹿角，住友特以一架见赠。归后，松方侯爵之子创办松田制造厂，力请前往参观，因驰往。厂为新设，所制军械大都为俄国之定货。厂房尚未成，而出货已如山积。其奋往之精神可佩。是晚大坂官民在旅馆开欢迎会，到者百余人。主人由住友子爵为代表，宾主各有演说，互言亲善例词而已。九时散，日置以时尚早，约游道顿掘市街。是处街道甚狭，两面店铺如鲫，为最古商市。以人力车往，例不得乘车入内。因天雨，客少，遂未下车。及出街口，为警所阻，将科车夫以违警。车夫以自大坂旅馆来答之，竟得释。日置幼时，曾在大坂中学校肄业，嗜冷制鱼卷饭，此饭大坂为名产，购一圆携归，余以临寝不能食辞。及翌晨询之，则已于夜间食罄。胃之强弱不同有如此者。

十五日参观造币厂，厂注重铸金币，银辅币不多铸。辅币式样近年逐渐改小，半圆几与中国之两角相等。盖以代表计数，不以分量论价值矣。午后参观旭玻璃制造厂，厂为三菱所经营，寻常秘不开放，以余等非专门家，特许纵览。其后胡次珊欲在北京接办玻璃厂，请使署介绍参观该厂，竟不见允。余等于制法及材料，粗观一过，亦不得其奥窍，仅知该厂于机器之外，仍用专门之人工，将烧软之玻璃圆质，逐渐吹大。据闻此类人工，终身专司此事。厂中娴于此技者，不过数人，近年更减少云。

是晚，华侨在中华会馆开欢迎会，并请日人曾游会会员作陪。曾游会者，日人之游中国者，归后组织此会，时与华侨聚合言旧。散后，兴未尽者，多数复至日本酒楼再饮，余先归。

十六日，住友约午宴于京都中村楼。楼为著名料理店，陈设精美，料理尤适口。午后，稻畑胜次郎在南禅寺本宅开园游会，约往与会。是日客到者数百人，园林优胜，到处设饮食店，及各种余兴。京阪艺妓，咸招集供役。美人游客，时相率摄影。其后主人汇集成册见赠。嗣在园中山上聚餐，主人演说，余亦祝主人万岁。傍晚散。日置于是晚先归东京，余于翌晨赴福冈。

福冈祭蔡

蔡松坡与范静生、周伯勋、李宾四四人为梁任公之高弟，留学时代即相识。四人中惟蔡为士官毕业。洪宪时代，袁颇忌蔡。蔡于民二来北京，袁一见谓人曰："中国军事人材，惟蔡一人。"即令在军事处办事。军事处为是时军事最高机关，袁自领，办事员不过三四人。蔡在处地位虽高，但无实权，袁盖重其材而羁縻之。及帝制问题起，袁使人防蔡。蔡微服出京赴滇，举旗反对，帝制遂取消。蔡在军中得喉疾，事平至沪，不能出声，乃至日本福冈就医。既诊知病为喉头结核，不能治，五年夏遂卒于福冈病院。蒋百里伴蔡至日，一切后事，悉由其经理。蔡卒，黎总统发令追悼，电令驻使祭奠，并照料灵柩回国。余即驰赴福冈，与郭东泉偕行，嵇涤笙先一日往，与蒋接洽。余等宿福冈荣屋。时荣屋接待大演习元帅甫毕，寓中日本室亦半备西式，因是起居颇便。蔡柩停崇福寺，余代总统前往祭奠，蒋接待以礼。旋复至医院访医士，详询病情。蔡之主治医，为久保田博士，精于治喉，为言蔡肺疾已深，故不能救。博士并见示误吞食物不论金质石质，均可一律取出之器械。医术之发达，真堪惊异。蔡柩由招商局派新铭至长崎接运，因与铁道局商借专车运至长崎。布置毕，报告中央，即归东京。

福冈出产，以织物及磁像为最著。余购腰带一幅，欢喜佛一尊。佛有笑容，人皆爱之。腰带改制屏风两事，颇文雅，饰署中。日人来者，咸询是品产中国何处。余以博多织答之，皆叹为未见云。

大森明曙楼

大森在东京郊外，背山面海，凡不乐东京繁杂者，辄寄居是地，有事至都城，交通甚便。五年九月，蒋百里、周伯勋来访，偕刘子楷宴之于大森明曙楼。清谈忘世，不拘形迹，俨若旧时同学聚会之景象。散后，以车送周至其宅，周即寓大森。其后冬日复约周饮于是楼，客简屋寒，甚为萧瑟。周离故国，隐于东瀛，以买卖股票为业，亦不甚得利，著有《仂父诗草》，词甚旷达。同学四友都入政界，若蔡松坡秉军政，范静生长教育，李宾四亦为盐运使，独周不欲以官自见，以些小之资本，与市侩为伍，起居简陋，不以为意，其所见殆有过人之处也。数年后李在津去世，范亦于前年殁，周之踪迹无所闻，其健在耶？

宫中宴　观樱观菊会　猎鸭会

每年一月五日有新年宴会，二月十一日纪元节及天长节均有祝宴，在宫中丰明殿举行，外使均与宴。凡宫中宴，都为午膳，膳为日本料理，计膳品十三色，有一品饰以小竹枝，侧立两仙鹤，颇为美观。鲷鱼为膳中要品，以红绿丝线缚其头尾，若元宝式。宫中宴每次数千人，所用鲷鱼，大小须一律。据闻先期豫备，日本海所得不足，有多数系取之于朝鲜海，专船专车载运，不惜其费。米饭中有豆及菜杂煮其中，甚甘美。酒杯为白磁，中有金色菊花纹，例准携归。外使中并有携取碗盖以为纪念者，亦所不禁。惟服大礼服，殊不便多带。碗为白色蓝花，磁质颇细。箸为白圆木。饭前用日本酒，由金边制服之侍者来斟。膳品至丰，所余颇多。日本大员，大都以白包袱包之，亲自携归，与家族共食。外交团特受优待，以名片置膳盘中，归署后，由宫内省派人将全膳送至。余留仙鹤及酒杯，余以分赠署中雇用之日员。日员各携归，饷其家族，以为荣幸。开宴时，日皇席居中略高，与宴者席东西相对，中有甬道。最前列为皇族，次为元老、元帅、阁员，次为外使。日皇于酒齐后，起立读祝辞，内有颂列国元首健康之语。内阁总理大臣先答谢，次由领事大使代表致答辞，以法文宣读。余在任中，初为英使，嗣英使归国，俄使库朋斯齐为领袖。其时俄已革命，惟国际间尚未正式承认，因是驻使仍其旧。本国国体业已变更，而旧使仍为领袖代表，可为异例。先数日，领袖将答词拟就，送请各使同意。各使签字其上，乃定稿。虽属例辞，以代表各国元首，特示郑重。凡有大使驻在之国，领袖惟大使为之，公使虽资深，不能首列。吾国驻各大国之使，无论如何资深，不能得领袖之机会。以各大国均有大使，吾国止派公使也。

新年元旦，宫中有受贺典礼。是日午后三时，外使及馆员偕夫人进宫庆贺。其仪式颇为隆重。日皇及皇后在正殿中立，亲王、王妃以次并立，每人相离约丈余。有台约高二尺，皇后御长裙，以银鼠制之，王妃长裙称是，均拖列台际。外交团各夫人，是日亦各御长裙，长约二丈余，行时有宫女二人在后分提裙边，及殿门外，乃释手，长拖入内。各国各以其本国贵重丝织品制就，所费闻有达二三千金者。行礼时，各使率馆员以次分入，每入殿时，侍者高唱某国国名，鞠躬仪节与觐见时同。散后，外交团咸至领袖使署茶会。各夫人在长廊内各拖裙行走一次，以自赛其裙。裙修长而华美，每次拍手赞美，受者颇以为荣，诚外交团新年之余兴也。吾国女礼服无此制，是日参与其间，无先期预备之繁。惟服饰不能从同，在当时不免稍寂寞耳。

新年及纪元节，于开宴前别无谒见礼，至时各先就膳位。日皇入座时，咸起立致敬，散时亦然。膳中作古乐，其音幽雅，谈话不禁，惟无高声者。日本料理无更换食器之烦，除一二品外，咸先时安置膳盘，故用膳时间颇速。自入座至散席，不过三十分钟而已。

天长节礼节最为烦重。清晨在练兵场阅操，陆军省招待陪观，惟到否可自由。十二时宫中宴，六时外务省公宴，均穿大礼服，进食时举动甚为不便。九时外务省开夜会，此时偕夫人同往，又须易夜礼服。是日外交团追随其间，盖终日在仪式中也。

每年春季有观樱会，秋季有观菊会，在赤坂离宫或新宿御苑举行。是日与会者人数甚众，使署参随咸受招待，凡游历官商，亦得由使署介绍与会，并谒见日皇。服饰为昼礼服，即前后长短一律之衣。欧美风气，通行前短后长之晨礼服。若昼礼服本为英国式，美国惟送丧用之。日本定制须昼礼服，美国游历绅商，有以晨礼服往者，竟为门者拒绝。外交团颇引为不便，近时亦渐许通融矣。至女子与会者，以洋装为原则。外国人各衣其本国通行之衣，初不拘定式。若日本妇人，非洋装即须服古装礼服。因是园游会中，日本女客甚稀。据闻明治帝主持维新，终身不御和服，宫中一律洋装，因是和服不得进宫，可证当时崇尚欧风以身作则之义。近年日本已与强国为伍，国粹之说渐起。遇园游会，妇人亦得以和服入，惟朝会正式典礼，仍以洋装为限也。离宫及御苑，庭园甚广，可容数千人。日皇至时，外使参随及带见之官商，分国以次立候。日皇行过，一一赐以握手，或略询一二语即礼毕。园中设食堂，外使及夫人各有座位，其余各得熟识之人聚食，任意自取食物，与普通园游会同。惟天雨顺延一日，或作罢，故与会亦凭天运也。

猎鸭会为皇室与外交团游乐之一端，每年春季或秋季，在琦［埼］玉县御苑举行。是日派亲王一人为主席，各衣便衣，外使及参随均偕家族往。鸭即野鸭。猎鸭之法，于苑中设水池若干处，池狭长若水槽，池外四周，围以树木，设门，长闭。门中开一小眼，备猎者窥鸭来否。鸭集池中时，各人持网往猎。每班十余人，分立池之两侧，俟鸭飞上，以网兜之，不得向池中捞取也。每班男女客各半。至池门左近，即须轻步，防惊鸭飞走。惟女子西衣，行时往往窸窣有声，又或谈笑声为鸭所闻，至池侧时，往往已先飞去，故获物甚少。余每次得一二尾，甚以为乐。午膳为西餐，中有一味，为锅烧鸭，即猎得之新味。临行时，公使例得赠鸭四尾，携归自烹，不问自身猎得与否也。凡专使至日时，皇室亦有时招待猎鸭。汪伯唐来日，特为汪举行。汪猎数次，无所获，归时亦得赠数尾，置车中，若猎得者，以助兴也。

皇族与外交团之交际

公使赴任后，例须谒晤皇族。皇族对外，由其家令或别当出面。别当云者，家臣之义。公使先派官员与家令接洽谒见时日。凡皇族有皇妃者，公使夫人亦偕往。谒见时，皇族立客厅中，向之一鞠躬，皇族还礼，略谈数语，即退，不赐坐也。惟宴客时，亦主客并坐，与普通交际礼节无异。当时皇族以伏见宫为最尊，每年宴外交团一次，用西餐，妃亦列席。其他闲院宫、东伏见宫等，间有宴会，不以为常。伏见宫宴客，其菜单最有特色，菜单上印明各客姓名，颇足以备纪念。凡宫中宴会，皇族咸列席。每年猎鸭会，例有皇族一人为主席。是时便衣略服，与外交团随意谈笑，毫不拘形迹，但所谈绝对不涉政治耳。

日华学堂怀旧宴

光绪戊戌年冬，湖北、南洋派学生四十余人至日本留学。陆军学生入成城学校。文学生由高楠顺次郎博士组织日华学堂，聘请教习，补受［授］日语及普通科学。余与雷继兴、胡伯平、杨补塘、杨翼之、富意城六人，自南洋公学派往，到后即入此学堂。此外浙江、北洋派来及自费生总计二十余人。一年余，各分进正式学校，此学堂亦遂解散。初到时，各人于日本饮食起居尚未能习惯，与当时舍监颇以琐事多龃龉，高楠则时至调和之。高楠精佛学，通梵文，在文科大学任教授，学堂事委宝阁善教为常川主任。此次余再来东京，高楠及旧时教员，于星冈茶寮设宴欢迎。到者为高楠、宝阁及土屋诠教、安藤弘、美野田琢磨、高岛圆、樱井义肇、有马祐政、田代直树、江波知辉诸人。田代为舍监，江波为医生，其余均教员。别十余年，各人均见苍老矣。高岛别号米峰，自设鸡声堂书肆，著述颇有名。樱井主持《中央公论》杂志，安藤任东洋大学干事，有马为同文书院中学部教头。当时尚有梅及酒匈两氏，已物故。余旋在使署答宴，并请各人书数字于手册。宝阁书“君子之交淡如水”一语，甚有味也。日华学堂出身者，如王亮畴、张昶云、王长信、张星五、金伯屏诸人，来自北洋大学。陆仲芳、钱念慈、陈乐书、何燮侯诸人，来自浙江求是书院。汪子健则由浙江蚕学馆派来。最可惜者，黎泽舒及蔡君、安君、郑君四人，于唐才常一役，被难于汉口。又有自费生陈玉堂者，潮州人，同居年余，无人通其语言。其人甚有血性，后亦不知其究竟矣。

醒狂会

醒狂会为第一高等学校同学所组织，以时聚会联旧谊。醒狂会者，虽狂犹醒之义，谓学生高歌放论，人以为狂，实则世俗乃沉迷不醒耳。余与胡伯平均东京一高出身，胡为长崎领事，因刘子楷归国，来使署代理职务。一高同学，假红叶馆欢迎余等。醒狂会会员在东京者有十六人，是夕大半到会，谈寄宿舍旧事。余当时因练习日语，曾进一高寄宿舍一年，是时同进者为吴止欺、钱念慈、陈乐书、何燮侯诸人。寄宿舍有东西南北四寮，各人特分居各寮，与日人杂处，盖厕身庄岳之意也。寄宿舍由学生自治，舍监监督之。一高学生，素有蛮勇之名，有所谓司叨姆者，犹言暴风雨骤至。每于夜深时，学生之中酒者，纠合十余人，侵入各寝室叫闹，甚或启衾将已睡者拖起。举动虽近粗暴，学校当事者为养成学生元气起见，亦放任之。后因放纵过度，乃加禁止。闻近年此风已熄矣。醒狂会员，有官吏，有实业家，其地位尚在中级。今则公使、总裁、局长、社长已不乏其人，惟尚未有任阁员者。凡已成之国家，人材大都循序渐进，非若革新之国，青年得骤跻高位也。

红叶馆聚会后，越月，答宴之于使署。诸人尝鱼翅，饮绍兴，益形欢乐。回忆在寄宿舍时，习课疲乏，辄倡言组织公司，集铜币购番芋鼓腹。当年之书生景象，今犹在目前也。是时在东京之醒狂会员，为专卖局副参事平野亮平、海军主计少监柳田次郎、法制局参事官松村真一郎、文部省参事官黑泽次久、朝鲜银行东京支店长吉田节太郎、实业家柳濑荣次郎、内阁书记官天冈直嘉、三井矿山会社高岛基明、外务省书记官木村锐市、第百银行小高卓尔、特许局事务官马场颖一、东京地方裁判所判事久保久、东京税务监督局小岛诚、法制局参事官原象一郎、劝业银行铃木一来。

东京帝大教师小宴

前在东京帝国大学听讲时，教师为穗积八束、梅谦次郎、和田垣谦三、高桥作卫、金井延、一木喜德郎、土方宁、小野塚喜平次、山田三良、宫崎道三郎、冈田朝太郎、穗积陈重诸博士。及就使任，积穗八束、梅、和田垣、高桥已作古，一木适在大隈内阁任内务，其余诸博士，仍主讲大学。某日，诸博士于国际学会例会时宴余，是席演说，余先期豫备，主席为前任外务石井菊次郎。学者聚会，有一种诚恳之象，与寻常外交官交际不同。数月后，余约诸博士小宴。席散，于院中小亭侧摄影。小亭名亭亭，为陆闰生在任时所筑。余与穗积陈重二人，更同摄一影，表示永远倾仰之意。穗积为纯粹学者，不问政事，著作等身，各国学者咸推重之，对于中国改订法律，甚热心协助，法律馆延聘顾问，均赖其介绍。余每有问题往询，辄谆谆陈说不倦，至今犹追忆及之。

北京大学时代旧侣会

余任北京大学堂教习时，日本人教习，仕学馆为岩谷孙藏、杉荣三郎，师范馆为服部宇之吉、太田某①、高桥勇。余与高桥寄寓校中，朝夕晤游甚稔。是时《朝日新闻》通信员为丰岛捨松，商标局顾问为小谷钱次郎，时相往来。某日，丰岛、小谷适来东京，至使署访余，不晤已十余年，相见至欢，以二人即须他行，乃电约服部、杉及高桥诸人当晚来会，时岩谷已作古，太田

① 即太田达人。

在他处任教习，到者□□□偶然聚合，谈旧时大学堂情形，颇多今昔之感。服部久任东京大学教授并学长，其后兼任东方文化委员，年至中国一二□。杉初在大藏省，后转任宫内省，甚得擢用。高桥为美术教员，特以自作屏风见赠，余保存之十余年，今已他属矣。余与岩谷共事最久，岩谷讲授民法，余任译述。时修订法律开馆，余与岩谷组织中外法制调查局，供给法律馆各种材料。后岩谷亦由法律馆聘为顾问，教习期满归国后，仍以通信兼任调查法律事务，惜以嗜酒致病，竟未能重晤也。

下田歌子女史

实践女学校为下田歌子女史所创办，彦安留学日本时，即进此校，寄宿其中。其时同学者为曾志忞、蒯若木、王小宋、钱稻孙诸夫人。下田对于中国女生，教导待遇，至为亲切。时学校所建筑尚未告成，寄宿舍另赁一日本屋，由舍监时任作子监督之。舍中洒扫，各女生亲自担任。中国女生，亦不分畛域。食膳至清苦，间日偶有鱼，其余仅咸菜煮豆而已。下田主持此校，以造就贤母良妻为主义，于家政及女子自立、职业各科，尤为注重。命名实践，用意在此。下田是时兼任宫中女官，声誉甚著。京师大学堂总教吴挚甫至日本考察教育，余与吴止欺、张星五为任译员，下田亦派员照料引导。此次余夫妇重至此邦，下田至车站相迓，见彦安即抱拥安慰，若母女之久别重会。某日，彦安特访其家，适余有他约，须用自动车，乃以马车往。归时忽马惊车翻，足部受伤，幸离下田家未远，再至其家，延医应急施治，乃得勉强回署。其后卧月余始起立，下田时以使慰问。及愈，特约下田及旧时校中各教员至署小宴。下田见诸女，爱抚尤至。宴毕，摄影志念。师弟相爱之情，女子较男子更切，可于言外得之。

日本官吏之生活

游历员某晤日本某大将，谈及吾国财政困乏，因是军事未能充实。某大将笑言曰："敝国官吏瘦，故国家肥；贵国官吏肥，故国家瘦耳。"其言似谑，实切中吾国之病。日本官吏生活，以节俭自励，军人尤尚刻苦。尝赴后乐园陆军宴会，偶与教育总监一户兵卫大将联座。是席为西餐，大将询余平时是否中餐，并言及中餐之美。余亦询大将日常何食，大将答曰："若询仆何食，但观兵士所食足矣。仆每日盖与兵士同食也。"一日，访新自青岛总司令卸任之某将。青岛总司令署为德人所建，华丽可比皇宫。某将归东京，其住宅仅小屋数间，室中置木椅数事，以山羊皮为垫，其陈设之物，惟刀剑等纪念品而已，其朴素如此。其他如外交官吏，习与外人酬应，初意必较华奢，实则私人生活于［与］公人生活截然不同。例如内田康哉，早年已任中国公使，旋任欧美大使，是时适退任家居。余至其家，见与寻常中等人生活相似，出入由公共电车，与中国之曾任大员者，其奢俭大不同也。余所知之人，如林权助、日置益、小幡酉吉等，回国后，生活均极俭省，从无自置自动车者。又如侯爵小村欣一自有汽车，是时在外务省任书记官，以次官以下未用自动车，亦以人力车到署，即遇使署招宴亦然。盖日本各官署，惟大臣得乘公置自动车，其余大部利用电车，其自备马车或人力车者，已不数见矣。余归国后，见各署参事、司长，各自置汽车，日夜奔驰酬应，尝叹官吏风气如此，必伤廉节。犹忆前次赴德，乘德国船，一等舱约百余位，自余等一行以官吏资格乘坐外，偶有欧美领事二三人，其余外人悉为实业家。由此观之，一国之优等生活，由实业家为领袖者，其国必富；若优等生活，非官吏不能享有者，其国必贫。此一定之理也。

大仓八十寿宴

大仓喜八郎男爵，投资中国各种事业，至老弥笃。尝于冬季至东三省莅制铁厂新炉落成礼，寒风刺骨，不御外衣，其壮健可惊。有人询其长寿术，大仓谓平生惟晨起必浴，故精神终日振作，此外起居饮食，初无以异人，殆天授也。喜食鳗鱼，但亦非致寿之由。其八十生辰，在帝国剧场演剧三日，宴客数千人，余亦往祝。开剧前，大仓自身有演说，来宾有祝辞，与吾国之徒尚热闹者不同。日本素不通行送寿礼，主人费巨万，更以纪念品赠客。若吾国之集公份，征厚礼，官场且以礼物之丰俭，为交情深浅之标准者，盖不可同日而语矣。中国友人赠以泥金寿屏，大仓喜甚，平时亦悬诸堂舍。迨米寿时（日本以八十八岁为米寿），更向中国知交征文，以铜板汇印成册，副以时表及美锦，分赠友人，作为纪念。自中国往祝者，舟车、宿舍之费，悉由大仓供给。演剧数日，震动一时。日人之持清议者，颇非议之。大仓建古物陈列馆，搜集东洋美术品，尤以佛像为多，大都自中国得之。是馆费百五十万，八十寿时以是馆提赠于公众，设委员会管理之，并附以维持费五十万。其慷慨不自私，自寿其寿，后人亦将寿之。是馆后毁于大地震，今已由其嗣子重建恢复矣。

大仓于每年四月八日佛浴日，在向岛别庄开游艺会，习以为常。余亦赴会，惜无艺可自陈。到会者大都为友人之欲自献其技者，书画琴歌，诸类悉具，以谣曲为多数。能者既多，演时乃限以时刻，至长不得过十分，而演者辄欲自延其时，上台不轻下，客咸拍手促下，洵堪发噱。八年是日，余亦被招，惜以行期已迫，未克预此清游也。

山本虎宴

山本唯一郎为松昌洋行主人，经营输出入及船业，在吾国各埠设有分行。欧战时，日本商人之起家者颇众，俗谓之“成金”。成金者，日本将棋中用语。“金”在各子中为骁健者，次于“车”，而强于其他诸子。凡“卒”或“马”过一定界限，即可翻转而变为“金”，名曰“成金”，犹化龙之类。暴富之人，在社会变化之象，与之相似，因以此目之。山本亦其一人，一时财产逾千万，挥霍有名。建巨厦，务极华丽，花园中之岩石，专足至中国滇、蜀各处访求，不以为费。是时日本金融充裕，习尚渐奢，识者忧之。风景佳尚之地，别墅之新筑者，踵趾相接。美术家与画家声价骤增。成金者流，喜以风雅自饰，投巨资不甚顾惜，每遇美术展览会，寻常画额，辄标巨价，不数日已有预约。盖“成金”类皆胸无点墨，搜集美术品，惟多是嗜，听门客揄扬之言，即解囊纳之，而不知门客与美术家及画家本有渊源也。山本氏好猎，闻朝鲜山中有虎，乃集众往猎，以土人为引导，得虎豹及其他野兽。归东京，于帝国旅馆开食虎肉会，余夫妇亦被招。赴席稍迟，客数百人已咸集。是夕为西餐，汤后出虎肉，冷制，其味若牛肉，不豫示，亦未知其为猛兽之肉也。餐后，有余兴，舞台设深山聚猎之景，虎豹等兽，以其皮制成雏型，或卧或立，置于山腹，使诸客得观猎之乐。主人复赠《征虎记》一册，载往猎经过情形；虎骨精一瓶，色白而腻，谓性极滋养。适实相寺贞彦来访，因转赠之。山本此举，费三万余金，可谓豪矣。后数年，日本经济家起恐慌，一时之“成金”不能支持，破产者无数，山本亦败。人生荣枯之无常，亦大多如是。十二年在沪时，西门子管趾乡约餐，忽遇山本，谓将赴欧洲考察，谈旧事颇多感慨。此后即不闻其踪迹矣。

藤原御茶料理

日本古传之茶礼节，最为幽雅隆重，宴客以“御茶料理”为最敬。茶礼节云者，饮茶时有一定规式，与寻常以茶敬客不同。其法先以绿茶研细为末，以水调之，味苦而涩。客一饮而尽，或以碗传饮，其余剩者主人饮之，此为定式。客饮茶时以跪坐为礼，例不设座垫。使署之后有星冈茶寮，吾辈留学时代，开饮茶之礼，约二三友人前往试饮。寮中侍女不为设座垫，初以为轻待中国学生，颇不悦，及出询日友，乃知席地坐饮为古礼。所谓“御茶料理”者，客至，先进食，食毕，始进茶，事事由主人亲自供役，不经仆人之手。日语宴客曰“御驰走”，主人自厨次运物至客座，经长廊，辄驰走，附会者遂谓其语义即出于此，实则驰走等语，乃先有音而后强写以汉字，非有意义也。

藤原银次节，由三井出身，经营王子制纸会社，负盛名，积资颇富。其宅为伊藤博文旧居，建有茶室。是日客共五人，入门，主人出迓，咸脱屦，在四叠半之小室坐候客齐（日本室以席计，席一张为一叠），主人先退。适雨，主人以笠及屐进，谓客曰：“少顷当来躬迓。”客则辞曰：“毋烦主人，闻钟声便往。”午刻钟鸣，客戴笠著屐，循院中曲径以行，不张伞也。旋至茶室，室亦四叠半，门低如窦，客佝偻始得进。室墙县［悬］一中国古画，以今日余为主客，以此表敬意。画前小几陈设磁瓶一事，插红花一朵，鲜艳可爱。室中间置方炉，嵌入席内，炉侧陈设茶具：茶罐一、茶匙一、茶碗一、铁壶一，外清水一盂、白炭一束。清洁古雅，几疑为仙人炼丹之用。客入室，先后赏玩各物。主人至，燃白炭，注清水于壶，后出。有顷，主人来迓，谓膳已备，乞入座。客乃随主人至膳室。室稍宽，有十叠。主客例须酬应主人，余因未谙礼节，推次席有贺长文为代表。有贺在三井任理事，有贺长雄博士其弟也。膳室设座五，主人躬役，不陪食。膳品为酱汤一、鸡饼一、煮鱼一，不设生鱼，谓古礼无之。饭盂置座前，由客自盛。酱汤可请益，客以汤碗授主人，主人持至厨次以新者进。食品虽简，主人意盛，客咸饱食。食毕，主人撤食器，客小坐。有间，主人出谢客曰："顷尝余馔，知今日调和未能得宜，有慢诸客，失礼殊甚。"客正坐，深谢之，遂退出，复至茶室小憩。俗例宴客，主人于就膳前，往往谓客曰："今席无善味，请客尝之。"语固自谦，实不免矛盾。今主人于客食毕，乃尝其余，再示歉意，可谓合理矣。至宴客不事多馔，以表见主人心意为重，不在罗列山珍海味，徒事哺啜，喧扰不宁，绅士高尚之风，固宜如此也。

是时茶室古画，主人已更悬新轴，花亦重插。最有风韵者，为铁壶之水沸声，古来诗人以松涛喻之，静中微响，非雅人无由领略也。旋主人至，以茶匙盛茶末，置碗中，注水调之。有贺自怀中出白纸并以一枚分余，他客咸出纸。余方欲询何用，则主人已以茶碗进有贺，有贺呷一口，以纸拭碗际，即递余，余乃恍然，亦呷一口，拭后递他客。五客以次递毕，乃返主人，主人一饮而尽，所谓茶礼节始毕。主人复让客至内室，见其夫人。夫人亦制茶，询客饮否。余意领受为礼，答愿饮。以为必如前例，稍饮即授他人。旋夫人以茶一碗进，余呷一口，方欲转递，而他客辞不受。有一客亦得一碗，饮罄始已。乃知饮茶之法，不能拘于一式也。

茶室中所用茶碗，若中国之宋元磁，碗口有损，以金镶补之。茶匙为竹制，茶罐亦磁器。客闲谈谓，茶碗大都为古代名人遗品，数月前，美术俱乐部有一碗，为人以五万金购去。一客漫问主人曰："主人此碗，得毋即此碗耶?"主人笑置不答。嗣至内室，见室内墙侧立一方匣，约三尺见方。客询主人："中何贵品?"主人答称茶碗空匣。客以碗小匣大，启视之，则有内套匣十余具，每具均载明此品原存何处，今归何人。及最小之匣，内有古锦为裹碗之用。箱底有投标纸，则书明标价五万元，始知主人实以巨价得此古碗，今日用以敬客也。爱玩古董之观念，各国人性质微有不同，即此一端，可以见之。

御茶料理，其礼节烦难如此，少壮之人，往往不能耐，嗜此者以老年自适者居多。藤原谓，有时主人颇欲一试，而得客甚难。客固安坐享用，然费时须半日，不得中途先散，客之羁于世事者，遇招辄辞，主人又不能令素未相识之人，任意约聚，故五人之会，至不易成。余将归国，藤原以余为知音，定期余与［与余］夫妇设饯，彦安亦极欲一观其礼，卒以事冗未克应召，至今惜之。藤原尝著《宴客常识》一小篇，历叙宴客真义在主客互罄情谊，世俗视为酬应，主人但任其餐费，而不问客之适否，非古礼也。至挟妓酗酒，尤属下乘。惟推行御茶料理，可以一矫其弊。藤原之说，盖切对日本流俗而言。若反而观之吾国，近年士大夫宴会，其俗扰之状态，更堪自愧矣。

藤原以日本古画相赠，余以元磁碗答之，藤原大加爱重。适余将行，数使其秘书来询碗名，并历来为何人保存。此碗前得之于博蕴斋，初未知其来历。吾国人之视古董，重在年代之古，不以其曾属名人，增其昂贵也。此碗虽属元磁，亦常品，无专名，乃以他日查得相答，迄今未践约也。

赠勋专使接待记

汪伯唐以赠勋专使来日，其间经过许多曲折。及定议后，日本欲盖其两次拒绝专使之嫌（一次为周子廙，一次为熊聘三），朝野竭意表示其欢迎。吾国为共和国，故日本不能以接待亲王之礼待遇专使，宫内省乃斟酌用准皇族之礼，以霞关离宫为专使宿所，派稻叶式部官为接伴专员。布置完备后，稻叶特请驻使至离宫检视，以示郑重。离宫虽地位不大，陈设至为精美，寝室用绣衾，颇若吾国之新房。汪起居素俭，到后，笑谓余曰："寒士宿此，殊不习惯，华丽若是，反觉不自由也。"用膳为西餐，除外出宴会外，余均陪食。专使于临行前，在宿所宴请阁员及宫内、外务两省人员一次，其余宴会，均以公使名义在使署举行，盖寓介绍之意也。

使署于正式宴会外，特开夜会一次，发请柬七百余，到者约半数以上。是晚使署楼上下，均扎彩添灯。欧战中，各使署久未有此盛会，惟因英使主张战时大都有亲族战死之丧，故夜会仅有谈话聚餐，未举行跳舞。署中跳舞厅，满饰樱花，灯光照耀，女客大半聚集于此。就座时，照西礼，男客各应手挽女客入内，先期由主人配定。是晚专使偕行之女客为某阁员夫人，至时忽某夫人已先归，而重要女客，均预经配定，临时更换，颇费经营。又外交团有配引日本女客者，女客之不知斯礼者，辄辞谢之，男客颇为难。日本一般于西礼究未甚通行，故发生此等小节。又是晚客到后，忽大雨，客将归，在门口候车辄逾刻。最后之喜剧则为建部逊吾博士，行时遍觅其帽不得。架上有一帽，乃大仓男爵所遗，始知帽为大仓误取。急以电询，则大仓已赴向岛别庄，道远夜迟，不及更换，博士遂怅怅归。

专使觐见，呈递大勋章礼毕后，日皇于宫中赐宴，并赠专使一等桐花章，公使亦得一等旭日章。是日赐宴为西餐，专使坐日皇右侧，与寻常正客坐主人旁相同，余坐与日皇斜对。照例翻译官不得列上席，故有时日皇以日语询余时，余得直接答言，非若觐见时之必须展转传译。西餐同坐一桌，平等气象，自然流露。席散后，在吃烟室小憩，日皇与陪食之员随意谈笑，各员用语，亦系寻常敬语，初不若文言之烦重也。

专使在东京时，日皇特开猎鸭会一次，专请专使及中国使署人员，未请他使。是日人数不多，往猎甚自由，惜汪以未习，未能亲自猎得，曾以诗自笑。汪宴会之暇，日人求书索诗者颇多，在离宫时，晨晚惟了笔债。临行前绕箱根一游，亦由宫内省招待。先是宫内省询余往否，余答曰行，因为余预备宿舍。先在塔之泽环翠楼一宿，翌日宿宫之下富士屋旅馆。环翠楼为留学时代旧游之地，膳宿悉日本式。富士屋余就任时来避暑，未得佳室，今宫内省预备，与汪对室，舒适殊甚。汪爱箱根所产独木盘，因购赠之。此次陪汪游箱根，初以为余亦宫内省招待之客，嗣知宫内省定章专使出游，专招待本人及其随员，不及公使，故旅行中公使之宿舍费用，仍归公使自认，至使署参随之兼任专使随员者，反在招待之列。以中国思想论之，似不甚大方，然亦可见日本会计法之严密，公家费用，非例所许，不能滥支。若吾国之办差，漫无限制，接待外人，尤不事计算，虽一时博外人之欢，究不免滥费。犹余忆［忆余］前此游历欧洲，适遇英皇加冕，特往参观其仪节。中国专使载振归国时，余与驻使刘葆笙偕英国招待员同车送至海口。归时，值午膳，英接待员请刘同膳，对余之膳费，颇事踌躇，后刘告以可由刘为主人，乃无他议。可见外人支用公费之精细如此。

汪归国时，余以使署尚有要事，送至中途即归东京。关于专使送迎之礼节，余于汪未到前，派周钰卿详询英使。英使谓，欧洲通例，凡专使为皇族时，驻使宜接至海口，归送亦如之；皇族以外之接送，驻使以至车站为准；其因私交关系者，则迎送自可任意。故汪到东时，余接至车站；归时则送至中途，期于适合通例而已。

汪此行受皇室招待，对于一般私人宴会大都辞退，惟全体实业家于帝国旅馆举行欢迎会，代表日本全国工商，表示日本人民对于中国亲善之意，汪特正式列席。是日到会者为各业之代表，约数百人，台上陈列日本出产之重要商品数百种。主客交换演辞毕，司会者以所列商品赠诸专使。普通欢迎，从未有此盛举也。

汪携归后，即送北京商品陈列所陈列。惜中国历年兵乱，实业凋敝，嗣后亦无人注意及之。

游历团之盛况

民国六年七年间，吾国各界结团体东游者，踵趾相望，使署有应接不暇之势。交通之联运会议、陆军之阅操，为每年例事。各省来者，以教育界为多。其最仅见而为先例所无者，则为新闻记者团及蒙古喇嘛团。记者团为两国人民交际，然每遇宴会，必加入使署人员。余于署中宴请记者团，是晚适因病赴箱根静养，不及赶回，由参事代为主席，客意颇不怿。余是时甚视宴会为苦事矣。喇嘛团之来游，初由日人至蒙古引至，将到东京时，留学界咸虑其受日人笼络，因是使署更加意招待。至车站，即由馆员接至使署晤见，并定期在使署茶会，照蒙古教式，交换哈达各一方。使署跳舞厅一时高僧满座，馆员谓自有使馆以来，未见此例也。余与纯粹蒙古人交际，此为第二次。长司法时，外蒙法长至京，曾在部中款以西餐，谈话须传译，与在京之蒙古王公已汉化者，其习惯、思想等，盖大有悬殊。【使】署接待游历团体，最烦苦者，为团体之自动车声。每团体至，自动车大都数十辆，客上下不以次，哓杂几类车站。余治事室适与为邻，每次辄闻自动车嘎嘎声，数十分钟连属不断，虽厌之而无如之何。

三重生活

自东西交通以来，欧美风气，传至东亚。人民习之，于是起居饮食，东西杂用，有两重生活之现象。吾国与日本均不免此弊。若欧美人在本国时，决不参用东方习惯，即至东方，亦守其本来，而东方人反为其所化，有反客为主之势。欧美人之生活，骤视之若较东方人为奢，实则单简不浮费，于经济时间最为适宜。若日本之衣食住，两式分别并用，吾国之东西参杂，人以为乐，实自苦也。此就一般生活而言。不谓中国使署在日本者，乃须三重生活，则非人预料所及者矣。即以饮食一端言之，中国使署，自可用其世界著名之中国菜，然宴请外交团，则非纯粹之西餐不能作为正式。美国人好新，饷之以中国菜固乐受不辞。若英国女客，大都不肯尝试，设贸然以中国菜进，竟有不动箸者。故正式宴会，万不能以此轻试。至日人则往往以中国菜为请，有时正式备西餐，颇有不满足之意。吾国人之来游历者，其希望得本国味，更不必言矣。余以中国菜共同下箸，不宜于外人，故中国菜亦照西式分器以进。然吾国人对此亦不满意，谓容量既小，品数亦减，有失中国菜之本色，遂宣言曰："近来使署之中国菜，只可谓之为章菜，不足为中国菜之代表。"诚如是，主人亦真不易为矣。又吾国人之喜试新者，复要求日本料理，于是宴会益增繁杂。更就见客而论，西人最守时刻，除公事或豫约外，大都午后来访。日人则不然，其早来者，或在午前八时左右，主人尚在朝餐之时；或在正午十二时左右，则客之午餐已毕，久坐长谈，未顾主人之枵腹也。吾国人之来游者，访问多豫定时刻，惟往往团体全至，不推代表，谈话丛杂无次，人数既多，颇费时刻。又如使署例行之事，如请发护照等，西人大都至馆员公事房，数分钟内得签字即去，从无以此访公使者。若吾国人，则必见公使，杂谈久之，乃提起请护照之事。在交涉烦忙之时，为此等无谓例事费去时间，诚苦事也。犹忆参战将发表时，函电丛集，而蒙古某王忽至，见后闲谈许久，乃请发一护照，即命馆员填发，而坐候间，余亦不能治事。若照西例，本可使人代见，或置客仍治公事，然在吾国将以为失礼，且为蒙古王，更不欲以此见罪也。某王行时，作例辞曰："不日归国，见友人有寄语否？"因答之曰："请告友人，某在此，实兼任中国之首县，办差及迎送至苦。"

某王亦一笑而别。总之，无论何事，中国式、日本式、西式，必三者并用始可无过，故以三重生活名之。

游东友人逸事及感想

在任三年内，友人至东游历者至众，酬酢之间，颇多逸事及感想，可资谈助。今作古者已数人，余亦散处四方，都不通闻问。回念当时，殊增感慨。

张仲仁游东最早，先余数日到，时行装甫卸，匆遽间未克为东道主。其从弟禹石在横滨为副领事，假使署跳舞厅设饮，余到东京之翌日也。先一日，馆员欢迎为西餐。是晚圆桌两席为中国菜，自离国后尝本国味，尚为初次。张在袁项城幕中最久，于新政多所擘画，司法改良，甚得其赞助。后长教育，以帝制问题与袁意见不合，遂辞去。来东志在考察教育，以时值夏假，学校无可参观，即赴箱根等处。

是时馆员颇有在使署正屋宴客者，请柬载“假座使署”字样，余以使署为代表国家之地，公使之外，他人任意假用，非郑重之意，因规定使署正屋，惟公使应用之，馆员宴会，各以署内自宅为限，不能假用正屋公共之室。有人议余过于拘谨者，因询之英国使馆。英馆谓外交通例，使署代表国家，断非他人所得假用，惟本国皇族或现任外务总长来游时，位在公使之上，而有代表国家之性质者，自可应用使署。西人习惯，极尊重个人分际，即私人宴会，亦甚少假座他人之宅者，至公署更无论矣。其后徐又铮来日观操，欲在使署宴客，余使人辞之。徐意颇不怿，谓汪伯唐以专使来日，曾在使署开宴，有先例可据。实则汪来时，使署大宴，仍以公使名义发柬，汪自宴仍在离宫。经郭东泉详细解释，谓在馆执务十余年，从未有本国游历专员假用使署者，徐始释然。假座一事，在中国视为寻常，如北京外交大楼，时由他机关借用，若征之他国，其例甚鲜也。

五年秋，周子廙携其夫人来日养病，在逗子海滨小住。某日，余与约至大矶招仙阁游览。招仙阁为旧时伊藤公爵尝至之地，留学时代，亦常偕友来游。青松白砂，地至幽雅。及期前往，则已于数年前停业，不得已至长生馆小憩。长生馆，日语读音与招仙阁略相似，至内部布置，大逊招仙阁矣。归时，乘火车，周来往恒购三等票，谓现为平民，只此已足。周久于美，故有此风。其夫人患喉头结核，医言肺疾已达末期。藤山雷太游北京时识周，其住宅园林颇广，每年例开游园会，是日特约周夫妇晚餐，并来柬约余夫妇。余适赴福冈吊蔡松坡，即于旅中电谢之，彦安不欲单往，亦辞谢。嗣因先一日为赤坂离宫观菊会，余兼程归东京，但以辞谢在先，藤山盛会，竟未得预，亦憾事也。

陆闰生以接收交通银行借款，并筹办汇业银行来东，即寓使署。陆离任尚未及年，馆员皆其旧属，中国习惯，喜用官名，以示尊敬，陆与余同在一室时，馆员谈话，对余等二人，悉称公使，而不冠以姓，颇有误会。西人称呼，最为平等，官名惟在职中用之，退职后统称先生而已。若退任之总统，仍以总统称之，将视为侮辱其个人。中国则反是，一任此职，即终身用此官名，并以不冠前字为恭，可见中国阶级观念之深。陆喜日语演说，某日银行家公宴，余谓陆宴时如有演答，尽可嘱馆员任译。及时，陆仍起立，自以日语演说，其勇气可佩。余在任中，公式宴会，从未敢以日语自演。郭东泉任译，亦先期示以演辞原稿，以免临时有误译之嫌。盖以外国语达欲言之意，对大众公演，往往有因矜持逸其要词者，非若坐谈时，可以从容补申也。

梁燕孙携其如夫人至东游历，日报载梁偕第几夫人同行。梁对人言则直称小妾，并不令至使署与宴，盖犹有老辈之风。纳妾之制，余素反对，良以社会由家庭积成，家庭不和，社会自无由强健。民国初年，曾思假法律之力限制之，然为旧势力所压迫，竟未能实行，且有新思想者，亦大都利用旧势力以自娱。甚矣，积习之未易革除也。从前妻妾界限甚严，近年宠妾之风渐盛，往往有以妾出面而冒称为妻者，与外国人交际时，尤通行之。外国人一时虽为所蒙，而与之同席之中国友人，则亦不能不尊之为嫂，且使其子女事之如尊属，则真令人万分不愿矣。日本有第几夫人之名词，实则中国旧制，称夫人者，以妻为限，妾固未能僭用也。

彦安在北京创办蒙养院，友人子女，大都来就学。梁有两女，当时亦从彦安读书，此次来东，梁女有所馈赠，请以此为老师寿。学生在校近年已奴视教习，出校后更视如路人，梁女尚不忘蒙养院之旧师，亦足以风世矣。

梁在日时，适靳翼卿亦来观操。一日，两人欲讨论时局，会于使署，特治餐佐其清谈。两人咸嗜雪茄，赴餐时，置未完之烟支于桌，及餐罢取烟，则台毯已为烟烬所损。此台毯为友人所赠纪念品，余不欲废弃，其后乃命人绣一蝴蝶于上以掩之，而两人初未之知也。

严范孙游美归国，道经日本，其哲嗣约冲适于先数日在使署中风骤亡，严在舟中未得信。是年严六十，在美时曾以诗自述寄约冲，忽遇此变，其失望可知。范静生与严同行，到后，余先访范，告以约冲事，范亦泫然，乃托范缓达，并劝严勿至使署，虑其见物伤情也。严闻信，仍至使署达谢意，初意过东度生日，使署同事亦欲公祝其寿，至是乃一切作罢，数日即归国。余识严最早，毕业后至津，即寓严家，严正创办家塾，后扩充为中学，即今日南开大学之先身也。严居家俭朴，绝不沾洋气，而饮食时则取分器主义，一汤两菜，若日本式，惟不用盘。中国之同器共食，于卫生最不宜。严是时已于家庭实行分食，其思想之进步，可于此小节见之。

汤济武、林宗孟相偕来日，日本各方面欢迎颇盛。而是时北京《晨报》攻击日本甚剧，汤、林为研究系领袖，《晨报》则研究系之机关纸也。汤、林亦稍觉不安，乃电嘱《晨报》稍敛笔锋。汤、林因交际访问，终日御晨礼服，戴黑高帽。某日游箱根，余亦偕往，汤与余宿富士屋，林则宿奈良屋。林以浴衣来访，为富士屋拒绝，即在此时。汤、林未带便服，在山中仍礼服高帽，大有衣冠游山之概。因忆一事，清末余为资政院创设员，某日宴于西直门外万生园，席散，游动物园，创设员中之某老者，未易便服即衣冠徘徊于诸兽之间，当时同行者，颇引为奇观。汤滞日月余，思游美。余甚赞同，询其时日，以往返六个月对。因谓之曰："除舟车外，留美日期不过四阅月，鄙意宜多与美人游，俾得他山之益。至与华侨，则偶一周旋足矣。若在外国而终日与本国人交际，费去贵重之时光，最为可惜。本国人之来往，在本国时机会正多。"汤意亦韪之。不虞至美后，仍于华侨宴会中被刺也。汤至美曾来两书，一书到时，已在遇难后数日矣。书中言美国人对中国情形甚为隔膜，顾少川在使署，亦无从得中国实情，盼余随时以函电相告云云。其旅行中关心时局如此。林未偕往，先归国，其后再来接汤灵柩，并与犬养毅及余等发起，为汤在增上寺开追悼会。林述追悼辞甚悲痛。人生如泡影，有信然也。

徐又铮来日观操，调使署参随为随员，颇有专使风。至东京时，适余自镰仓别墅归，因于横滨候其车至同行，固非若接待专使之正式也。至站，即由陆军省派员欢迎至帝国旅馆。田中义一时尚任参谋次长，亦来招待。饮香宾后，余即归。徐观操中，由陆军省接待。操毕，徐忽欲移住使署。余以使署无闲屋辞之。徐欲在使署宴客，又为余谢绝。日本举行秋操，中国每年派员，几成例差，而徐以专使自居，因是意见遂不能融洽。一日，徐谓余曰："中国旧礼，钦差过境，督抚须跪请圣安。今仆过天津、奉天，督军等竟无询及总统起居者，可谓疏矣。"意中似谓至日，即驻使亦未尽礼。余笑答之曰："共和国体与君主国体本大不同，民国既无钦差，奈何责督军不请圣安。"徐治事勤，有干才，而自是过甚。段合肥组阁时，徐任秘书长，阁议议决事件，例交秘书长整理文字，徐往往以己意修正议案，越出文字范围，当时阁员颇因此起争议。徐随段最久，及被难后，乃不得抚恤，在沪设奠，而北方旧时同僚致挽者甚稀。

唐少川于七年秋偕其夫人来日，初寓帝国旅馆，后移住大森，取其闲静也。唐夫人由实相寺夫人作伴。唐是时颇有意调和南北，余亦为传达其意见于北京当局。松方公爵一日宴唐夫妇及余夫妇，笑谓余等曰："今席南北一家矣。"其希望中国和平之意可见。座中张溥泉亦在，余偶与谈话，声稍高，松方顾曰："岂君等又争议耶?"主客咸失笑。余初识唐，在唐任津海关道时，毕业归国过津，袁项城欲用留学生，以唐为学生出身，故命其接洽。革命时，唐为北方议和总代表，余亦以浙江代表名义同行；及组阁，余任法制局长。民国新法制，颇多为唐阁时代所制定。唐临行前，宴日本朝野，适余在使署为徐又铮公宴日本陆军将佐，未克分身与席。翌日往送，则遇之途中，因同车道别。唐归国未几，南北和议再开，唐任南方总代表，卒因两方意见纷歧，未有终结。欧战议和时，汪精卫过东来访，适余外出未遇。翌日，廖凤舒至横滨送行，汪谓唐有要语嘱其转达，惜因相左，未能面罄。忽忽数年，廖亦未询其何语。后在沪遇唐，偶询及之，则已未忆何事矣。

本野与后藤

在任中，日外务最初为石井菊次郎，最后为内田康哉，中间周旋最久者，为本野一郎与后藤新平二人。本野久在欧洲，其态度习惯，纯为欧洲绅士。后藤则有东洋豪杰风。

本野治事，恒在官舍书室，不甚至外务省事务室。余往会晤，正谈之外，喜为友人杂谈。本野于中国情形不甚熟悉，恒询余意见。余则时叩以欧洲状态，交换智识，各得其益。两人均不嗜烟，谈久，其夫人辄以糖果相饷，与寻常外交官之会谈，事事拘于形式者，其亲疏不可同日语矣。外交团宴会，喜戏纸牌，余夫妇均不习。某日，本野夫妇特约余等往，以纸牌游戏各例详细指授，在座者惟其哲嗣，惜余不甚乐此，偶习亦遂忘之耳。本野喜盆栽，殁后，其家以盆景出让，乃值万金，可见其平日搜罗之精。其夫人尝以一鹰见赠，在朝鲜所获者，适余未见来札，乃为仆人误置厨室，几烹食。翌晨，始发见为装饰品，非以供食料，亦趣谈也。

后藤素有东洋罗斯福之称，计画一事业，大都规模远大，为世俗所惊异。任台湾民政长官及南满总裁，颇著成绩。寺内内阁，以内务兼任铁道院，适与中国交通部协商联运事宜。中国交通次长及各局长联袂而至，后藤表示欢迎，特在上野精养轩开园游大会，招待来宾至三四千人。嗣后备专车，请中国来宾漫游松岛各处，使用一等车多辆，流连数日，遂致寻常客车有缺乏之嫌。闻其后交际费之支出，竟逾出额定之外云。本野既病辞，后藤兼任外务，余往贺，谈次颇有得意色。盖后藤对于外交问题素有大志，前此伊藤博文之游俄，即其献策，惜伊藤在哈尔滨被刺，联俄之计，遂未实现。今身当其任，若假以时日，必有惊人之政策实现，可断言也。余对于日本退还赔款问题，正在各方疏通，后藤素赞斯举，及寺阁将辞，余力促后藤于离任前实行决定。一日，余往访，后藤告余阁议已议定，余请其正式发表，则谓依法须经国会通过，今可以阁议议决文相示，即于事务所将原文示余。余请携归，电政府先谢立案，后藤即允之。其坦率无官僚习气如此。后藤有组织内阁之资望，惜时会未至，终其身未达此志。晚年倡政治伦理化主义，对于现今之政界，其意盖有未满矣。

岩崎与三井

岩崎与三井，为日本巨富。某新闻社尝调查全国富豪之财产，自百万元起至五千万元止，列为一表，三井、岩崎两家，不与其内，盖其数在数万万元以上也。日本富豪之家法，与国家之宪法同，一家公产，与主人个人之私产截然划分，不能通融。公产由重役管理，若一国之有政府。主人任会社社长，得年薪及花红若干，为个人之私产，凡个人家庭私用，由此支出，不能任意使用公产也。公产为会社经营事业之资本，每年盈余，悉照会社定律分配，主人亦以重役之资格得若干，故号称首富。主人个人之收入，初不与他公司之重役有以异，因是富豪之子孙，即欲浪费，亦为家法所不许，其富乃能永久维持。而公司方面，营业发达，富乃日增。或谓三井、岩崎之富与日本国家相终始，非虚语也。余尝赴三井八郎右卫门男爵家茶会，见其侍役乃临时雇用。岩崎男爵某日在品川别墅招饮，侍役亦然。可见其平日家中使用人之节少矣。两家主人，各任总会社社长。三井办事若英国政体，事权集于总理。总理为团琢磨。一日，参观其事务所，总理及各重役之处理事务，其接应指使之敏捷周到，实远在官僚之上，至社长不过坐受其成而已。岩崎之组织略与美国政体相近，其总理为木村久寿弥太。社长岩崎小弥太，受英国大学之教育，日至事务所，与各重役共同治事，坚实稳厚，有平民风，人咸重之。余留学一高时代，岩崎前代主人有子，亦在一高工科肄业。尝访其学舍，有学友藤井、庄田二人为伴，舍小而质朴，与本宅相离。盖以子弟求学，习于富家之起居，甚非所宜，故特令外居也。岩崎之品川别墅，收藏甚富，中国名人字画，日称唐画者，颇有佳品。岩崎尤注重藏书，吴兴陆纯伯书库，曾让诸岩崎。岩崎延文学士数人整理之，并以《静嘉堂丛书提要》印行。余亦得其全帙。英国《泰晤士报》记者莫理循搜集东方书籍，世界上推为第一，其书库在北京，后出让，亦为岩崎所得。闻近已整理就绪，公开任人研究。富豪尽力文化，吾国之号称有财者，对之不无逊色矣。

瑞士通商条约

吾国与各国之通商条约大都由对手国要求，甚或用武力解决，故条约内容，往往违背对等原则，至近年始有改正之希望。惟与瑞士条约由中国发议，中、瑞两国驻日公使，各奉其本国政府之命令，在东京以全权商订，交换约文，盖创例也。瑞士为永久中立国，欧战中，各国人士之欲得两方消息者，都集于瑞士。吾国自参战后，亟以派使驻瑞为便，乃提议与瑞缔结通商条约。是时欧亚交通阻隔，故便宜上由两国驻东京代表协商。时瑞使为荻柴利，与余素相稔。会议时，先查验两方政府全权委任状。瑞士对外素无野心，所议条款，大致为各国修好通例，无甚争执。订约之日，以中国使署为签字之所。议约随员为王鲁璠、刘伯襄。是日午前十一时签字署名后，各盖火漆印于约上。正约之外，另有换文，声明瑞士人民在中国者，现时与各国一律，享有领事裁判权，将来他国有取消者，瑞士随同行之。当时余主张首由瑞士取消，瑞使谓瑞士人民在中国者，人数无几，领事裁判权于瑞士本无甚用处，惟瑞系小国，若与中国订约，不能与各国享同一之权利，殊与体面有关。中国如以正约为不便，不妨另以换文约定。磋商再四，瑞使颇示为难，乃电商外交部。时中国亟望瑞约成立，遂姑允之。签字毕，宴请瑞使夫妇午膳，用中国菜，并摄影纪念。瑞士无勋章，余赠以景泰蓝古式鼎一架，镌明某年某月换约字样。瑞使亦以瑞士式烛台一对见赠。与外国议约之平淡，瑞约当屈一指矣。中国批准，为期甚速。瑞士邮寄往还，需两月余。当时询瑞使，瑞士由何种机关批准，答言由联邦院。又询以总统现为何人，瑞使谓现时电信阻隔，总统不过为行政部主席，每年易一人，今年何人尚未接通知，故未能举其名。由此可证瑞士之重民权，总统不过代表行政之一部，与东方之视为主权代表，有帝王思想之印象者，盖大有异矣。

欧战中之瑞典驻使

瑞典驻使华伦盘，兼任中日两国使事，半年在北京，半年则在东京，好磁器，搜集中国古磁甚丰富。余于北京即识之。自日德交战，瑞典守中立，而事实上与德素亲近，联合国常注意之。德侨之在东方者与本国通信，例受检查及扣留，当时风传瑞使庇护德侨，暗中代送邮件，德国因此探得东方消息。某日，瑞使署送出寄回本国之邮信一大箱，为日本国际侦探所悉，追至朝鲜，电请外务省扣留检查。外务省允之。瑞使以使署邮件，照国际通例，应受保护，拒绝启视。联合国闻此消息，竭力怂恿日外务省提回开检。外务省从其请，及送回拆视，内中果有德侨信件。联合国以瑞使违背中立条件，主张撤换。日本为顾全体面起见，乃听其自辞。当瑞使未启程前，英使召集联合国各使会议，提议联合国各使，自即日起与瑞使个人断绝来往，即晤面亦不为礼。此种决议，似颇滑稽，而英使等因深恶德人，对于瑞使，毫不假借。瑞使旋即归国。余赴镰仓时，车中过瑞使，瑞使辄以报掩面，若未见然。余亦故背身向之，重外交团之决议也。

休战后之提灯会

自欧洲大战休战发表，世界各国人民咸欣然有生气。日本为联合国之一，东京各界人士有提灯会庆祝之举。是晚与会者约十万人，倡议进二重桥，绕过宫门以致敬。日皇室以民众一心，破例允之，并于各队到时，在宫门前派定专员安慰。联合国各使署，提灯会咸进内绕行一周，欢呼万岁。中国使署亦与其盛。午后五时余，即有提灯排队而至者，由馆员在门口招待。内有商界各队特致祝辞者，则请其代表进内，馆员领受致谢。各队陆续至，约十余分钟来一起，馆员接应，几无暇用膳。余等在楼廊观灯，闻欢呼声，此时固幸为与国，然回忆当日加入参战之政潮，令人感慨。提灯会至夜十一时收队。使署自大门至园中，用小石铺路，翌晨起视，因数万人之经过，小石竟散去无存，亦一纪念也。

东亚同文会与东洋妇人会

东亚同文会会长为侯爵锅岛直大，侯爵夫人荣子为松平恒雄夫人之母，主持东洋妇人会。其住宅与使署为比邻，故锅岛夫妇与使署来往至亲密。同文会最有益之事业，为调查中国各省地志，举凡地利及农工商各种情形，与一切风俗习惯，无不详细访求，编印成书，分省为卷，凡二十余巨册，费款数百万。余得其全集，窃叹邻邦之用心知彼，吾国自身反听其自然，不求自知也。同文会会员，类皆年老有地位者，一日宴余于华族会馆，左右及对坐者悉为过七十之老者，聆其经历谈，正有趣味。同文会于中国留学生之预备教育，颇热心经营。在中国之同文书院，为造就日人练习华语者而设。近有人主张为中国学生在中国设预备科，使先习日语及普通科学，来东即径入专门学校，若留美之清华学校，用意至善也。东洋妇人会干事为清水女史，开会往往假用锅岛邸。本野外务夫人，常到会周旋。会仅杂谈，无正式演说，司会者备茶果，间有余兴。在使署亦开会一次，以中国茶点款之。会名东洋，包括暹罗、印度、朝鲜诸国在内，有时亦有上列诸国人到会。至平时会，合以中国人为多数。

东京俱乐部

东京俱乐部为外交家及实业家集会之所，离使署不远，馆员中周钰卿至俱乐部最勤。各国使署人员常集此，无意中可得外交界消息，余无事时亦时往游憩。俱乐部阅览室，备各国杂志甚丰富。台球为英国式，四周有袋，以球落内为优点。余与日置益时相约球戏，惜两人技均不甚精，球戏一局，费时颇长。日置久使外，归国后知交无多，常与余为伴。日置喜郊外运动，俱乐部在驹场设有高尔夫球场，时时偕往，归途辄赴日本料理楼便餐。两人均不用烟酒，可谓良侣。墨使亦喜高球，每星期六，非约日置，即偕墨使。盖高球游戏虽可一人独乐，究不若两人竞争之有趣味。外交团嗜此者甚多，以其运动不剧烈，游戏一周，至少须步行十余里，不知不觉之中，周身血脉，咸得活动，即老年人亦得加入，不以为疲。球戏中盖以此为最高雅矣。时美使年已逾六十，某日往戏，持球未发，竟以中风猝故于场中，不数见也。俱乐部有酒场，余与日置均不善饮，每遇会员以骰子为戏，负者供饮品时，余等只能要求汽水，放弃权利颇多。日人喜弈，有多数会员，终日对弈不倦。余颇谢不敏。高楠顺次郎博士，亦弈团之一也。俱乐部有牌戏室，夜以十一时为限，逾限则课以罚金。餐室为纯粹西餐，西人来晚餐者，大都为独身之人。其有偶者，非适当之聚会，决无置家中人于不顾，而自乐其乐者。东方风俗，即未必尽然。余偶赴俱乐部晚膳，西友辄笑问曰："君岂独身耶？"夫妇之谊，于此亦可证西俗之厚矣。

镰仓别墅

镰仓背山面海，气候冬暖夏凉，由东京往，火车约一时，日本名士，大都在此筑别墅。海滨有西式旅馆，夏季西人咸来游泳。俄使库朋斯齐，夏季辄赁屋常住。库使喜海水浴，客来访者，往往于海滨觅之。余因使署嚣杂，不能安眠，乃于镰仓求一居，得土肥庆藏博士别墅。土肥别墅有二屋，以一假余。屋各有草地相毗连，可通行。土肥自用之园，中有泉石，布置甚幽雅。余屋有楼，三面对山，清秀可爱，闻前此大正生母柳原局曾假寓于此。屋为纯日本式，于夏季尤宜。自东京烦俗之地至，入室辄心神一清，坐视青山虽久，无倦意。土肥为皮肤学专门，汉学甚优，善诗，号鹗轩，与江翊云时相唱和，东京自宅藏书甚富，尝著《中国药考》，搜集古书，引证极详。余每晨趁车至东京，午后五六时归，盛夏则间日一行。星期日馆员辄来游。别墅中未置厨役，膳由彦安自制，以简为主，有时即购日本面代午膳，不备副食。适王鲁璠至，以面进，王笑曰："做学生时食此已厌，奈何今日尚以此饷客。"主人笑谢之。乡间生活，余固习之也。

镰仓有古刹圆觉寺，其方丈释宗演，曾游历吾国。时递省大臣野田卯太郎，以通禅学名，某日，与德富苏峰至余别墅，偕访释宗演，即在寺素餐。谈次始知圆觉寺开山祖为中国人。方外人逾海传道，可见旧时日本之信仰佛教，亦取资于我国。释宗演之弟子，为余绘一像，打坐默想，颇有神。野田善画兰，暇辄挥毫，号大塊居士，在政友会为总务干事，长于排难解纷，有难问题，得其数言即解决，人谓其得力于禅机云。

余患神经痛，至别墅静养始稍已。其后大地震，镰仓受灾颇重，尚未知此屋无恙否也。余之神经痛，牵及腿部，有时痛剧，竟不能步行。一日，散步痛作，忍痛徐归。忽邻居一小儿，远望余，以爸爸相呼，及近始知误认，乃哭。余笑慰之，无意中痛忽骤止。神经痛之发作，大都因郁闷而起，忽遇此幼儿之天籁，神经转换，遂得暂时霍然。惜人为之病，天然之遇，未能屡期耳。

别墅中日置益曾来一宿。王培孙因南洋中学经费事，至东访余，适余因病在镰仓，亦来小住，抵足谈旧，颇回想当日同学景象。王喜夜谈，余则习于早眠，乡居更甚。王索苦茗，阅书至深夜始就寝。余劝其节目力，竟以习惯未能骤改。近年王患目疾，几不能视，盖受病深矣。家大人来东时，亦偕颂平至别墅，因席地不便，即返东京。诸儿夏假中，每日至海滨游泳，习以为常。夜膳后，则聚坐廊际纳凉，要谈故事以为乐。世事烦剧，在此时已一切忘之，皆别墅之赐也。

兴津庵之日本料理

兴津为井上馨侯爵游息之地，近年元老西园寺公望亦居此。井上庖人治膳素有名，井上故后，乃于东京创一肆，号曰兴津庵。室仅两三间，而布置精雅，墙悬井上作字，其他为伊藤、松方诸人所书，并有手卷，内皆维新时名人手笔。入此室者，将以为雅人收藏之所也。日本料理屋，例须呼艺妓侍役，善清谈者颇厌之。是肆定章不得召妓作弦歌，客欲携妓往者，只作为客，不作为妓，故席间无喧扰之声。

郭东泉、王稚虹将离职归国，余饯之于兴津庵。郭在东十余年，使署在外宴会，向由郭定座。王素喜外食，尝言有名料理屋，悉有其踵迹。此席由余自定，郭、王咸未知其处。余笑曰："君等为日本通，今日试验落第矣。"是夕，主客仅郭、王夫妇及主人夫妇六人。进餐由庖人之妇亲自搬运，颇从容有礼。餐共十三品，味美而量少，陆续持至。有时亟于尝试，其妇甫置齐，行礼退，余等已举箸罄其盘矣。是肆料理，老年人甚喜之。大仓喜八郎尝以此庖人治膳宴客。在东京欲料理佳而不为妓扰者，盖首推兴津庵矣。

轻井泽　伊香保　盐原之游

轻井泽气候高燥，与中国北方相似，地方人情质朴，不若箱根、热海等处烦杂，西人来此避暑者，以教士家族为多。西式旅馆，布置尚合宜。一日，余夫妇往游，寓三笠旅馆，同寓者大都为英美妇孺。最有趣味者，膳时菜单，悉用法文名词，客都不辨。无已，乃各置菜单不阅，但以英语之鱼或肉告仆人，仆人往往以菜单所载，依次悉进，无从一一预选，旅馆主人亦听之，可谓趋时过度矣。轻井泽距浅间山甚近。浅间山为著名火山，旧时喷火甚烈，近年已熄，然仍有时鸣动，喷火口尚冒烟，夏期往往有登山一观踪迹者。火口在山顶，周围约合中国六里。某日，旅馆主人与彦安谈及登山事，谓翌日有登山团体，大可往游。彦安遽允之。时余患腿痛，步履尚不能自由，然以妇人有勇，即亦不置异词。至时，于夜九时行，有车有马，车若货车，震动不能耐。余夫妇用马，所谓用马者，乃两人为马担负，非乘坐也。马背置木鞍，缚两篮于左右，两人各蹲踞其一，轻重不均，则以所携登山用具平称之。时天黑路不平，两人在马背摇荡，若小儿在摇篮中，真生平未经之奇状也。十一时许抵山麓，有乡人茶店，入内稍憩。乡人以木柴煮水，烟满室内，喉鼻几塞。水壶悬于屋梁，垂下与火相接，颇有太古风。旋预备上山器具，各带雨衣、大草帽、水瓶、干粮及山杖等。余带白布帽，大草帽甚薄而轻，彦安乃叠雨帽带之。山路不平，均易草鞋，余等于橡皮鞋上，复加草鞋为底。十二时许登山，必择夜者，取其凉也。夜间往往有暴风雨，是夜幸天气未变，但亦无月光，各持纸灯以行。计自山下至山顶共分三十八段，初登时路尚平坦有树，及逾十段，路渐难行，再进至十五段后，不复见树，一片均沙块，盖由火口喷出者。山上素无行人，因是无山路，沙块甚滑，每上一步辄滑下两三步，费力极矣。彦安持山杖，由领路者以手拉杖，余则自后推其背，余之后复有人推余，推挽以进。勉至十七段，彦安尚欲鼓勇进行，余因腿病未愈，不能支持，遂以此为止。时约侵晨，二时许，适大风至，灭灯，余帽亦飞去。幸彦安带雨帽，得分其一。同登日人一队仍前进，留领路者一人伴余等。余等即就山奥处席地小憩。浅间山本有大小两岭，其小者俗名子山，即在十七段之下。旋风停，稍进食。坐待天明，观太阳自东上升，红光满天，亦巨观也。六时余下山，有数处路险竟不得行，乃蹲坐滑下。天黑上山时，初未注意及此。上［下］山后，仍由马负余等归。沿路过乡人，余等颇自失笑，乡人则习见不以为奇。至旅馆，约九时，客早餐尚未竟也。即就浴重睡，至午始起。余人登山顶观火口者，至午后七时余始归，状甚惫。据言至顶后亦不敢近火口，初无所见，甚悔此一行云。数日内，有对世悲观者竟登山投入火口自尽，后经人得其所遗木屐始知之。觅死所于火山，可谓异想天开矣。

伊香保惟有日本旅馆，风景幽静，楼居远望见海，使人胸襟廓然。馆有温泉，备专用室，无共浴之嫌。是处西人来者较鲜。旅馆纯日本式，别有风趣。山中树木茂盛，多雾，每日必雨，至其地者，有见云不见日之咏。一日，入山深，将穷温泉之源，见多人自树林出，若亟亟归者，询其故，则言前面雾满不能辨路，不久必将雨。伊香保之天候，雨多于晴，故散步时辄遇雨。留三四日，即言归，后未再往。然地方之幽雅，非他处温泉地之有尘俗气者所可及也。

盐原为旧游之地，当时日华学堂尝全体移此度夏，附近名胜，数经访涉。追念旧景，时欲再游。七年春季，以馆务烦扰，思静养数日，偕彦安自上野乘火车至那须，换乘支线，约一时许至站。旅馆满寿屋，以自动车来迓。从前仅公共马车，山路亦高低不平，今则坦然驰自动车，便利多矣。满寿屋为纯日本式，因气候尚冷，游客甚稀。主人知为中国使节，招待极周至，每出入时，辄全体在门口迎送。此为日本旧式敬礼，以过于烦琐，辞之，竟不获。又散步时，主人亦令人随行，虽得其随处说明，然因此颇失自由之乐。寓三层楼，对山涧，坐听溪声，万念俱寂。温泉甚清，浴室亦舒适，惟食物稍简，山中非客盛时，鲜物不运至也。犹忆旧日在盐原时，散步辄携一浴巾，随处有浴池，稍惫即可入浴。时男女混浴，亦不避也。在旅馆中最扫兴者，为东京传来之长途电话。山中闻俗事，所得清趣，亦为之减色矣。

暴风雨后之景象

六年夏，家大人偕内兄陈颂平来游，寓使署。某夜，忽暴风雨袭至，楼中过道长窗未栓固，为风所启，雨亦侵入。余夫妇亟起视，风力贯进，益以雨点着身，竟未能即闭。时为中夜二时许，忽电线吹断，电灯尽灭，黑暗无光。家大人在隔室，闻声起助，尽数人之力始将窗闭讫。窗外风雨声极大，房屋震动，几若置身狂涛巨浪之中。翌晨天霁，园中惨淡之象，真为生平所未见。大树数十株，咸倾侧倒地，墙篱尽毁，与邻居院落已无界限。最奇者，使署楼屋，外敷红灰，初以为必系砖制，至是灰尽剥落，内身显露，乃知为木制。破屋伫立乱木杂石之中，斯时使署之景象，诚不啻乱离中国之雏形矣。其后东京大地震，使署被焚。适实相寺贞彦自东来，余询其情状，实相寺答称："贵国使署烧得很干净。"初闻颇异之，及细思屋为木制，宜屋架之尽焚，不留余迹耳。此次风灾，各国使署受损最巨者为法馆。法馆建筑最旧，墙篱沿街，自倒坏后，途人咸见其宫室之好。其余日本式房屋，受害者更不可计数。然以较之大地震之火灾，则固未及其百分之一二也。

美术俱乐部之拍卖

日本旧家之收藏，近年付拍卖者，时有所闻。美术俱乐部经理其事，先两三月，由俱乐部将各品编号，择其尤者缩印之，订为一册，若画报然。凡与古董店熟识者，辄先期送至，册上标明某大家拍卖旧藏，于某月某日在俱乐部举行拍卖，用投标法，定期开标，得标与否，可托古董店员接洽，至投标若干，亦可预征其意见。彼等对于各物之估价，颇能得其中。某日，某伯爵家在俱乐部拍卖家藏古董，日友某约往参观，并先以缩印之图画见示。俱乐部地位颇宽，各物分类陈列。中国名人字画颇有佳者，表装系日本式，其估价至昂，动辄数千元，或逾万。日本人字画价亦不廉，在中国可值数十元者，辄需数百元。自欧战以来，日人以工商业致暴富者（即所谓“成金”），不乏其人，骤慕风雅，不甚惜赀，因是古董市价大涨。有墨笔菖蒲乙幅，赖山汤题诗其上，而值价须五百元。又有乃木大将所书立轴，未盖印章，有当时副官证明其为真品，值价须三百元，可谓物以人重矣。中国磁器不多，日本旧制金漆器（日称莳绘），逸品甚多。余遍观各品，颇欲投一标以纪念此行，卒乃得一木制关羽像，知为某美术家所作，白面长须，锦衣银刀，身段稍矮，则日人之意象使然。询之同往之古董店员，谓投以三百元，当可得之。余嫌其昂，而他物更无从小试，乃姑投一标。数日后，此像遂归余有。家人见者，谓不过值二三十元。及携归津沪，友人闻其价，咸嗤之。其后以保存未善，面像稍损，付之拍卖，国人无识者。其结果仅得六金，抑亦此像之不遇时矣。

招待三党

日本是时政党分为三党：一政友会，原敬为党首；一宪政党，加藤为党首；一国民党，犬养毅为党首。宪政党后改为民政党。国民党为第三党，人数不多，后与政友会合并。立宪国由两大政党交迭执政，本为原则，然日本尚以超然内阁为有力，而党员意见不合，又时时分离组织小党，与英美之政党情形，其程度尚悬殊也。六年夏，宴请各党干部，特分为三日，盖虑政见不同，席间不能尽欢耳。第一日为政友会，到者十余人。野田卯太郎于席后，挥毫其得意之兰，并制为和歌，颇有禅味。余适患腹疾，第一日勉强支持，次日泻更剧，而宴请日期，于两星期前预行约定，不能临时更改，又因各党关系，交际之间，更不能稍示区别，不得已，终日偃卧，至夜乃起，服临时止泻之药，席间仅以葡萄酒维持元气，不敢举箸，并不令客知有病，诚苦事也。外交官于交际一事，有时真有极为难之处。某日为宫中宴，适患咳甚剧，临时辞退非礼，而席间咳作，又虑失仪，乃与医生商，服一种止咳之药，可有三小时之效，逾期咳即再作，固非根本治法也。又某日海军省宴会，是日腿痛大作，几不能立，而宴会时大都立谈，乃临时请医注射止痛针以往。凡此扶病酬应，人生之不自由，无逾此矣。第二日为宪政会，加藤因病未到，干部诸人咸列席。席散签字，若槻礼次郎为书拉丁文“平等、自由、正义”三字。若槻于加藤殁后，曾继续组阁。第三日为国民党，犬养之为民党首领，奋斗已数十年，与板垣退助、尾崎行雄诸人，均为主张民权之始祖。屡经困苦艰难，不改初志，惟以生平廉洁，党费不充，因是未能成为大党。可知东方各国之言党，大都以利合，非以义合也。余于留学时代，即识犬养，后归国受伤，犬养函慰，谓“政治家之生活，本出入于受人攻击之中。仆从前为党至地方演说，无一次不遇暴动。令［今］之犹生者，盖幸耳。君大可作如是观”云云。其旷达如此。

西京之游

七年冬，余夫妇作西京之游。西京为日本旧都治，称为京都，气候较东京为寒。以自动车驰琵琶湖侧，风景萧瑟，游人绝迹。宿京都旅馆。旅馆承大正即位大典接待外宾之后，室中布置尚大半存在，用品颇华丽。此游以室外游览于气候未宜，因参观美术制造及其荟萃之处。京都最著名之美术品为金漆器，其名为莳绘。古来诸侯府第陈设及随身使用，以此品为多。制作精美，其漆胎若福建沈漆之轻，而绘画及外层光泽，更优于沈漆。一品之成，或司绘，或司敷漆，或司加金，经过专门手数人，费时数年或数月，务求其精，不以为倦。日本博物馆及美术馆尚搜集漆器，颇似中国之搜集磁器也。余等参观其工场，分门别类，据云：“制法传自古代，近更参以科学，故新制品不逊于古时。”中国美术品之制法，近来失传者甚多，益以历年兵燹，人心惶乱，名匠亦无由造成。凡美术之发达，都在太平时。清代磁器，以康雍乾为最优，即其明证。京都有清水窑，若中国之龙泉，余定制餐器全套，后携归使用，客见者咸以为中国古磁，可见其仿造之巧矣。日人以东方古董运销欧美者，以山中商店为最巨，世界各大埠均有分号。尝至其西京分号一览，规模之宏大，陈列之丰富，几疑为博物馆之一部。中国古董，居其多数，精粗毕备，令人迷目。间有在中国仅闻其名者，至此得实见之。中国商家不能合群组织大公司，无此气魄也。

归途游记

八年四月十一日，自东京启程归国。计自五年夏抵任，将满三年。屡请解职，不获允，经百方疏通，是时始得假归觐，然事实上无再来意，他人亦知之。行期发表后，请饯者纷至。余不欲困于酒食，仍与前年在北京将行时同，一律辞谢。铁道省来询日期，为备专车。木下局长派儿玉运输长来接洽，乃与商定绕道宫岛、别府等处游程。儿玉后至北京，充观光局主任，其兄即伯爵儿玉秀雄。临行前日方友人因未设饯，各以纪念品为赠。松方元老及加藤高明诸人，皆先来使署话别。此数日间，整理行装，接晤宾客，并交代使署事务，自辰至暮，无片刻余暇，生平从未有如此之烦也。及行期，馆员等咸先时至车站候送，诸儿亦先发。是时全馆阒然，除门役外，竟无一人。余夫妇在馆中视察一周，颇生物集必散之感。

至车站，外交团及日方公私友人来送别者，约数百人，益以各新闻社摄影。进站时，四面酬应，几有应接不暇之势。忽刘伯襄来，谓闻学生团欲来为难，乃至休息室暂憩。旋庄景高谓警厅已布置妥洽，遂与送别者一一握手，即上车。车中陈列女宾赠花几满。甫启行，各人正脱帽挥巾，不意学生团忽扬白旗大呼。车渐速，声亦渐不辨。退至车室静思，殊不知学生何以对余误解如是。至横滨，庄因代使事下车告别。同行者为廖凤舒夫妇、江子因及章商贤诸人。实相寺夫人旧家在别府，因亦约其偕行，诸儿得伴尤乐。车过西京时，伊泽修二夫人、鸟泻隆三博士特来送别，同车至大阪始下车。鸟泻为一高时代旧友，在西京大学医科任教授，与余交谊最笃，号五稜生，发明注射药品多种，甚有益于世，盖纯粹学者也。

车至神户，领事、华侨及日本官商来接者至众，略与周旋，即投宿东亚旅馆。旅馆由领署豫定特别室，并悬挂中国国旗以致敬。余一行上下计十人，匆遽间未为仆人另觅旅舍，其后始知亦同占上等室。

诸儿由廖夫妇约游西京，即在西京寄宿。余等第一日由住友公司招待，游六甲山苦乐园，园景甚美，遇片相元博士，亦旧识也。晚领署招饮，时嵇涤笙因假归国，由副领事代作主人。旅馆是晚特备盛餐，惜外出未能享受，仆人等因同系寓客，均至餐室用膳，闻颇局促不自安。厨子不习西餐，仅食面色［包］数片。初未知主人之破巨费也。余于三日前电领署定旅馆，领署未注意。于是日起，即将特别室包定，照例虽未住宿，亦须应【付】室费。计余等于十一日晨到十二日夜行，实仅一宿，除晨餐外，均在外用膳。及旅馆开账，竟需七百余元，连自动车费，乃达千元，可谓浪费矣。第二日午刻，由吴锦堂在须磨别墅招饮。吴为华侨中首富，已入日籍，别墅在须磨海滨，楼作八角形，高四层。午餐为纯粹中国酒席。客室陈列器具，华式西式咸备。吴虽在海外，对于中国内地善举甚热心，据称平均每年总捐万余元云。尚有一琐事足纪者，吴家一切日用品，大都为国货，即便室用纸，亦用中国所制粗纸，不用外货。由此推之，亦可见华侨之注意国货。午后三时，住友忠辉夫妇在住吉住宅开茶会。住吉在神户与大阪中间，风景甚佳。住友宅为纯粹西式，并以绣毯见赠。是晚夜车赴宫岛，廖夫妇尚须续游西京，未再同行。

翌晨至宫岛，寓铁路旅馆。是日小雨，冒雨游宫岛神社，警署派人随行。乘汽油船泛湖一周，烟雨迷濛，别有景趣。夜车赴下关，易坐九州铁道车。彦安等先至别府，余借乘大道局长专车，赴八幡制铁所参观。由技师长服部博士导引说明。所长为白仁武。所内有轻便铁道，至各厂时，得乘车行。规模之大，在东洋当首屈一指矣。午后顺道至户畑，参观明治专门工业学校，由松本健次郎陪行。松本为安川敬一郎之子。安川以矿业起家，在九州方面为巨富，近年在中国北方经营矿业，投资颇巨，实相寺贞彦为其代表。是校由安川创办，专养成冶金、应用化学及其他工业上必需各科之学生。延聘名宿，布置试验器具，不惜重资，闻前后捐款达五百万元。余在任时，特与商定每年送入中国学生十人。寄宿舍附设校内，学风高尚。私立工业学校，在日本全国当无有逾此者。是校后因维持匪易，改归政府官立。

松本当时为是校干事，归途至其宅茶叙，庭园甚广，建筑为西式，规模宏大。前厅悬油画一巨幅，闻为欧洲名人所绘。散后，乘火车至别府，已九时余矣。寓中山旅馆，其女主人曾在东三省多年，林权助颇誉之，特为介绍。旅馆甚幽雅，专接待常住熟客，无众客来往喧扰之病。安川有别墅在别府，翌日招待余等。其别墅已旧，而园景布置优美。是年为安川七十寿，以家族合影之纪念照片见赠，儿女孙甥罗列三十余人，可谓有福矣。席散，游览温泉发源各处，日人称为地狱。热泉奔涌，温度有二百度以上者，煮米烹茶，均可利用，鸡子则两三分即熟，可见其热度之高。

在别府一宿，后至下关，易舟渡海峡至釜山，换坐朝鲜铁道车至京城。京城寓大和旅馆。余因私人旅行，未公式访朝鲜总督，由领署介绍，游览朝鲜宫。宫中壁际绘有凤凰，据闻当时因附庸于中国，故未敢用龙。其建筑悉仿中国宫殿制，惟规模简小，殿中柱亦减少，亦寓不与上国匹视之意。自日韩合并，韩王行动均由总督府监视。王宫除室居外，准人游览。正殿装置电灯，殿中布置，略参入欧洲趣味，庭园仍东方式。韩人妇女服饰，若中国古代装，喜淡红、淡绿两色，徘徊园中，与红花绿树相映，洵美观也。朝鲜王宫虽小，亦用石建筑，不似日本旧时皇宫之纯用木制。王宫附近，设博物馆一，凡王宫故物及国中贵重之品，均搜集陈列其中，磁器、铜器最多，古朴可爱。磁器一种，即现时仿造者，亦有古风，若中国之龙泉窑。前留学归国时，道过京城，是时朝鲜尚独立，政治腐败，通衢大道，污秽不堪。犹忆偶过裁判所，入内参观，适是日无诉讼者，一官箕踞中央，以骨牌为戏，可想见其官纪矣。近年施行新制，一切由日人主持，王室贵族及上等社会，咸抱亡国之痛，若下等贫民，则生活上反稍得享用物质上之文明。此行颇欲一观韩人中等生活实象，乃托人介绍至某宅参观。某宅系中流以上，入门有院，有账席司会计，盖有田产者也。客座铺油纸，非如日本之用席，惟亦席地而坐。铺垫若中国之炕榻，以巨枕置后。冬季取温，则由地下生火。普通房屋皆低小，窗户甚少，空气不甚流通。旋至其上房，室中颇简单，惟有极美丽之高丽橱两具，高与屋齐。厨房尚清洁，悉用铜碗。后院盐菜缸遍满。闻韩人嗜食盐菜，每至冬季，居家者各预备一年之食。盐菜置鱼虾芥辣等品，味盐而腥辣，非久于是地者，断不能尝试。是晚，驻韩各领事会集京城，欲公宴余，乃以试朝鲜食为请。至时赴一朝鲜酒楼，主客共十一人列席，仿西餐式，菜系公共，汤则每人一份。用中国式火锅，每人一具，同时席上列十一个火锅，洵创见也。汤仅白水，加线粉，无味可言。韩人向不食猪肉，所列牛肉、鱼类等品，均不甚合口。至著名之盐菜，自不能下箸。虽属盛馔，竟枵腹而归。至旅馆索食，则厨房已熄火，乃以面包、黄油充饥。侍役谓余等必系赴朝鲜席，故失望至此。据称外人有经验者，大都饱腹后始往一试云。韩人中上社会，酒宴均用中国菜或日本菜，则朝鲜酒楼之无佳味，可想见矣。朝鲜有官妓，称为妓生，是晚亦招数人至酒楼。有乐手四人，各衣红花衣，若中国旧时之鼓吹手，持大锣大鼓，席坐室侧。旋妓至，舞时各易装，先以纸牌标示曲名，舞式飘逸有致。服古装，歌雅曲，颇无俗气也。

驻韩总领事为富意城，适患郁结病，夜不能眠，服中国药已年余，胃败而不见效，其家人甚忧之。余谓富曰："君病以易地为宜，若在任中作此言，君或误会，今已告辞，君盍亦假归一换空气?”富之病，盖因久寓京城，受外部之激刺而成也。

自京城启程，仍乘朝鲜铁道车，至安东，入中国境矣。换坐安奉铁路车，此路由南满经营。忆十余年前，由奉天至安东，为日人所筑一轻便铁路，逾山而行，轨窄车小，费时两日，夜间须下车宿草河口。时为旧历十一月，车窗不严密，车室冷度在零度以下，重裘亦不能耐，困苦殊甚。今则南满用宽轨美国式车辆，华美舒适，大非昔比。快车仅八小时。交通之进步，令人惊叹。此行自东京至奉天，均由日方预备专车，并备行李车随行。惟朝鲜铁道，定章快车不挂专车，特于车中专备座位，亦甚适。中国铁路关于挂车各事，本有定章，惟近年军人专权，以守法为失体面。稍有势力者，往往任意开驶专车，置定章于不顾。交通制度，时受破坏，甚至干路停顿，快车失效，其原因皆出于此。

至奉天，寓南满站大和旅馆。张雨亭派员来接，请移寓城内兴业银行，辞之。余与张素未谋面，在使任中，因交涉及留学生事件，时有函札来往。此次晤谈，对于时局，颇率直自述其意见，并以能用人自诩，谓“自己用人，素以人才为主义，从未专用本省人。各省治绩，自以山西为最著，然用人局于山西本籍之人，似范围稍窄。奉省有山西籍之知事二人，正资臂助，现已为山西调回，甚为可惜”云。旋设宴于军署，五时半即晚餐，陪客为本省文武长官，与余同往者为王鲁璠、章商贤二人。王适假归，特自北京来迓。席散甚早，余照西例，饭后与张留谈久之。王、章二人在座，其余陪席之人，则退散无一留者。后问同席某，询其故，则曰：“久留多谈，甚虑失言致咎。”于此可见，部下之对张，畏其威未感其德也。谈次偶及拟一游福陵，张谓当嘱三六桥照料。三是时任盛京副都统。翌晨以马车往，警厅派人随行，多至三十余人，盘绕马车前后左右，示保卫之意。出城后马足起尘，竟不能略启车窗，气闷万状。城外更由军队十步站一岗，则更杀风景矣。及至陵，三已早到预候。三固熟友，谢其厚意，并谈及军警保卫之不自由。三谓："清游惊动官场，宜受此扰。武人对于多人随护，本视为固然也。"福陵树木茂盛，离城十余里，闻近年已辟为公园。归后，三约至城内南菜馆酒叙，乃嘱护警先归，并以三十元为寿。警长谓奉帅命当差，万不敢受。三亦谓此间定章甚严，不必犒赏，但以片给其销差足矣。是晚日领赤羽招饮，张亦与宴。谈及收回领事裁判权事，余谓东省日人甚多，现中国改良法院，似可与日人交涉，先行试办。张颇赞此议。席散，张谓："君今晚启行，若在南满站，不能带队随护，故不能亲送。"意中颇有主权受限制之憾。余力辞不敢劳动，遂别。临行，张仍命文武长官来送，官场重礼数如此。

自奉天起程，始坐中国车，由京奉铁路备一专车。是日前数时，适有货车相撞，因此车耽搁几小时，至夜八时后始到唐山。时伯初长唐山专门学校，偕内弟枚宜等来接。即下车至校，谒堂上，并见新嫂李氏，先嫂徐氏于六年卒。余一行中，添三龄之第五女德瀛，出门三年，家庭中之小异动也。伯初在校中为备宿舍，以行李搬动多烦，即在车一宿。翌晨，再至校欢叙半日。午后至天津，借住旧德界河边路曹宅，时八年四月二十一日也。在津休息数日，月底赴北京复命，寄寓卫心微宅。卫宅系旧贡院之一部，来访者往往绕贡院一周，不能得其门，见时颇道其苦。未几，即遇五四之役，盖东游之结束矣。

中国海关《十年报告》（1902—1911）选译
——陆海军变化、土匪、革命

郭大松 译

说明：本篇资料，译自中国海关《十年报告》（1902—1911）第20项“陆海军变化”部分。该《十年报告》共列21项，但由于时局动荡、新旧政权更迭，各地情况差别甚大，故各口岸根据本地具体情况，或增加一项内容，变为22项；或更改最后一项。综观这些增加或更改报告项内容，除个别口岸外，内容大多与革命和新旧军队情况有关，故一并附译，以便于更全面了解这一时期中国军事方面的变化梗概。

或许由于这十年间政局急剧变迁，加之清政府重新编练全国新军，中央与地方歧见及财政等问题，军事改革各地进度不一，各口岸关于陆海军变化情况的报告总体上说比较粗糙，有些甚至空缺，不过，也有的口岸对清末军事变革的历史、原因，新式军队（主要是陆军）的编制、兵种、武器配备、士兵薪水、兵员数量等，作了比较全面和详细的记录。海军方面，虽然大部分口岸报告没有海军的内容，但有些口岸报告的关于清政府筹建海军计划、海外购买战舰、国内造船厂或香港等地外籍造船厂建造的舰艇等情况，也大致

译者：郭大松，济南大学泉城学院教授。

反映出义和拳乱后十年间清政府海军建设的脉络和大概。因此，综合各口岸的报告，大致可以了解清末中国陆海军的变化概貌。

本资料正文译自1902—1911年度《十年报告》第20项内容，“附录”均为正文外增添或改动的内容。为节省文字和方便查核，删去了各该项序号“20”和标题“陆海军变化”字样，一律根据原英文排序排列，并在各口岸名称后面以（　）形式标明原英文资料的卷数和页码。

因清末军事改革各省进度快慢有别，新旧军制转换时间仓促，很多军官以及军队建制称呼新旧杂陈，虽部分报告标注了中文，但大多未做标注，回译颇为困难，未作标注又无可参照者，译文后加注英文，供读者参考。

北方及长江流域各口

哈尔滨（Vol. 1，pp. 1 – 17）

无分项报告。

吉林（Vol. 1，p. 39）

在1901年以前的漫长岁月里，不思进取以及与中华文明的融合，已经将吉林满洲人从能征善战的士兵，慢慢变成了坐食俸禄的懒散庸人。就在这一年，吉林军队按照中国现代陆军模式，组建成各种兵团。吉林将军依然是吉林军队统帅，但他的军队，除了满洲兵以外，已不再根据满洲体制组建了。

1907年，废除吉林将军，吉林改为普通行省，陆军组建为五路，每一路五个营。1910年，五路当中的四路合并，组建为中国陆军第23镇，下辖第45、46协，剩下的一路作为单独编制驻扎东部边界。第23镇司令部设在吉林，镇统制住在这里。第46协分若干部分，两部分驻扎城外，其余驻守长春。第45协分散驻扎在吉林各军事中心地带。

吉林没有海军。

附：匪患（Vol. 1，pp. 41－43）。[①]

长期以来，吉林都以土匪猖獗而著称于世。这些土匪与满洲的武装强盗和响马一样，被称为红胡子或胡子。“红胡子”或“胡子”这些中国汉字的意思，是说留着红色的胡须或留着胡须的人，尽管有些人认为这些汉字还有其他含义，但有理由认为如下的解释是对的，即红胡子或胡子，意味着非同一般的残忍。红色的胡子是恶魔的打扮，是一帮无法无天的坏人的装扮。吉林的红胡子几乎都是直隶和山东人，与直隶、热河地区和中国其他地方的马贼稍有不同。

满清王朝早期，禁止汉人进入满洲，严格执行禁令，没有印票任何人不得穿越满洲边界。但是，随着满洲很富有的消息传开之后，汉人不仅成功地发现了去满洲的通道，有些人甚至拥有了富饶的土地，有些人则在满洲从事淘金、打猎、伐木、采挖人参的营生。中国内地一些罪犯和坏人也越过边界到满洲荒凉的农村避难。那时候满洲乡村还没有民事行政管理机构，这些罪犯和坏人很自然地就做起了土匪生意，在金矿和伐木工中征召了大批随从。那些淘金者和伐木人生活很苦，很多人吃了上顿没下顿。这些人本来是非法进入满洲的，十八世纪末，满洲政府开始定期组织军队搜山，目的就是驱除这些没有印票的棚户。然而，这些措施并没有遏制住汉人移民潮。太平天国时期，清王朝在中原各省征战，不能顾及满洲本部，正是在这段时间内，红胡子第一次在

① “匪患”是该口岸报告中的第22项，因与军事相关，附译于此。

一些头目的率领下大批出现，这些头目因此也在历史上留下了名号。1861 年，滚地雷王五率数千人四处抢劫，齐海、齐秀在长春府一个村庄里聚集了大批人马。自那时以来，土匪一直不断肆虐，每当政府表现软弱，就蜂拥而起。由于满洲在最后二十年间三次横遭兵灾，为红胡子制造了极为有利的生存空间。三次大规模兵灾是 1894—1895 年的中日甲午战争，1900 年的义和拳之乱和随之而来的俄国出兵满洲，以及 1904—1905 年的日俄战争。1896 年，谢立山（Alexander Hosie）爵士获知，吉林那时候每年处死红胡子不下 1000 人。1900 年出现了大批红胡子，似乎说明被处死的只是整个红胡子队伍中很少的一部分。那一年沙俄军队进入吉林，随之而来的是红胡子大爆发。这时他们的行为常常具有爱国的性质。土匪唐殿荣主动向吉林将军请缨，将军接受他的请求，为他招募了 20 营追随者，安置在吉林城东郊，任命红胡子旧主为统领。刘永和、刘弹子也召集 1 万人，打着“忠义军”的旗号与俄国人作战。于是，1900 年为国家而战的红胡子就大约有 2 万人，这还不算那些通常从事抢劫生意的红胡子。直到 1907 年，红胡子数量才大减。那一年，张勋将军受吉林巡抚特令清剿土匪，成功驱散了一支 1000 多人常年专门为匪的红胡子队伍，把他们赶进了吉林和满洲其他省份的山林里。自此以后，尽管近年来听说还有一支百来人的胡子队伍，但匪患已难成规模了。

红胡子规模如此之大，竟至成了整个社会的问题。直到最近，保护货物运输免受匪害的保镖业，依然是一种常规业务。保镖一般都是一些训练有素的功夫人，他们与红胡子有密切联系，甚至很多本身就是土匪。这些保镖保护运输货物的方法是提供有篷的车辆，车上插着旗子，拦路抢劫的强盗能够辨认出来。过去十年间，长途运输由火车取代了大车，保镖业逐渐衰落。虽然吉林保镖业不太流行了，但还有人从事这个行当，插着保镖旗子标志的运货大车很少受到骚扰。吉林现在还有土匪，与当初滋生土匪的原因一样，森林多，山多，道路少，人口稀，能够为坏人和罪犯提供自然庇护所。在漫长的冬季，所有农活都不能做了，人们常常觉得需要做点什么，于是很自然就出现了土匪这个行当。事实上，同一个人，有时是个诚实的劳动者，有时则是个危险的恶棍。政府很难分辨谁是诚实的劳动者，谁是危险的恶棍，要彻底镇压土匪就成了一件难办的事情。此外，每个农民都有必要武装自己，以抵抗可能的攻击。因此，同一个人，无论什么时候要做土匪，从来不会缺乏可用的武器。

尽管有上述有利条件，但现在红胡子很难再找到安全庇护所了。由于政府军不停地找他们的麻烦，要想取得任何大规模的成功，就必须有科学的组织。大帮土匪一般都有一个总头目，称之为“大爷”，有几个副头目，称之为“当家”。每个当家都有自己的专门职责，有的负责带领打劫，有的主管财务和分赃，诸如此类，均有分工。每一伙土匪都有向导，他们称之为“炮头”。炮头不仅要非常熟悉他们所在地区的大小道路，而且负责注意武装警察的动向，记下准备抢劫的富户在什么地方。一群土匪通过一条主要道路的方法很简单，那就是穿上邻近地区军人的制服。掌握准确射击也很重要。1911 年，一帮 40 人的土匪在长春府，两个月的时间内完全战胜了派来镇压他们的一支 400 人的政府军队，很重要的原因就是每个土匪都能连续五次击中一个目标。除了抢劫住家户、劫掠过往大车外，土匪们还有一项经常性的业务是绑票。土匪们所说的“绑票”，就是抓一个人监禁起来索要赎金，如果在指定的时间得不到赎金，就把抓来的人杀掉，他们称之为“扯票”。1911 年，在一次对土匪的行动中，政府军处决了一支 50 人土匪的当家“小天照应”和“天帮”，他们曾供述说，他们有一支相当规模的队伍。他们曾在 19 号大道上拦路抢劫，前四次抓人拿到了赎金，第五次与武装警察发生了冲突，1910

年杀了一名户主。1909 年海关文书亲眼目睹了一次臭名昭著的蒙古土匪陶什陶大胆而成功的瞒天过海行动。这帮土匪受人之托走私武器到蒙古，陶什陶在吉林伊通州强征了 12 辆大车，精心挑选了一帮人马和赶车人，在警察得到风声前悄没声地经长春安全抵达蒙古。陶什陶到达目的地后，心情很好，不但让赶车人赶着他们的大车回去了，而且赏给他们每人 12 吊钱。伊通州与磐石县位于吉林和奉天两省交界处，是土匪非常好的栖息地，这里有 20 来名土匪，是个令人非常恐怖的地区，长春赶车人常常拒绝到这一带去。不过，到这一带去的赶车人往往也会得到丰厚的报酬。

现在土匪抢劫案经常见诸报端，但必定有更多的抢劫案并没被报道，因此或许可以认为现在的抢劫案比以前任何时候都多。然而，这并非是说没有理由认为抢劫正日趋式微。之所以有理由认为抢劫减少，是因为 1907 年新建立的行省政府创设乡巡（骑警巡逻）制度。在这一制度下，省政府在全省划分警区，每一警区设有一队骑警，随时随地对红胡子展开攻击。因为警察之间通信联络便捷，红胡子从一处逃脱，意味着会在另一警区遭受攻击。据报警察与红胡子战斗互有死伤，但通常的结果都是红胡子被打散了。固定永久为匪的红胡子团伙不见了。目前一两个月仅有 100 人规模的红胡子为虐，更多的是 40—50 人，或更少的规模。不过，不可否认的是，土匪依旧是很严重的灾祸，吉林省的气候和自然条件，不可能完全根除土匪这一长期的难题。

珲春（Vol. 1，pp. 68－69）

关于军事及其发展变化情况，本报告第九部分“行政”项下已经作了较为详细的报告，因此，这个老旧军事据点的“军政”，只需补充说明驻扎在这里的军队，即从吉林来的第 90 步兵标（regiment）的情况。第 90 标驻扎在离本镇 3 华里的地方，那里既是军需仓库，也是这个标司令部。据称城里有 40 人。兵力分布大致如下：高丽城 42 人；西水湾子 42 人；东沟 126 人；东沟金矿 42 人；黑顶子 126 人；大肚川 125 人；密江 125 人。

关于“海军的变化”，唯一可记述的是我们这里很久以前的一支海军，或者干脆点说一支水上巡逻船队消失了。这支小巡逻船队是光绪十五年李鸿章派来巡逻图们江的。小船队有三只舢板，其中一只装有两门速射炮，另外两只每只装有一门速射炮。全队满额 48 名水手，冬季船只不能航行时，在河两岸巡逻。李鸿章派给本地要塞的火炮，是从天津经陆路花三年时间运到这里的。据说舢板船是本地制作的。

龙井村（Vol. 1，pp. 86 – 87）

第一次大规模的驻军始于 1881 年招垦局在南岗（现在的延吉府）设立之后。从那时候起至 1900 年俄军占领延吉府，一直是由一位统领率两个营驻扎在这一带，一营骑兵，250 人；一营步兵，400 人，一直没什么变动。俄军来了之后，中国军队撤走了。1903 年俄军撤退后，统领胡殿甲奉命率吉强军四个营兵力从吉林来到这里，一个骑兵营，三个步兵营。到目前为止，这支军队除了 1908 年改称巡防队，1910 年郑济臣统领接替胡统领之外，实际上没什么变化。

1907 年 10 月，陈昭常受命为延吉府边务督办，率三个营 1500 名陆军前来。1908 年，陈昭常升任巡抚，他的下属吴禄贞，就是最近在山西被部下刺杀了的那位将军，继任边务督办。吴禄贞在这里又待了一年，《图们江中韩界务条款》签订后，已无必要再留在这里，他撤走了。1500 名陆军随他一起撤离。现在这里只有大约 120 人的一小支陆军，由驻守珲春的一名标统指挥。

安东和大东沟（Vol. 1，p. 107）

现在这里的驻军是奉天右路巡防营，辖七个步兵营，每营满员 398 人；三个骑兵营，共计 238 人。这支军队隶属于兴凤道，但其中部分在奉天执勤，或与其他军队一起活动。现在的指挥官是一名叫马龙潭的总兵，他住在凤凰城，通过奉天营务处受命于东三省总督。兴凤道道台私人卫队 291 人，但必要时，他有权从凤凰城抽调更多的部队。

大连（Vol. 1，p. 133）

除了关东都督府陆军部外，在旅顺港还有一位军衔为中将或少将的要塞司令及他的随从。1908 年，（日本）帝国第 36 号敕令发布了关于关东守备区（defensive zone in Kwantung）法规，这一法规于是年 4 月 1 日生效。与此同时，关东都督发布了更为详细的法规。根据这些法规，几乎整个租借地内禁止摄影、测绘制图。有些小山，即使没有军事堡垒也禁止行人进入。日本铁道守备队司令部设在公主岭。满洲要塞辽阳，驻有一个师团。辽阳约两个团的兵力派到了租借地，一个团驻旅顺，另一团驻大连湾对岸的柳树屯。旅顺军港对关东都督府来说，是个有相当独立性的部门，由一位海军中将指挥，直接受命于日本海军部。

牛庄（p. 141）

无所评述。

秦王岛（Vol. 1，pp. 191 - 192）

本府省里分派的驻军是众所周知的山永（山海关—永平府）协，隶属于通永（通州—永平府）镇。这支军队最初是由下列部队组成的：山永协一个标，驻扎山海关；山海路，驻扎山海关；石门路，驻扎石门寨；蒲河营，驻扎蒲河；乐亭营，驻扎乐亭；左营，驻扎山海关；右营，驻扎山海关；8 名副官，18 名士官；17 名下士，15 名一等兵，共计 2647 人。

1903 年，上述驻军裁撤左营和右营，遣散了其余四个营、路 50% 的兵力。1904 年，整个山永协兵力裁撤 30%。右营军官的 30% 和左营全部军官，除了两名有正军校军衔的军官留守统领山海关和秦王岛警察外，全部退休。

目前有 1 名副参领，4 名正军校，1 名协军校，5 名副官，12 名士官，6 名下士，15 名一等兵，兵员 325 人。

本府兵力部署情况

营	巡逻		警卫	总计
	步兵	骑兵	步兵	
山海路	5	…	64	69
石门路	6	2	42	50
蒲河营	12	28	60	100
乐亭营	14	30	62	106
总计	37	60	228	325

除上表内所列军队之外，第二镇第三协驻扎永平府。

义和拳乱以后，通永镇司令部从通州转移到了滦州开平。这支地方部队因为军队重建缩编了。中央政府发布命令，要其在宣统三年底（1912 年 2 月）全部遣散，代之以一支巡防队，但是这一道命令由于革命爆发并未执行。

革命爆发后，滦州即举行秋操，成了第二十镇兵变之地。新民府驻军接到命令，尽快向滦州集结，不再继续前进。部队统帅张绍曾将军及其僚属上奏北京，结果是 10 月 30 日、11 月 3 日上谕准他们所奏，实行立宪政体。不久，张将军奉调南方，潘矩楹将军继任统制。部队转移，部分退回满洲里，约一半回防葫芦岛与留守营之间的海岸线，以防共和军队进犯。近三个营留守滦州，其中两个营12月底再次发动兵变，但很快被从天津来的第三镇分遣队和其他部队镇压下去。兵变溃军转投范国璋协统，他的司令部在海阳。范蒋军的部队分布如下：海阳，一个步兵营，500人；一个炮兵营，400人；一个运输队，120人。秦王岛及邻近地区，两个步兵营（1000人），250名骑兵，40名通信兵；留守营，两个步兵营（1000人）。山海关，一个步兵营（500人），250名骑兵，一个炮兵队（130人）。葫芦岛，一个步兵营（500人）和一个炮兵队（130人）。

天津（Vol. 1，p. 219）

无所评述。

烟台（Vol. 1，p. 234）

无所评述。

胶州（Vol. 1，p. 258）

革命爆发，期间发生了很多变化，但无法关注和记录。

重庆（Vol. 1，p. 272）

陆军的变化。在旧政权被推翻时，本省军队改组计划尚未完成。当时有一镇陆军，五个巡防队，一支200人的总督卫队。还有一些城镇卫队，30—100人不等，分散在各个市镇，但这些卫队几乎没什么军事价值。

这里的一镇陆军，含两协步兵、一标骑兵、一标炮兵、一营工程兵、一营辎重。每协三个标，每标三个营，每营405人。该镇陆军含军官、士兵、文职人员、伙夫、苦力等，共计约万人。

本省五个巡防队，每队十个营，每营301人，共计官兵1.5万人。五个巡防队总部分别设在成都、重庆、叙府、泸州、宁远府。本省北部各县城均有驻军。巡防队虽然也有一些外乡人，但大部分是四川人。巡防队士兵服役年龄为20—40岁，每月薪水3.6海关两，他们的武器是旧式（1884年）速射毛瑟枪。

1911年底，军队数量多了很多，实际数目不清楚。不过，军队结构一直处在不断变化中。

海军，无所评述。

宜昌（Vol. 1，p. 284）

1911年6月，为便于利用新式西法训练军队，裁撤了镇台，他统辖的军队遣散了。

附：革命（Vol. 1，pp. 284 - 285）①

1911年10月18日午夜，革命军静悄悄地占领了宜昌。数天之前，人们已经陷入了恐慌之中，成千累万的中国人从城里出逃，他们带着自己的所有现金，日夜不停地出城而去。武昌失守的消息传来之后，所有的纸币一文不值了，贷款停止了，金融恐慌蔓延，人们惊慌失措，担心数千名铁路苦力抢劫。事实上，相对于铁路苦力，人们并不怎么担心革命军，大部分民众对他们抱有同情心里。

大约400年前，宜昌在满洲人进攻时曾进行过顽强抵抗，那些为革命军打开城门的人，就是曾经在周围小山上与满洲人战斗的死难者的后代。这些小山上难以计数的防御工事，默默见证着满洲人攻陷宜昌后周边小山上发生的激烈战斗。

10月18日下午和傍晚出奇的安静，街道上空荡荡的，每家

① “革命”一项，为该口岸报告第22项，因与军事变化有关，附译于此。

每户门窗紧闭，街道地面很干净。那些不参加革命的官员早早离开了。午夜过后20分钟，东门附近突然燃起了一堆火，据说这是完全占领了这座城市的信号。没有惊慌的人群，没见到有人跑来跑去，那堆火兀自燃烧着，没有人理会。翌日清晨，人们发现革命党已经占领了宜昌，四处飘扬着标有“汉”字的白旗，到处是胳膊上缠着白布带的人，他们四处敲每一家的门，扔进一份告示，说革命军是要让汉人扬眉吐气，消灭满洲人，平民百姓应安静守法，劝告所有人继续做自己该做的事情。这些革命党人很自信他们完全会取得最后胜利，因为有个吉祥预兆欢迎他们进入宜昌。有一句旧时预言，当地所有人都知道，大意是说满洲人将被一只胳膊挥舞“99把刀”的人打倒。当革命党人进城的时候，他们的右胳膊缠着白布带，挥舞着一把刀，人们立即觉得预言要成真了，因为右胳膊缠着白色布带挥舞着一把刀，“白”就是百减一，等于99，显然“一只胳膊99把刀”这一不可能的事很巧妙地成为了事实。

沙市（Vol. 1，pp. 296－297）

革命爆发前十年间，陆海军没什么变化。1911年秋季，很幸运，湖北这一地区只发生了小规模的战斗。的确，如果麦考利（Macauley）格言仍然适用的话，一般说来革命暴力与弊政成正比，那么中国需要的只要温和的改革。这里离荆州满洲驻防要塞很近，不确定满洲驻防军是否抗拒革命，引起了本地一些不安情绪。11月24日，强大的革命军在能干的唐牺支将军指挥下抵达荆州。如果满洲驻防军投降，革命军可以给出优惠条件。驻防将军有段时间拒绝投降，不接受优惠条件。战争似乎不可避免，荆州外围发生了几次小规模战斗。12月9日夜间，革命军炮轰荆州城10小时，导致一些人员伤亡。12月13日，很大程度上应归功于方济会神父马修德（Marcel Sterkendries）的劝告，此前他在那里的满洲人中传教数年，驻防将军和荆州所有满洲人完全信任他。荆州驻防军接受了唐将军的条件。12 月 17 日，驻防军解除武装，革命军终于进驻荆州城。在荆州守军投降前，革命军司令维护军队纪律和秩序，在处理棘手问题时一直保持克制和人道，赢得了人们很高赞誉。

长沙（Vol. 1，p. 324）

陆军。本地政府在这一问题上，与其他话题一样，不愿透露信息。革命之前，除巡防营之外，这里有两镇（Division）军队，总计约 1 万人，大部分驻在省城。革命爆发以后，这一数目已增加到 2 万人，包括四镇和两协，其中大部分是巡防营，他们被合并到新军队里，正在经历从旧军队转变为现代军队的过程。上述军队，大约有 1.2 万人驻扎长沙，包括一个镇、一个协，以及征招的一小队约 200 人保护外国人的队伍，还有少量的城市卫队。

本省海军是一些装备旧式大炮的小型战船，分布如下：

1. 长沙地区，指挥部分别设在长沙和湘潭，有 6 艘大战船和 100 只小战船，1350 名士兵；

2. 洞庭湖地区，指挥部设在益阳，有 6 艘大战船，90 只小战船，1230 名士兵；

3. 南部地区，有两艘大战船，36 只小战船，482 名士兵；

4. 西部地区，有两艘大战船，32 只小战船，兵员 394 名。

岳州（Vol. 1，p. 338）

无所评述。

汉口（Vol. 1，p. 364）

不定期雇用德国和日本军事教官，按照现代方法训练本地军队。雇用教官和训练士兵的数额，根据总督的兴趣和财政情况决定。因派许多军官出国或到日本学习军事，结果北方军队中有很多湖北籍军官。修筑了一些小型军事要塞，建了很好的兵营，投入了相当多资金建设兵工厂和弹药厂，但原材料和制成品质量较差，士兵使用也不熟练。

革命改变了所有旧的军事局面。

曾采取措施建立了地方性海军，革命爆发时仅有几艘老式、保养很差的小战船。

九江（Vol. 1，pp. 375 – 376）

回顾本十年度，有太多至关重要的从古代向现代的变化。旧式的勇，前胸后背大大的白色标记永远消失了，现在的标记都是有用的。以前眼花缭乱的各种服饰，现在都换成了单一的黄褐色、深蓝色和黑色。现代的江西士兵是以袁世凯阁下在天津督练的军队模式组建的，每个士兵配以中国兵工厂生产的可上刺刀的毛瑟枪。九江城内西南部有一座很好的练兵场，但到目前为止尚未建造现代兵营，士兵们都住在城内外的一些庙宇中。岳师门外有座要塞，配有五门前膛炮；沿河下游半英里处有一座同样规模的要塞；在这座要塞下游五英里处建了第三座要塞，构成了针对沿河边攻城的完全防御体系。湖口（县）鄱阳湖入口处，有一座配备非常好火力的要塞，因为这里是进入江西省的要道。士兵都是炮兵或步兵，个头矮小，身体结实，善于步行。他们经常利用新修至牯岭的路进行行军锻炼。

过去三年间，长江上出现了一支内河轻型炮艇舰队，外观上看是日本制造的小型巡洋舰。水兵大多是福建人，舰艇上的外国军官高度评价他们爱整洁，舰艇维护得很干净，尤其是下甲板。

芜湖（Vol. 1，p. 389）

虽然偶尔有战舰到访，但芜湖本地没有建立海军。长江舰队司令部设在太平府。[①]

芜湖从来不是重要军事中心，为维护地方秩序，这里有一小支卫戍部队。然而，上年（1911）11 月军政府的设立[②]，把这个和平的小港口变成了活跃的征兵中心，现在这里士兵泛滥成灾。

附：关于大通的情况：革命（Vol. 1，pp. 391 – 394）[③]

大通不是通商口岸，由于有一笔贷款抵押，现在海关总税务司一名代表在那里征收盐厘，有几个问题需简要附注于此。

……

革命。若缺乏有关 1911 年最后三个月的一些事件的比较充分的信息，本十年度报告将是不完整的。1911 年 11 月 13 日，大通悬挂白旗，完全投向革命。军政府一名叫黎宗岳的代表在这一天来到大通，主持这里的事务。除了旧官员仅在名义上都还保留之外，其他都和以往情况没什么两样。这一局面一直持续到 1911 年 12 月 8 日，安徽指定都督孙少侯[④]在这一天来到大通。孙到来后，引起了麻烦。孙少侯似乎极力要掌管大通事务，黎宗岳反对，理由是孙只是个皖北绅士、候选都督，而黎为皖南人所支持。双方试探性的谈判未能达成一致，黎决定以武力解决。孙大约带了 200—300 名士兵，黎约有 700—800 名士兵。12 月 10

① 位于今安徽省马鞍山市当涂县，府治今当涂县。

② 该报告最后完成时间为 1912 年 3 月。

③ 关于大通的情况，作者说明了为什么要做一附录，以及大通各方面的情况，与各港口十年报告内容差不多。这里选译其中大通作为附录的理由及大通辛亥革命的相关记述。

④ 即孙毓筠，原名多琪，字竹如，号少侯、夬庵、夬公。一说字少侯。

日天还没亮，大通盐务督销总局会办（the Likin Deputy Commissioner）正式收到了孙和黎的书面通知，要求他立即撤退（他的财产会受到保护），因为战斗马上就打响了。在竭力争取和平解决徒劳无功之后，他不情愿地撤到他的游艇上去，顺江而下驶出约一英里远。10日上午11点，双方冲突开始了，大通盐务督销总局会办的家恰在交战中心地带。战斗持续了约五个小时，孙和他的300名士兵越过起伏的小山朝芜湖方向退去。据说孙损失了30名士兵，黎损失了5名，一名舢板船夫被打死了。尽管未再听到关于双方伤亡数字的进一步消息，但是因他们用旧式马提尼步枪几个小时内不管前方是什么都乱放一气，不停地射击，前面传说的伤亡数字是不可靠的。在双方战斗期间，一艘中国训练舰"同济"（Tungchi）号驶进了港口，朝着战斗的方向开了十来炮。参将衙门毁坏了，该衙门距会办的家不足50码，然而，会办的家并未受损。英国皇家海军"野蔷薇"（Bramble）号战舰就停在交战中心下方江面上，不辨方向地射击击中了军舰。第二天，一切都安静下来，黎宗岳正式邀请会办回来。会办回来了，但依旧呆在他的游艇上。

武昌战事爆发不久，一艘英国战舰即来到了大通，通过军舰上的无线电报构建了联络线，英国海军舰队司令与汉口和上海之间建立了联系。

黎宗岳来后不久，即要求旧政府官员包括大通盐务督销局总办（the Tsong-pan of the Salt Likin Collectorate）交出他们各自所掌握的权力，据说总办对其他事务没有什么权力。不过，按照黎的要求，总办名义上保留了他在盐务督销局的首脑地位，直到12月14日，他也离开了本港。

自本地在上海的银行发生危机后，盐务督销局会办即要求停止盐厘偿还贷款，至今如是；大通现由"非正规军"控制，未来局势有待观察。

南京(Vol. 1, p. 407)

获得准确信息非常困难，很明显，由于复杂的组织体系和管理制度，很难用简短的文字说清楚近些年来南京陆海军的变化。可以说清的是，南京是新军第九镇司令部，最初由总督周馥组建于1905年，翌年总督端方向皇帝正式奏报成立。这些军队的士兵最初即是从出身比较好的人当中招收的，而不是根据一般的中国规章征召的。按照中国一般的征兵规章征召的士兵，正如过去中国有句谚语所说的："好铁不打钉，好男不当兵。"新军大部分士兵都能读会写，穿戴整齐的制服，很多时候是在德国、后来是日本的教官指导下训练。新军第九镇有两协，含四标步兵(其中两标驻扎南京，一标驻扎镇江，一标驻扎江阴)，四队(squadron)骑兵，一队(battery)炮兵，一支气球队(balloon corps)，一支运输队，以及通常的其他兵种。军队装备从日本购买的来福枪和野战炮。旧军队还没有完全遣散，挑选其中精锐组成了一协巡防队，由一名统领指挥，驻防本省各市镇。这一协巡防队三个营1500人驻扎南京，营地在长江北岸浦口。革命颠覆了这一整套军事体制，以后必然完全重组。

镇江(Vol. 1, p. 425)

1911年秋季以前，用外国方法训练的军队一直在增多，但并没有完全取代旧式军队。镇江有两协新式军队。满洲驻防要塞依然保存，有作战人员1800名。由于革命爆发，一切都改变了，各省聚集到南京的军队，组织很不健全。即使有可利用的信息，这份报告能否详细记述这些军队的情况也是值得怀疑的，审慎的做法是以从西方的观点去评价在南京英勇作战的民军的功效。然而，必须说明的是，看到走上前线的那些士兵，穿着得体，装备良好，与他们和平时期的外观形成了巨大反差。革命爆发之前驻扎在这里的两协新军，肮脏邋遢，完全违背军人应有的机敏形象。

1911 年 11 月，长江上 14 艘战舰抵达本港，没有积极参与革命。11 月 15 日，舰上都悬挂了白旗。但水兵们的态度似乎相当不确定，他们向南京开炮，无论是否出于真心实意，出乎意料地不起作用，几乎没造成什么损坏，如果共和军战舰渴望阻止张勋将军率军逃过长江，很难设想他们会毫发无损。

南方及边疆各口

上海（Vol. 2，p. 26）

在这十年间，根据 1901 年最初的上谕，清政府发布了很多重组国家军队和组建有纪律的警察队伍计划的谕令。基于北京中央权力主导的新政，由于遭到各省当局的蓄意反对，实际上没有什么效果。即使晚至 1911 年，省级体制改革也没有取得成功，总督和巡抚们坚持要保留他们的权力，因为他们发现清朝中央自身的军事力量，极难屈服于省级压力。革命的爆发将清廷所有改革计划化为乌有。现在讨论上海的军事情况不合时宜，从本地官员的视角来看，同南京、苏州比，上海以前除了有个江南机器制造局，太无足轻重了，没什么值得说的。过去十年间，江南机器制造局虽然修理了很多船只和战舰，但主要业绩是制造了一艘“联鲸”号帝国快艇。

1911 年 11 月 3 日，江南制造局稍作抵抗，即归顺了革命党。该局投诚，标志着上海失陷。上述对这一地区陆军的观察，同样适用于过去十年间这一地区海军的情况。1904 年 4 月 25 日，阿姆斯特朗的埃尔斯维克兵工厂建造的“海天号”巡洋舰在鼎星岛（Eliott Island）海域失事①，是这一地区唯一一件海军

① Elswick，埃尔斯维克，英国地名，也是造船厂名，属于阿姆斯特朗兵工厂。

重要事件。

苏州（Vol. 2，p. 38）

几乎不可能获得这方面的真实可靠信息，因为不能从任何了解陆海军的人那里获悉情况，造成这一局面的原因无疑是最近几个月的军队调动。大部分时间，所谓“新军”第45、46标一直驻扎在这里，共计六个营，每营500人。这些军队最初是端方1903年聘用日本教官按西法训练的。步兵之外，还有500名炮兵、250名骑兵、250名工程兵和250名军需供应兵种，后两个兵种是1909年征召的。此外，还有500名“旧军”。从上述兵种看，显然没有医院设施，不过每标有两名没有受过西方医学教育的本地医生。据了解，所有军火都是日本制造的。1911年11月，“新军”奉派赴南京前线，在上海和其他地方征召的新兵填补了他们的空缺。

本地有八艘西式内河炮艇，每艘装备四门小型速射炮。其中两艘购自日本，六艘是江南制造局制造的。组建这支内河炮艇的目的，主要是为了镇压太湖和周边运河的海盗。

附：革命（Vol. 2，pp. 39－40）[①]

关于革命这一巨大事变，已经有很多文字介绍，但依然有很多并未记录下来。虽然这里不宜大篇幅介绍这一事件，但无论如何，对过去十年间这一最重要的事件没有起码的简单事实记述，丢弃不顾，实在是太不负责任了。过去很长时间，人们都知道革命党很活跃，革命是难以避免的，但谁也没想到会这么快。1911年10月武昌和汉口事件，引起社会严重不安，贸易停止了，人

① “革命”一目，为该口岸报告第22项，因与“陆海军变化”有关，附译于此。

们格外紧张，以至于当局发出通知进行安抚。是年 11 月 4 日，苏州城准备随时投向革命党。对于革命，我们一点也不担心，但考虑一旦爆发革命或许会有暴徒、无赖乘机作乱，采取一些防范措施还是明智的。此外，海关署外 200 码内的旧式驻军，是否还忠于朝廷，值得怀疑，如不再忠于朝廷，可能就不会有战斗发生。11 月 4 日是令人焦虑的一天，但 5 日拂晓前——在英国历史上这一天并不陌生①，所有军营都响起了军号声，唤醒了全部新军，他们胳膊上缠上了白色的带子，尽可能静悄悄地绕过上面提到的旧军营，向苏州城里进发。事实上，城里这时每座建筑上都悬挂了白旗。② 城里社会秩序非常好，没发一枪一弹，苏州就宣布革命了。江苏巡抚程德全之前已经安排易帜，因此立即被推举为都督。所有官员都退出现职，只有两名官员不跟随巡抚，这两名官员很快又改变主意，回老家去了。决定本关征收应汇入海关总税务司汇丰银行账户的税款，暂时扣留，等待明确解决办法。但是，由于这里没有征收或汇出税款设施，随即决定不理睬有关规则，在上海处理税款。当然，贸易瘫痪了，货币市场完全瓦解，直到 1911 年底，几乎没有任何改善。社会秩序维护得很好，外国人没有经历任何令人反感的事情，这是众多问题中唯一值得记录的正确的一点，当局想方设法保证社会不生动乱、不出现扰乱治安事件。至于说将来的税收问题，以及是否会一下子取消如此大度宽宏的措施，目前无法说。不过，这一问题连同这个国家其他许多重要问题，必定要解决，这个国家现在已经“醒过来了”。当起草下一个十年报告时，执笔者无疑将记述更多的关于社会进步、改良的案例，会比这里所记述的先进和有趣，因

① 每年的 11 月 5 日是英国传统节日盖伊·福克斯之夜（或篝火节之夜）。

② 这里说当起义新军进城时城里每座建筑上都悬挂了白旗，与一般介绍辛亥苏州起义的文字说法不一样。孰是，待考。

为我们现在还没有站在新时代的起点上①，新时代能为书写历史提供素材。

杭州（Vol. 2，p. 54）

1902 年初，本府军事力量从理论上说，有 2500 名省防营，西法训练，配备毛瑟枪；1800 名旧军，配备老旧步枪，未经额外训练。1906 年，本府遵照上谕重组军队，50 岁以上的士兵被遣散，发给三个月薪水，他们的空缺由 30 岁以下新兵补充；旧军全部裁撤。本府现有军力估计有省防营官兵 1300 名，战地官兵步兵 4000 人，骑兵 150 名，炮兵 150 名，工兵 300 名。还有水上内河炮艇部队约 1000 人。这些军队由日本教官训练，配备毛瑟枪，每人配五发子弹。大量军队驻扎在离杭州城六英里远的笕桥，那里建了大量设施很好的兵营。据说杭州第四十一协积极参与了围攻南京的战斗。除前述这些军队外，革命爆发后新招的数千名新兵——具体数目不详，现正在遣散中。

为了帮助维持地方秩序，在革命爆发前后社会动荡不宁时期，商人阶层组建了团练，共计约 600 人，配备陈旧步枪。

1899 年开办的武备学堂，聘用日本教员教学，1908 年关闭了。本十年度期间，先后开办的陆军炮工学堂、编目学堂，1909 年关闭了。1910 年，开办了测绘学堂、陆军讲武堂。

宁波（Vol. 2，p. 69）

宁波以前是浙江军事中心，提督或者叫提台，或坐镇宁波，或坐镇镇海。镇海也是一个重要的战略据点，掌控甬江入口。提台不仅是浙江陆军总指挥，也是浙江海军总司令。名义上，提台听命于兵部，浙江巡抚只是以兼兵部尚书［侍郎］衔节制提台。

① 这份报告写于 1911 年 12 月。

以前这里驻扎的军队是绿营。绿营军制在1910年彻底废除了。现在绿营军没有了，征召的军队按照现代方式组建，划归整个帝国军队序列，提台变身为统制，司令部迁至省城杭州。

1909年，上谕令亲［郡］王载洵和萨镇冰将军视察沿海各口，目的是要选择一处或多处可驻扎海军的港口，并进而采取措施组建一支海军。高贵的钦差视察了距宁波30英里的象山，认为这里不适合做海军基地。然而，他们发现还有更难解决的问题。根据两位钦差的建议，军咨处要求浙江巡抚筹措100万海关两（每年25万两）资金。这一要求似乎一直没有实现，结果是1911年下半年浙江全省脱离了朝廷，把所有组建陆海军的问题留给了新政权。

温州（Vol. 2，p. 79）

无所评述。

三都澳（Vol. 2，p. 89）

这十年间军队没有变化。福宁府名义上有一协（brigade）驻军，应该是分散驻守各主要城镇，另在城镇周围安排有巡逻队。事实上，在这周围地区，福宁只有驻军40名，福安36名，宁德30名，巡逻队每队就一两个人。

中国海军很少进驻本港，可能有过在这里建海军基地的计划，但任何计划都一直处在筹划阶段。

福州（Vol. 2，p. 99）

关于驻扎在这里的西法训练的军队，没有可靠的信息。水师旗营在罗星塔下游的洋屿，有能作战的兵员600名；福州城东门的捷胜营，据说有能作战的军士1000人。这两支军队各由一名佐领（Captain）统辖，均归福州将军属下的副参领（Lieutenant-

Colonel) 指挥。这十年间，金牌、闽安关隘进一步加固了，但没有增加防御工事。福州船政局，正如上一个十年报告所说明的，曾历经多人经营，最终在 1907 年根据钦差陈璧的建议，福州将军崇善将船政局管理权交给了闽浙总督松寿，陈璧是到船政局查看该局事务的。一位外国工程师负责船政局技术工作，一位候补知府衔委员具体负责行政事务。除了修理各种船舰之外，这十年间没做其他事情，甚至修理船舰也由于资金问题而不时停工。

厦门（Vol. 2，p. 116）

无所评述。

汕头（Vol. 2，p. 132）

无所评述。

广州（Vol. 2，pp. 153 - 154）

光绪三十一至三十二年间（1905—1906），北京开始实施军事改革计划，督练公所和参谋兵备处的设立是这一改革计划开始实施的显著标志。该计划预计编练 36 个镇，每个省根据自己的资源编练 1 至 4 个镇。革命爆发时，广东编练了两个镇，每镇 1.2 万人，其中有 6000 名步兵，其余为骑兵、炮兵、工程兵以及非战斗人员。每镇有步兵两个协，每协两个标，每标三个营，每营四个队，每队三个排，每排三个棚。眼下这里正在计划组建军队①，如果完成计划，广东将拥有四个师，每个师辖两个旅，每个旅 3000 人，每个旅下辖两个团，每个团 1500 人。团由三个

① 这份报告完成于 1911 年 12 月底，此处所说的“眼下这里正在计划组建军队”，应该是指 1911 年底广东独立后组建的革命军，军队建制称号与以前不一样。

营组成，每营500人。营下辖四个连，每连125人。新组建的师建制还有一个骑兵团，兵员1000人；一个炮兵团，兵员1000人；一个工程兵营，兵员500人；一个非战斗人员营。革命爆发前，1911年11月①，一些所谓“前盗匪”应征入伍，在其原来头领率领下保卫广州城。这些人无疑在保卫广州城时起了作用，但后来逐渐被遣散，各自回到了他们在珠江三角洲一带的家。

回顾这十年间，采取了一些改进海军舰队和士兵素质的措施。很多年前在黄埔建立的混合水陆师学堂（The combined Military and Navy School），过去十年间分为两所学堂，海军学堂即著名的黄埔水师学堂，现有学生150人，前南洋舰队总兵李田任学堂监督。② 1906年，炮艇“龙骧”号在香港建成，为广东水师第一艘拥有无线电报设备的炮艇。1907年，以“江”字命名的四艘炮艇在香港建成，都配有无线电报装置。其中“江大”、“江清”（后改名为“江汉”）是在香港黄埔船坞有限公司建成的。另两艘“江巩”、“江固”由广协隆造船工程公司（Kuang Hsieh Lung Shipbuilding and Engineering Firm）制造。1908年，海军当局买下被台风卷进香港海湾的“波卡洪塔斯”（Pocahontas）号商船，改名为“广海”，装配了无线电报装置，改造成了一艘运兵调度船。这是一艘3000吨级轮船。1907年，广东政府对从得力风根无线电报公司（Telefunken East Asiatic Wireless Telegraph Company）购买的海南站运行情况非常满意，又另外购买了八个该公司的无线电报站，通信范围100英里，在广州建了一所无线电学堂，得力风根无线电报公司派出一名工程师在这所无

① 这里的“革命爆发前”，应指广东宣布独立前。“1911年11月”，应该是1911年11月上旬。

② 这里记述疑有误。有史料记述黄埔水师学堂于1907年即改为“广东水师工业学堂”，1912年初改名为“广东海军学校”，李田出任改名后第一任校长。具体史实待考。

线电报学堂教学。建了两个无线电报实习基地，一个在广州的无线电报学堂，另一个在黄埔。两个基地于 1907 年 9 月 1 日投入使用。无线电报学堂 6 月 1 日开课，12 月 1 日结束，学期末有 20 名学生获得了证书。1908 年，又为上面提到的炮艇购买了四套得力风根系统电报站。1910 年，在新堤岸建了两处无线电报基地台，高 250 英尺，位于水师提督府附近。[①] 与此相关，正在计划在东沙群岛（Pratas Reef）建一个无线电报站，最近粤海关派人到那里进行了考察。

九龙（Vol. 2，p. 165）

无所评述。

拱北（Vol. 2，p. 175）

无所评述。

江门（Vol. 2，p. 191）

无所评述。

三水（Vol. 2，p. 201）

本十年度早期，三水曾是所谓“湖南扒”驻地，湖南扒专门由湖南人掌控，由一名高级别军官指挥。数年以后，湖南扒转移到了北江岸边的清远，此后，很少再到本港来。本地现驻扎有由 300 名士兵组成的巡防营，其中包括由 30 名士兵组成的海关卫队，由驻在三水县城的少府（Shou-fu）指挥。[②] 此外，有政府

---

① 水师提督府，红砖建筑，中央有钟楼，建于 1910 年，位于靠近官码头和旧刑场的新建堤岸上。——原注

② 少府，县丞别称。

武装的汽艇、炮艇、鱼雷艇在江面和海港巡逻。自1906年海盗大肆袭击英国轮船“西南”（Sainam）号以来，为了消除海盗这一西江和三角洲的长期祸患，政府增添了在香港制造的较大型双烟囱炮艇，取得了不错的效果，现在的情形已经好多了。此外，中国舰队还有几艘悬挂英国、法国、德国国旗的战船。

梧州（Vol. 2，p. 213）

无所评述。

南宁（Vol. 2，pp. 236－237）

经数次变动，广西提督于1905年迁至南宁。最初这里驻防军约有3000人，由一位总兵即“左江镇”直接指挥，过去七年间这位总兵住在龙州。清帝国政府晚期，军队最高军衔的长官就是这些提督和总兵，他们统帅下的士兵以“绿营兵”著称。绿营兵起源于清初，武器仅仅是古代中国兵器，人数由于现代军事的进步而逐渐缩减。到1911年，这一地区最后保留的200名或被遣散，或转为“勇”。受过完全训练、长期服役的绿营兵的薪水部分为银两，部分为实物，每月银97分（97 tael cents），大米30斤。勇根据情况需要，随时征召，随时遣散。勇的薪水每月4—6元不等。勇起源于上世纪六十年代太平军叛乱时期。他们直接受所在省份巡抚和各自所属的道台指挥，紧急情况下可派遣到帝国的任何地区。勇军的最高级别指挥官称“统领”。后来一些年，绿营兵的总兵除了最初统带的兵之外，实际上已经没有自己的兵了，地位随之被勇的统领所取代，只是他们保留了过去遗留下来的官衔。同样，广西提督，从头衔看，自然是掌管省内所有军事的最高指挥官，但近些年来，实际上只掌控本地区剩下不多的绿营兵和部分防勇。1908年，广西提督引入了第三种军队建制——新军，征募五年服役期兵员，其中有很多中下层出身的青年。这些现代新军士兵穿着半西式制服，配备西式背包和其他装备，装备曼利夏连发步枪和无烟子弹。他们的薪水起步每月8元。本地新军的最高指挥官是标统，兵员2500名，其中1500人去年（1911）11月奉调赴发生革命的长江地区前线了，剩下1000人左右在12月一次兵变后遣散了。1911年底，本地只有勇这一支队伍了，南宁大约有1000人。还有一些小分遣队，每队100至200人，分别驻扎百色、贵县以及其他市镇和沿江岸各地。

这一地区江面军队，有30艘炮艇和装备陈旧大炮与臼炮的艉明轮船，由一名统领指挥，受广西巡抚管辖，尽管特殊场合他会与提督和陆军统领协调行动。1911年夏天，左江道台奉广西巡抚之命率两艘武装汽艇，出现在本地水域，这里的水师统领无权指挥。广西宣布脱离清帝国中央政府后，所有水上战船均归本地水师统领指挥。1912年初增加了两艘武装摩托艇。

另外要提到的是为培养现代军队军官而开办的一所学堂，1908年设于南宁，但随后第二年就关闭了；1909年建了一座半西式军营，约可容纳2000名军人。

琼州（Vol. 2，p. 248）

无所评述。

北海（Vol. 2，p. 263）

革命前夕，旧式军事组织依然存在。镇台（总兵）指挥一般陆军，也指挥炮艇和巡逻艇。巡逻艇由驻扎龙门的协台（副将）统领。还有一支专设新式边境部队，驻扎在中越边界，不归镇台管辖，另有专门指挥系统。当然，革命改变了所有陆海军编制部署，现时处于不稳定状态，将来最终会是什么样子，尚无明显征兆。

龙州（Vol. 2，pp. 271－272）

1902至1903年饥荒严重的几个月间，革命和海盗盛行。1903年10月，湖北武建军奉派来保卫中国—东京边界（Sino-Tonkinese），镇压为害这一地区的海盗。这支军队共计2000人，由80名下层军官和两名统领率领，分为八个营，最高指挥官是一位京官——督办郑孝胥。这位京官还作为钦差取代苏元春少保负责边防事务。1905年底，海盗遭严厉镇压，和平秩序恢复，八个营有五个迁移广州。

1904年，为有效培养军官，郑钦差创办了边防将弁学堂，教授包括算术、绘画、几何等在内的外国科学，以及军事策略。该学堂招收学生约100名，一半是从湖北士兵中征召的，一半为本地青年，每月薪水4.20海关两。10名教员，主要是从军官中选拔的。学制两年。1908年，为了更有效地教育学生，向学生传授更多知识，聘用了14名日本教员。但是这些日本教员并没有呆多长时间，因为1909年该学堂搬到了南宁。1909年下半年，在下冻开办了一所军士训练学堂，占用边防将弁学堂校舍。1909年底，龙州有两营步兵（约1000人）和两队警察（约250人）。后来几年，这些数目大大扩充了，尤其是预期要爆发革命之前一段时间。1911年，调2000人前去镇压在南宁和梧州间骚扰的海盗，龙州仅剩下80人。不过，通过积极征召，龙州现在已经有600多人了。边界军事哨所和要塞，也有600多人。这些哨所和要塞一度没有士兵，实际上放弃守卫了。

1905年，吃水仅3英尺的法国150吨级炮艇“维吉兰特”（Vigilante）号从南宁到了龙州。这是第一艘访问龙州的外国炮艇，这里的民众觉得这是一件大事。自那以后，除了1906和1910年，其余年份，同一艘法国炮艇、英国“水凫”和“雌雷鸟”（Widgeon and Moorhen）号炮艇、德国“青岛”号炮艇也都到这里访问过。

附：海盗与叛乱（Vol. 2，pp. 272 – 273）①

这一问题可以写一本书，因为过去十年间每年甚至每天都有海盗和叛乱事件发生，专列标题予以概要评述还是很有必要的。本十年度最初两年间，本地区匪患十分猖獗。1902 年局势变得异常严峻，各村庄不得不设置路障、街垒，在附近建一高地，安排专门人员望风。成百上千的农民离开了他们的小村庄，或到陡峭群山环绕的山顶上避难，或躲进较大的村庄里。独自旅行就意味着死亡。江中舢板船，不能少于三五十艘结队出行。一个自称为“三点会”的秘密会社，在邻近地区肆意为虐，他们的目的就是劫掠，迫使富人和穷人加入他们的组织。考虑到富人捐献了大量钱财，允许他们不参加抢劫行动，但更为不幸的是，富人们不得不违背自己的意愿，帮助制定抢劫计划。叛乱和海盗蜂起，谣言四处流传，说法国军队要占领这里的乡村。1902 年 6 月，外国人社区每天 24 小时期待随时接到撤离的命令离开本港。内地宣教士们离开了他们的教区来到龙州避难。已经调任湖北的苏少保奉命回到龙州，采取强有力手段，一定程度上恢复了乡村秩序。多年来无可遏止的无法无天的混乱局势，很大程度上是由于可怕的饥荒。饥荒期间，匪徒焚毁村庄，成批成批地杀人，每天掠走一帮一帮的孩子和年轻女孩，有时达 80 人之多，然后就卖掉或换武器弹药了。每天都杀人，6 月有一次就令人震惊地砍下了 86 颗成年男子的脑袋。在忠州，一位知县被海盗带走了，索要 1.6 万多元赎金。海盗也派有密探，这些密探潜伏在政府常规军队中，因此当海盗总部打算出去抢劫时，这些间谍就报告哪里驻有兵勇。1904 年，海盗依然猖獗，宁明州 18 艘货船遭到了洗劫，抢劫货物价值 1 万多元。1905 年，海盗遭到了沉重打击，

① 这一部分内容为该口岸报告的第 21 项。这里所说的“叛乱”，实际上是革命党人的起义，故译出附录于此。

和平秩序逐渐恢复，仅有少量零散的海盗时有作乱。相对平静的日子一直持续到1907年。是年12月，出乎意料地在南关三个要塞俘获了2000名叛乱者。[①] 他们拼命抵抗，千方百计要夺回南关要塞，双方相持九天，但当陆荣廷率领的强大增援部队到达后，叛乱者不得不缴械投降。这次叛乱平定之后，直到本十年度末，虽然不时有一只舢板或旅行者被劫，但未再发生严重的海盗肆虐现象。自从广西宣布赞成共和之后，当局对地方事务处理得井然有序，值得高度赞扬。

蒙自（Vol. 2，p. 287）

未获详情。

思茅（Vol. 2，p. 300）

提台（提督）是云南所有军队的统帅，驻地大理府。提台之下的五位指挥官的官衔为镇台（总兵），他们的指挥部分别设在五个不同的地方，即开化府、临安府、普洱府、昭通府和鹤庆州。镇台以下几个指挥官分散在全省各地，他们的军衔根据各自负责驻防地方的重要性而定。士兵一般分为“制兵”和“练勇”。前者大部分是在本地征召的，主要任务是维护地方治安等事务；后者称为“勇”，本意是专门用于需要的时候派出去作战的。勇绝大部分是从外省征召的，主要来自湖南、四川、广西、广东等省份。普洱镇台是这一地区的指挥官。镇台之下有游击，也在普洱府。其他下属军官各率所统领部队分散驻扎各地。普洱府总兵力约1700人，驻防各地情况如下：普洱300人；勐舍（Mengche）700人，由一名督带、三名管带统领；镇边厅500人，由一名参将统领；威远厅100人，由一名管带指挥；景东厅

① 南关，即镇南关。此处系指同盟会镇南关起义事。

50 人，由一名管带指挥；勐渤（Menglieh）50 人，由一名弹压委员指挥。思茅本地驻军近些年来一直变化不定，实际上自 1910 年中国军队最终占领了勐舍以来就转移到了那里。除上述提到的军队以外，还有冠以“官方卫队”称号的部队，是本地官员征召来保护自己的人身安全的，每当一名军官调走，他的这些官方卫队常常是随着转移到新的地方去了。武器装备方面，非常规部队即练勇大部分是毛瑟枪，也有曼彻斯特制造的质量很好的枪支；常规部队即制兵装备前膛装填的炮和各种其他武器。

腾跃（Vol. 2，p. 311）

无所评述。

奉天

奉天（Vol. 3，p. 37）

以前奉天军事力量由盛京将军统帅，士兵在清朝创设的称为八旗的组织内征召。中日战争后，八旗兵彻底堕落，没希望重新组织了。1901 年，朝廷发布了一道重新组建中国军队的上谕，奉天的军队不再仅从满洲人组织中征召，也不再仿效以前的满洲模式，尽管盛京将军的头衔依然保留。新军队从奉天汉人中征召士兵，组建了督辕营务处，主管军队事务。徐世昌阁下将督辕营务处改为巡防营务处，后来又改称督操营务处。1907 年，奉天巡防队改作治安部队，分为五路，前路由总督直辖，统领张勋。① 中路驻扎奉天、洮南府，后路驻扎兴京府，左路在新民府，右路在凤凰厅。每一路有五个营，每营 500 人，或者说是五路共 1.25 万人。每月士兵军饷 4.5 万海关两，军官薪水 5000 海关两。1908 年，另组建了四个游击队，由巡防队的一位将军指

① 疑误，前路统领应为张作霖，张勋为巡防营翼长。

挥，每月经费1.4万海关两。1907年，建立陆军第三镇，有1万人。稍后，第一、第二混成协从直隶调来本省，也有1万人。陆军的经费由兵部供给。① 1908年，第一混成协重组，建成陆军第20镇，司令部设在奉天。该镇名义上有1万人，实际上兵力也就8500人。除了标（团）乐队、为长官服务的司令部职员之外（司令部有7名军官），军队驻扎在新民屯。第二混成协的兵营设在北门外二英里处。1910年，第三镇开赴吉林。

奉天没有海军。

① 兵部（the Board of War），误，1906年已改为陆军部。

六二回忆（十一）

李景铭 著

民国二十八年己卯，余年六十一岁

自去岁冬有和平统一之说出，于是中日忧时之士，皆翘首而望其能实现。但至是年一月初，忽有日本内阁总辞职消息。四日，王传恭（伯元）来告余曰："声明三原则之近卫文麿公已去职，日政府以平沼麒一郎代之。"盖平沼为青年派领袖，殆不满于近卫公调整中日邦交之政策，而国府方面，亦有传汪精卫被开党籍，汪派被监禁者二百余人之说。盖以汪精卫与近卫公有联络，而国府深致不满之意也。平沼男爵年七十三矣，外、陆、海三相均不更迭，群谓其政策当较近卫为激烈。然莅政八月，而平沼内阁又以辞职闻。日政府以阿部信行大将组阁。钱端壮（毅南）曾以改组理由询余，余意前内阁拟联德抗俄，今见德苏已订不可侵条约，故不能不转换外交方针，改为联英抗俄。最近东京所以有日英会议重开之说也。汪精卫固签订中央密约者也，日英能携手，则中日之和平益可望，而汪精卫或可登台。故此时日本政策在南方与汪精卫言和平，在华北与吴佩孚言和平，然皆未实现，而吴佩孚且奄逝矣。兹分述如左：

一、在南方与汪精卫言和

去岁，汪精卫既响应近卫公三原则而有所声明者，至是年一

整理者：本篇资料由《近代史资料》编译室整理。

月初，又将有第二次声明。廖炳辉语余云：“汪之二次声明有三要点：第一，声明共产主义与三民主义不能两立，盖以纠正第一次声明所谓共产主义应服从于三民主义之下共同活动之错误也。第二，声明蒋介石一党专政之非及其一切秕政。第三，声明中日邦交调整问题应从长计议。盖从前声明谓日本只能驻兵于内蒙一带，即示日本撤兵之意，亦即近卫公声明之意。近卫公以此不满于国人，迫而辞职，故汪为系铃解铃计，改为从长计议，将来或许组织委员会以讨议之。”廖炳辉之言如此。

盖此时平沼麒一郎甫组阁。平沼本为法西斯蒂主义，又为青年少壮派领袖，又为新青年团首脑，其政策较强于近卫，汪不得不为二次声明，以和缓日本朝野之心气也。以此回翔半载，至六月二十七日至京，视察二十六年事变后之情形，至七月十日，乃于报上发表其对于中日关系之根本观念及前进目标。其大意谓：“总理孙中山先生谓，中国革命之成功有待于日本之谅解，含义甚大。盖日本为东亚强盛之国，设中国步其后尘，亦求强盛，日本须视为于日有利，不可视为有害。由此而言，经济合作，中国亦须视为于主权无关，且于第三国正当之权益无损。十三年，孙总理定《建国大纲》，及十四年国民政府由余主持（精卫自称），均本此旨。惟至十七年济南事件发生，则由好转而趋于恶转，于是乎有九一八之事变。自二十一年一月二十八日余回南京，始倡一面抵抗一面交涉之说，以矫正反对直接交涉之主张。寻乃订定《淞沪停战协定》《塘沽停战协定》，其时意在和平，极端反对主战派。二十四年十一月一日大病之后，受了三伤，二十五年远适异国，直至西安事变发生，方由远方回国，形势大不如前。当时以为，‘剿共’事业决不可中止。盖共党受第三国际密令，号召抗日，必无良好结果。自卢沟桥事件发生，我固无法阻止，然无日不思转圜之策，亦无日不思遏制共产，揭其阴谋。直至最后，方于去岁十二月十八日离开重庆，二十九日发表和平建议。我之建议赞成近卫声明，何也？中国对于日本，冤仇宜解不宜结也。所惜者，蒋不觉悟，蹉跎半年，真堪痛恨。总之，蒋之抗战也，出于‘容共’，是以共党之祸甚于义和团，而利用共党之罪恶，甚于刚毅诸人。是以忠勇之士当如刘坤一、张之洞之保障东南，李鸿章之挺身入京，成立和议，尚可补救万一。我所以决定团结同志，并团结各党各派以及无党无派有志之士，共同图复兴中国、复兴东亚也。”谈此文者，莫不喟然叹曰：“向主焦土政策、火坑政策之汪精卫，今又提倡和平矣。”江朝宗曰：“汪精卫无以谥之。谥之曰八面玲珑，不亦宜乎。”余曰：“是亦热心仕进之徒，视卖国家如卖梨栗耳。和平云乎哉？”果而，七月十九日，有汪在南京组织政府之说。苏遇春（杏林）云：“汪以国民政府主席，将自兼行政院院长，王克敏（叔鲁）为财政部长，维新政府仅留梁鸿志一人，临时政府或可多加人数，未可知也。”

然此等规划不过日本少壮派之意见，元老仍属意于北洋派，故有拥戴吴佩孚之说。汪精卫来京求见吴佩孚，吴拒之，诚是也。江朝宗语余云：“日本人士赞成汪精卫出山者，不过三分之一，余均反对，恐难成事实耳。”以此又延两月，至九月十九日，又有新政权将成立之传言。廖炳辉云：“汪为南京首席，周佛海为副主席，梁鸿志为内政部部长，王克敏为财政部部长。王要求遥领华北主席，日方未之许，故又遣殷同赴东游说。外传其赴日疗脚疾者，假托之词也。日本有意请吴佩孚主持华北事，吴要求不受汪精卫命令，且须兼全国军事委员会委员长。”顷之，苏遇春（杏林）又来云：“新政权将于十月一日实现，朱深、王揖唐、王克敏均可留任，余未定。”然刘亚农（幼雪）又云，汪精卫能上台，即上台亦须至双十节后。消息殊两歧也。

逾三日（九月二十一日），外间乃有三头会议之说。盖王克敏、梁鸿志与汪精卫在南京会见，商议组织中央政府事。是时所以迟迟未决者，非机关内部组织，乃日本条件未定也。邓萃英（芝园）云："日本在重庆、上海两方面，分别遣人与蒋介石、汪精卫求和，视两方条件之优劣以定从违。夫两方条件中日固同守秘密，非外人所得与闻。"但自余之表弟孙彦玮自沪回京，其所述传闻，重庆之条件在"满洲"作为租借地，余皆撤兵，而日本则曰"满洲"暂且不提，如承认华北为租借地，余可撤兵。以此之故，双方不调。汪精卫之条件有三：一曰应守近卫首相声明之原则；一曰经济可以合作，但日本投资应居百分之四十九，中国投资应居百分之五十一，国营事业仍应还诸中国；一曰"满洲"暂且不提，余皆撤兵。以此之故，又复不调。日本军士踊跃拥汪者，见和平可望，尚有生还之日也。今见汪虽上台，兵仍不撤，是以亦明［萌］消极。汪内部亦极纷乱，且与临时、维新两政府意见不合。当地官宪均与临时、维新两政府有情感，故近见汪欲独揽政权，排斥旧有两政府，于是而拥汪之意亦渐冷淡，原定双十节成立新政权之说，又推而俟诸元旦。英、美、法见南京新政权之酝酿渐熟也，乃劝诱日本，与其与汪言和，曷若与蒋言和，可求全面之解决。于是乎，英、美、法有在东京会议之举，苏联要求加入，英、美、法拒之。夫英、美、法岂真有斡旋中日和议之意哉，不过藉此推延，以误元旦之期耳。汪精卫以奔走一年之力，素志未伸，寄诸吟咏。程树德述其近作，后六句云："风景不殊空叹息，山河如此复何言。残阳在地林鹗乱，废垒无人野兔尊。欲上危楼仍怯步，却将病眼望中原。"观"林鹗"句，则内部之纷乱可知矣。

卒之，十二月三十一日，余友樱井正藏自沪回京，以新政权之进行如何询之，樱井曰："明年三月，汪政权可出现。近所商议者两问题，一为华北特别区与南京之关系如何；二为华兴银行改为新中央银行，与之生如何之关系。二者之问题能解决，则汪即上台。是亦过渡办法耳，结果仍须与蒋介石合作。现在由英使接洽中。盖第八路军气焰之猖獗，非蒋之实力不足镇压之。苏联亦正在交涉中。总而言之，明年之规画中日之和平可实现也。同时‘提携’经济当自民间始，中国白银运往英美者，约计五十八万万，非有物资出口，难以换银回国。日本三井、三菱公司已成过去，新兴之日产、日曹有起而代之之势。”日产者，日本产业会社之谓也；日曹者，日本曹达会社之谓也。近将联合各方财界，在沪建设曹达会社，以为民间“经济提携”之初步。再进而言土地会社、某某会社及银行等，依照五年计划、十年计划，而进行中日经济之复兴，其庶可望乎？

一、在华北与吴佩孚言和

日本在南方欲拥汪精卫，而在北方又欲拥吴佩孚。吴之条件有二：一曰日本须先撤兵；二曰须将行政权交出。第一条件固日本所不能忍受，第二条件又临时政府及维新政府所不愿闻也。盖政权交出云者，以政权交吴之谓。政权交吴，则两政府均在取消之列矣。吴之不愿受汪之命令，则华北果将脱离南京而独立乎？此又国人所大不欲者也。于是乃有两政府合聘吴佩孚为绥靖委员会委员长之说。一月二十六日，苏遇春（杏林）与余遇诸途，告余曰：“绥靖聘书已送出，二十九日将就职总机关，或将设诸开封。”余提此以询江朝宗，江曰：“龚治初来云，此信不确。”盖两政府派温宗尧往劝驾，温复命于王克敏曰：“吴可出山，但问经费若干？场所安在？办法如何？”王支吾久之，温拍案骂曰：“此岂与吴为儿戏耶？”卒之，改为和平大会会长。此席本留给张英华（月笙）者，今以付吴，吴之肯就与否，未可知也。吴尝告江曰，土肥原曾约伊为总统，吴曰须依三条件行：一以行政权交吴；二日本撤兵；三以中国治中国人。江曰：“土能从乎？”吴曰：“不能不从。”江笑曰：“然则中国有望矣。”至二十九日，吴虽未行就职礼，然已派人前往开封筹备，有以胡毓坤为筹备主任说。李景明曾告余，吴对土肥原要求开封练兵费五百万元，土肥原在筹度中。是时吴之心目中已无政府存在矣。林少英与余谈，两政府主联邦制度，欲拥一虚位大总统，实权仍操于两政府，是真以汉献帝待吴矣。吴窥知之，滋不悦，故但言目前以和平为第一义，由各团体推戴为会长，或可就也。第二义为练兵，俟中国兵力可以维持治安后，再商日本撤兵事。第三义组织统一全国之中央政府。此吴意与两政府首领王克敏、梁鸿志不合之症结也。日方之意亦不一致。喜多意主联邦，与王、梁意合；土肥原主统一政府，与吴意合，故其时王、梁与吴立于对待［峙］地位。吴之通电，一则曰伦理思想，再则曰伦常纲纪，三则曰与我国不相入之主义均不宜行。是不惟三民主义、共产主义不宜行，即民主主义亦非其所赞同。吴之所重者，伦理耳，伦常耳。质言之，中国固有之道德也。

夫此所谓通电者，即响应江朝宗等去岁提倡和平之通电也。其经过颇多曲折，言之亦有趣焉。一月二十九，余晤张栩（羽人）。张云，土肥原、大迫自东京北来，急欲解决者二事：一曰和平，二曰练兵。由毕广垣转达此意于吴佩孚。吴以空谈无益，不允发和平通电。土肥原乃授意两政府敦促之。适梁鸿志来京，故与王克敏商聘吴为绥靖委员长，乃于二十六日派温宗尧劝吴。吴曰："绥靖之责，应由治安部负之。多立机关，权限不清，办事亦多棘手。"吴未接受，亦未十分拒绝也。翌日，两政府又议改为和平大会会长，派王揖唐、陈群来接洽。无所谓会，亦无所谓长，并无聘书，但携一名单来，共十六人，除两政府委员外，加入吴佩孚、陆宗舆两人。吴阅单毕，搁诸案上，告揖唐曰："此国家大事，姑置不谈，且谈吾两人之旧谊。"顷之，举茶送客。外传辞却聘书者，实情如此。土肥原得此消息，正焦急间，李景和（孟鲁）代吴拟一电，访栩云："此电再不发，土肥原无以复命矣。"栩乃于众言不入之后姑以一言进曰："和平二字，固东亚苍生所属望者也，何惜以一电酬友谊而顾邦交乎？"吴曰："可。"乃作为响应江宇澄之电，勿庸通电为。陈廷杰（幼孜）又易一稿，栩稍润色之，送与大迫机关发。大迫叙电首尾，成为通电全国各团体矣。是后商议具体办法，乃于二十七日致土肥原一函，询以三事：一、正式政府何时可成立？二、和平救国会可否用总裁名义？三、绥靖事拟改为救国军，总司令设本部于北京，将来于郑州、开封设分机关。截至二十八日止，土肥原对第二、第三表赞同，惟对第一则曰此东京政府权，恕不答复。其时张燕卿自称为将来之国务总理，张英华（月笙）询诸土肥原，土肥原曰："张不过奔走通译才耳，况并无国务总理之名称也。"然土肥原就谒靳云鹏（翼青），颇有劝靳与吴合作意。靳之意向不可知，但北洋派之团结则稍近事实。胡毓坤既任绥靖主任，即以洪国维为副主任。北京亦有筹备机关，蒋雁行（宾臣）、王琦（景韩）亦加入。其意不止收编土匪，即蒋系军队亦期买收之，以减杀蒋政权之力。

二月十九日即己卯元旦，余偕杨连荣（擎天）往吴宅，与吴拜新年。吴曰："今年己卯，兔也。各国政府俱是狡兔三窟，巧计多端。且己，土也；卯，木也。土在木上，木克土，乃以下犯上之兆，必有倒戈之象。"盖其时广东军队有哗变消息，吴疑蒋已失其统驭之实力矣。各方拥吴之电如雪片飞来，大抵出于日方之伪造。日本盖亟于收束军事，实言"经济提携"。林少英语余云，吴每日接电四百余通，均于电上批云："无实力，何能办事。"林诘之曰："然则日本必须撤兵乎？"曰："纵不撤兵，亦须先将实权交出。"意在取消两政府。是时国是纷纭，实由日方毫无诚意。五月二日，江朝宗（宇澄）语余云："迩闻翰苑十余人联名上书吴子玉云：'挽回国家命脉，舍复辟无第二途。'吴批书尾云：'可杀可杀。'岂不异哉？"孰意政治酝酿倏经半载，十二月四日，苏遇春（杏林）以子玉病危之信告余。翌晨阅报，果于四日下午四时竟成千古矣。古人云："出师未捷身先死，长使英雄泪满襟。”真堪古今回慨也。嗣子吴道时述其遗嘱云：

> 余父孚威上将军，卧病八日，亲友来视，犹时以国事为急。兹就侍侧所亲闻者，谨布于次：
>
> 余委质国家四十余年，本军人天职，拥护国权，保全领土，历经险阻，斯志未渝。事变以来，中外共相期待，属以振导和平。因痛感时势之艰危，责任之重大，积忧成疾，寝馈难安。不意年已桑榆，未堪忧患，偃卧数日，病势加剧。惟念中日人民遭兹浩劫，再不急谋收拾，沦胥之亡，实所殷惧。若能徼幸万一，沈疴复起，仍当与海内外志士仁人共致祥和，奠安东亚。余生平抱负，俯仰天地，无愧无怍，一息尚存，坚持此旨。

余初闻信，拟一挽句云：“天使仁人志士完其节，我为天下苍生哭此公。”不意上句与遗嘱语暗合，下句盖因佃信夫有函致吴云：“子玉不出，如苍生何。”吴复之曰：“东亚苍生，未尝一日去予怀也。”然细思此联尚欠工整，又易一联云：“望治有同情，久矣苍生盼霖雨；扶危闻夙论，奈何砥柱失中流。”盖吴辄语余：“天不变，道亦不变，我辈当作中流砥柱，不宜迎合潮流也。”吴之人格见重于时辈者，殆为此也。

重庆得吴噩耗，其广播云：“吴生前有日本友人劝其出山，吴曰：‘须先撤兵。’友人曰：‘时机太早。’吴曰：‘然则吾之出山时机太早耳。’汪精卫曾以一函劝吴南下，吴复以一函，露封展视之，则一篇《正气歌》而已，他无所云。中外人士以此之故，尤慕重之，及其死也，莫不叹息，痛恨于日本医生之鲁莽。”

十二月八日，钱迪民语余云：“妇女赈济会派代表唁吴夫人，夫人泫然曰：‘吾夫之死冤哉。日医开刀时（病始于牙痛）

未得家人同意，亦未签字，并不上麻药，亦不打强心针。初试一刀，喊痛一声，二刀则气绝矣。’张方岩秘书长怒极，闭医生于室，欲令其负责。适滨口大佐至，为之调解。滨口大佐即坂垣代表，由沪来京，劝吴出山者。日本医生伊东，即其所介绍也。夫人曰：‘吾夫未死前，辄使酒骂坐，指其子斥曰：吾不能为汝作傀儡。’时中外友人有在座者，或以此误会，而为致死原因欤。”呜呼！将军已矣。一年来，和平之运动如幻梦耳。但将军不死，华北必独立，何也？将军不肯受南京之任命也。将军死，华北尚有一线与南京生关系。何也？华北领袖之任命，尚出自南京也。天未厌弃华北之人民，故有此无穷之变化也。

因吴将军之死，余又联想及于古学院矣。先是日本大迫将军为和平运动，武治派欲以委托吴佩孚，文治派欲以委托江朝宗，故每月补助一万金，为古学院经费，办理半年，未有昭著之成绩。江朝宗恐贻人口实，就商于余，余乃于五月二十九日，提出编辑《清史资治通鉴》，或编《历代通鉴辑览续编》。议案云：

> 国之有史，所以因人也。史之有通鉴，所以因年也。通鉴之有纪事本末，所以因事也。《春秋》为编年之始，司马温公因之，乃有《资治通鉴》之作。朱子又因《通鉴》著纲目，名曰《资治通鉴纲目》，始于周威烈王，终于五代。至宋、元二代之史，初无定本，虽有宋长编（清圣祖有御批）、续编及《元经世大典》之作，然未尽善。及明成化间，乃命儒臣编宋、元二史，上接《通鉴纲目》，始于宋建隆，终于元至正，共二十七卷，名曰《续资治通鉴纲目》，中多疏略失当处，不如明正德所编之《历代通鉴纂要》尤为赅括明晰，书例盖亦仿自司马氏也。由是，清高宗因之编《通鉴辑览》，增入明唐、桂二王。其书法则，依诸朱子编目。此外，毕秋帆并有《续资治通鉴》二百二十卷，其例

盖仿诸司马温公。有清一代，正史未定，故编年之作阙然有间，然纪事之编则固始终一贯也。自宋袁枢（机仲）因《资治通鉴》以类相从，编为纪事本末，定名曰《通鉴纪事本末》。至明陈邦瞻，又仿袁氏之例，作《宋史纪事本末》《元史纪事末末》，宋、元二代，虽已略备，而明代则仍未编辑。清毕秋帆变其义例，编《续资治通鉴》以足之，则又入编年之制矣。光绪末叶，山左李云章曾以毕氏《续资治通鉴》编辑《续通鉴纪事本末》一百一十卷。编至八十九卷，而李氏逝世，其子于锴乃续成之。其书刻于光绪丙午，传世颇少，不知板存何处。武进陶毅（仲谋），复以毕氏《续资治通鉴》为据，案照袁机仲成法，编《续通鉴纪事本末》一百三十有六卷，上自宋建隆元年，下迄元至正二十七年。其卷目次第一依陈氏邦瞻之旧，并以张西铭之论，殿于每卷每事之末，以与袁氏《通鉴纪事本末》衔接。陶自序云："纪事本末一书，自春秋迄于清末，一气御贯，为研究史学者所必当展读。"注云："自《左传》迄《三藩纪事本末》共七种。"上海某书局复编《清代［史］纪事本末》六十卷，自清代入关至宣统三年共和成立止，已出版行世，是纪事之书自古及今已完成矣。惟编年之制以《资治通鉴》之例言，则清初毕秋帆历三十年之久，延纳当世绩学之士，始成《续资治通鉴》一书，以《纲目》之例言，则清高宗合两朝御批语，命大学士公傅恒等数十人，分日呈进，始成《历代通鉴辑览》一书。今若于二者之中择一续编，以断自宣统三年共和成立止，与《清史纪事本末》并行，则编年纪事可以互观有得，其津逮后学之功，良非鲜浅矣。

自此提案出，江朝宗嘱与吴廷燮（向之）相商。吴云："欲简则编纲目三编，欲详则编《清通鉴长编》。今为折衷计，似以编辑《清代资治通鉴》为宜。从前学者议论《资治通鉴》者，有数端如左：一、政事过略，兵事过详。平时一卷或至十数年，乱时一卷或仅止一年。一、喜载小说，如杨贵妃洗儿，此乃必无之事，袁子才诸人颇訾之。一、纪年每卷取最后者，故曹魏未亡，已书晋泰始；唐天祐未亡，已书梁开平之类。清代皆逾年纪元，自无此虑。现辑《清代资治通鉴》，宜注重政事，凡官制之增订，财政之迁变盈亏，外交之因应，一切政制之损益，言官、讲官之谏疏，各省利病之章奏，均宜多列，但须删繁摘要。如顺治因丁酉科场之案，普免各省乡试中额一半，汉人文化颇受损碍。似此等类，不可不列。兵事以书城隘陷复为重，战状可略。又清朝疑案，自顺治摄政王至光绪上宾，野史等书纪载不同，如孟声［森］等著作有辨正者，皆宜附注。"

同时研究之结果，决编《清通鉴》，即由吴廷燮拟定商例如左：

一、清代事迹有私史与官书不同者，有官书与官书不同者，应依温公《通鉴考异》，分别去取，其不能断者从阙，疑之义列入附注。如顺治七年，上摄政王成宗义皇帝庙号尊谥，旧本《世祖实录》《八旗通志》"睿亲王传"皆有，今《实录》、王氏《东华录》无，宜从旧本实录之类。

一、官书所无私史所有者，如薛氏《随笔》载曾国藩之复武昌、祁寯藻谮毁等语；王氏《西巡六事记》载光绪庚子之难、王文韶之几被杀、赵舒翘之持两端、徐桐之极信拳匪，皆为官书所未有，今宜依李氏《续通鉴长编》载《湘山野录》例，列入附注。如乾隆费摩后被谴[①]、同治非出天花之类，皆应详考，列入附注。

① 原文疑有误。

一、通鉴例，于一人初见，皆冠本贯之郡或县于姓名之上，今拟于初见时皆注明本籍州县，有科第者，并注明举人、进士、贡监等。如之旗籍，则注明满洲、蒙古、汉军，不审者阙。（汉籍进士见历科题名碑录。举人乾隆以前，多见各省通志及府、州、县志，嘉庆以后服官者，举贡坐监多见《缙绅》。旗籍，乾隆以前多见《八旗通志》，嘉庆以后多见《缙绅》及《中枢备览》。）

一、官制、兵制、礼制、财政，及一应关于政治章则，有文字过形繁重者，《通鉴》只撮叙大纲，李氏《长编》则多列入正文，今拟见《会典》《皇朝三通》及刘氏《续皇朝通考》。各部院则例或律例暨阁抄者，正文拟叙纲要，余均不入附注。

以上略述考异分注办法。

一、即位、改元及授受大典、亲政、垂帘、归政、训政、摄政、辅政，皆特书。

一、顾命、大行、上尊、谥庙号、丧葬典礼，皆特书。太皇太后、皇太后、皇后追赠【书】，太子同。

一、尊崇太上皇帝、太皇太后、皇太后、大婚，册立皇后、皇太子，皆特书。尊封皇贵太妃列位，及封妃嫔、贵人书。

一、内三院大学士、内阁大学士、协办大学士、各部院尚书、左都御史，满汉同。各省总督、巡抚、漕督、河督，各边将军、都统、参赞大臣、办事大臣，拜罢、致仕、吉病、赐恤、予谥，及得罪刑戮皆书。（顺治前各部承政等同。）

一、总理事务大臣、军机大臣、御前大臣、内务府大臣、总理各国事务衙门行走，拜罢均书。（余同上条。）

一、顺治、康熙诏派议政均书。

一、内廷行走，南书房、上书房、懋勤殿、弘德殿、毓庆宫行走及斥退皆书。

一、八旗都统等拜罢不书，惟宗人府、宗令监、步军统领均书。

一、封宗室亲王、郡王、贝勒、贝子、镇国公、辅国公书，将军不书。

一、封蒙古汗亲郡王、贝勒、贝子、镇国公、辅国公，及授札萨克书，哈萨克、回部、西藏同。

一、封异姓王、公、侯、伯、子、男书。

一、设察哈尔、乌梁海等总管，及回部伯克、西藏戴琫营官等均书。

一、设立行省、分省，及增改裁并府、厅、州、县书。

一、京外各官署及官员增改裁并书。

一、文武土司增改裁并书。

一、光绪三十二年更定京官官制特书。（更定外官制未行，撮叙大概。）

一、除授、遴选、京察、大计、袭爵、封典、丁忧、修墓及一应处分等例，有增改者，酌书。

一、田赋及各项税捐有增减除免皆书，普免及永减者特书，输捐事例入下条。

一、各项捐例书。《户部则例》不载捐例，盖以有筹饷事例，今宜检察录及。王氏《东华录》，于开捐年分一一详载。

一、各省厘金、各关洋税沿革及税率，有修改者书。

一、漕运分河海及漕粮改折色或仍本色者【书】。

一、盐法、币制均书。茶糖烟酒等及银行同。

一、列朝最后之年，宜录会计、民数及岁入岁出之数，其特上户口调查表及会计并预算，皆特书。

一、赈抚灾祲、蠲免田赋皆书。（缓征不书。）

一、圜邱亲祀及代行酌书，方泽等亲祀皆不书，时享太庙年例、遣祭陵园等概不书。

一、大祀、中祀、群祀，有更定者书。

一、元旦、冬至、万寿、朝贺，于即位或释服之年特书。下去每年如之。其三旬以上，满旬万寿特书。皇太后同。举行千叟宴等亦同书。

一、特举会试、乡试及历次加广中额，顺治、乾隆两次特减中额皆书。加广学额酌书。

一、改更乡试命题、更定科场条例，及科场重案均书。

一、贡监事例有增改书。

一、五礼有更定书。

一、光绪以后定学制及各项考试者书。

一、派赴各国游学书。

一、命大将军、将军、经略、钦差大臣督办军务书。

一、驻防将军，各省提督、总兵酌书。

一、旗营、绿营官兵增改裁并书。

一、长江水师、海军、陆军特书。

一、关勇营者酌书。（乾嘉乡勇，咸丰以后湘淮等勇书。）

一、制造轮船、枪炮等及机器书。（旧制造枪等酌书。）

一、航路、邮电各政书。

一、增改刑律及加减罪名并修改书。

一、修建坛庙、宫殿、陵园均书。

一、修建城堡、关隘、官署、兵营酌书。

一、黄河、运河工程书。各省修浚水利酌书。

一、各国订约、修约书。

一、本国及各国遣派专使、驻使均书。

一、有约各国君主、总统薨逝，及嗣位、更举均书。

一、朝鲜、越南、缅甸及旧苏禄等国朝贡均书。

一、谒陵、巡幸及省王大臣等疾并临奠均书。

一、临雍释奠，及各庙际大祀，并先贤先儒从新祀书。

一、加三公衔至太子少保衔均书。

一、赏圜龙、方龙等补服，三眼、双眼等花翎，黄带、紫缰、玄狐端罩、带膝貂褂之类均书。

一、赏朝马、肩舆、拖床等书。

一、赐寿有殊异赏赉书。

一、诏制题奏有改更者书。（如乾隆改奏为题，光绪改题为奏之类。）

一、召见、大起及一人召见十数次酌书。

一、京外章奏有关君德盛衰、民生利病者酌书。

一、讲官、言官章奏弹劾亲贵大臣，并奉旨处断者均书。

一、凡纂修实录、圣训、方略，及编辑、校录古今书籍均书，派总裁、副总裁亦书。

一、水旱、地震等灾均书。

一、日食、星变不书。

一、每科进士总计人数及分别授官书。（宜检《实录》。）

一、无论大小官员，特擢、特罪均书。

一、拔贡、优贡、朝考、授官，及留学生等考试、授官均书。

一、乡会试停科及永停均书。

一、达赖、班禅、哲布【尊】丹巴呼图克图及各呼图克图增改升黜并加封号与特别赏赉均书。

一、颁历书。

一、广仓储书。

一、开辟农田矿产书。

一、保护牧政书。

一、振兴工商业书。（丝、茶、呢、绒等业附。）

一、保护华侨书。

一、开增商埠书。（租界附。）

一、准传教及游历书。

一、禁鸦片及种植贩运书。

一、史事至为繁赜，其有例目未载而关重要者酌书。

于是依此商例，由江朝宗聘请杨钟羲（梓勤）为总阅，吴廷燮（向之）为总纂，夏仁虎（蔚如）、朱彭寿（小汀）为分纂，苏公望、谢刚主为特约编纂，并聘余及柯兴昌（世五）为总校并搜集史料。因未遍约古学院同人，而周肇祥（养庵）乃大滋不悦，致书江朝宗云：

近对于编辑《清通鉴》一事，有期期以为不可者，理由如左：（一）清代历年三百，事迹繁重，远过前代，《清史》勉强成书，本末完善。《清通鉴》之修，必须力及前辙，以成信史，长编之辑，徒多劳费，同人已经否认。纂修《通鉴》若过苟简，反不如已经行世之《东华录》《清史纲要》等书。若求完善，决非少数奖金、人才所能办理。本院目前力量不足任此。（二）本院研究著作品，规定不涉时事、不批评人物，讲演亦然，用意至为深远。《清通鉴》系编年之史，书法褒贬甚于批评，而政治、外交之记载，尤多牵碍，援引野乘，采摭事实，易招怨尤。昔北齐魏收奉命纂修《魏书》，群口沸腾，谤为秽史，屡受斥责，既缘史笔多憾。齐亡之岁，其家被发，弃骨于外，具载本传。方今时势迥非昔比，人权保障，律有专条，凡指摘事实，损害人名誉，不问其事实之有无，处有期徒刑、拘役或罚金，并得褫夺公权。《清通鉴》既非敕修，又无政府委嘱，以私团体而修近代之史，是非恩怨，平直为难，谁其赋予而专笔削。书成刊行，意外招尤，且不深论，非毁之家，其子孙皆得援律提起诉讼，既用本院名义，则院长、理事皆须同受裁判。《中庸》有言，非天子不议礼，不制度，不考文，盖各有权责，未容紊越。区区《北京志》，市公署委托编修，而卒之移归市署办理，况一代之史，不尤重乎？其非本院之权责明矣。（三）然则《清通鉴》永无纂修之日乎？是又不然。国家若跻治平，《清史》尚须重修，何况《通鉴》？此事将来当由中华民国政府设馆兴修，延揽三长之人才，从事斯业，审定刊行之责政府负之。本院仅为学术私团体，逾分越权，自寻苦恼，此肇祥期期以为不可者也。

江朝宗以此提案询余意见，余曰："周之所言，修史事也，应由政府负责，似亦宜然，若《通鉴》，则未必个人不可修也。夏燮之编《明通鉴》，即个人自修而自刻，并非奉令敕修，又非政府委嘱，此等先例亦不知耶？至谓书法褒贬甚于批评，指《纲鉴》而言。朱文公之编《纲目》仿诸《春秋》，固以一家示褒贬也。若《通鉴》，则不过按年纪事而已，非有甚苛极严之褒贬也。"故终是年，而同人仍照常编辑如故。

因古学院之事，余又联想及于钱端壮（毅南）矣。钱为孟材子，孟材与余合议筹设古学院，中道暴卒，余感离索。其子端壮，自德国毕业回，辄执弟子礼来叩门下，恒邀余就饮酒肆，与余谈德国骷髅会历史颇详。盖端壮借阅余所编之《太平天国日记》，内有兄弟会一节。端壮曰："美之兄弟会，即德国骷髅会意。"余询其详，端壮曰："德国骷髅会中人，要均供骷髅，以昭信仰，故以骷髅名，又称无隔会，示无间隔意。盖无男女之别，无国境界限，无宗教判异，一切毫无间隔。此风始自美国，因美自离英独立之始，大半英之浪人麇聚美洲，其时无政府，无法律，互相攘夺残杀，不可遏制，只有赖宗教维持。嗣因基督教与天主教冲突，门户之间愈多，不得已由个人自结团体，相助为理，于是有兄弟会发生。而操纵指导之者，则为犹太人。犹太人挟其金钱势力，暗中结合，故有有福同享，有祸同当之密誓。会员不能维持生计者，犹太人供给之；犹太人有为非犯法者，会中人奔救之，由是会之势力日广。华盛顿大总统亦会中之中坚人物。此风传至欧洲，德国亦仿行之。盖德国中犹太人居多，数年间无论在朝在野，纷纷入会，甚至贵族亦加入，王族亦加入。盖王族、贵族之子弟多浪费虚荣者，以此为安乐窝，而又有多数会员拥护之便，于作奸犯科无所忌惮，而会员中营缘利禄者，亦赖贵族、王族以为阶梯，故德国之政局大抵由骷髅会操纵之。希特勒大总统知其然也，组织国社党与之对抗，而取缔骷髅党极严酷，必使之无一人立足之地而复快。盖希特勒最恨者二事：一为犹太人，一即骷髅党。犹太人已被逐矣，而取缔骷髅党之法则有三：一则少数人集会，恐有骷髅党中人羼其中，则以警力遣散之；二则如逮捕骷髅党有嫌疑者一人，必穷究其同党，以为一网打尽计；三则在职者如发现有骷髅党嫌疑，则立褫其职而置诸法。故德国骷髅党之踪迹将灭，而美之兄弟会仍如故。美政府明知之，以其无大害也，故亦纵之。此足见欧美秘密社会之一斑矣。吾国之太平天国、青红帮、国民党大抵由是演绎而来，究之有近于邪教，非正大光明之大道也。”此与杨炳震所云者大同小异。杨云：“德之骷髅党即圬人党。何以称圬人党？即建屋之意，谓人之顶天立地，必有房屋以范围之也。故入党之始先示以一剑，旁竖两烛，前置一骷髅，使之详视，不告以理由。一面调查是人之道德品性，如果高尚，不敢为非，而后由党之领袖口授以秘诀。此风在埃及、印度、中国均有之。埃及、印度谓之参禅，中国谓之炼丹，统而言之，修炼身心而已。其源出于《老子》，再推而上之出于《易经》。《易》所谓‘知机者其神乎’，是其最高之功效也。中国所谓三通，天通、人通、地通，能前知能延命者，即此意也。而其宗旨无国界，以大同为主义，不主战争，专言人道，故欧洲最高地位之人多入此党。威廉第二亦党员之一。希特勒出力，斥此党主义之非，谓国家颓败至此，尚高言大同主义，岂非坐视国亡不顾耶？故力倡国家主义，以防守其国，且恢复其已丧失之国土。然希特勒高唱国歌之时，而彼党中人固口唱而嗤之以鼻也，犹之我国人对于国民党之行静默三分钟仪式时，盲从者居多数，而瞠目环视者亦不乏人也。”

毅南善谈谑，而江朝宗亦喜其荦荦不群，尝称其少年老成，虽曰游学异国多年，而仍不失书家气派。余于是思以长女廷俊妻之，毅南诺焉。乃请江朝宗、唐玉书（宝森）执柯，因于九月十九日订婚。余挈南楼老人砚为定，盖援古人传婿砚意也。余记南楼老人砚之始末云：

> 吾家所藏南楼老人砚，背有刻句云：“洗砚龙吞墨，柔刚亦相济。”款题：“康熙乙丑南楼老人雨夜书。”盖康熙二十四年事。故《国朝画征录》载：“陈书，号上元弟子，晚年自号南楼老人。秀水太学生尧勋长女，适海盐钱上舍纶光。善花鸟草虫，笔力老健，风神简古。翁鹤庵先生尝叹：‘用笔师白阳，而遒逸过之。’间作观自在、关壮缪、吕洞宾像。上舍【家贫而好】客，夫人常作画以换酒［尝卖画以给粟米］。课子严而有法。长陈群，康熙辛丑进士，入翰林，官通政北直学政。次峰，廪生。次界，宝鸡县知县，亦善花鸟。夫人以陈群官封太淑人，年至七十有七。”按立端为康熙六十年进士，是此砚制于其子入南宫前三十六年。夫人好作观自在像，故砚背亦刻佛像，定为夫人所自绘。夫人由花鸟入人物，犹之吾女由花卉入山水。廷俊作品笔力老健，时流恒称其不类女流所作。余得是砚，传诸端壮世讲。端壮亦钱姓，殆有夙缘乎？余愿廷俊画学日进，而相夫勖子，学业俱增，将来福慧双修，或在南楼老人上欤，古人岂多让哉。己卯秋月，文定之辰适园老人记。

自是而两家婚媾既定，端壮执门婿礼趋余门，与余谈话无虚日矣。

因钱端壮之谈话，余又联想及世界之大战。是年九月一日晨，但泽市内，波兰主要铁道及官宪建筑物，全被德人袭击占据，仅有巴里开特周围之波兰邮政局顽强抵抗。德国海军练习舰，于一日占领但泽港外威斯特布拉台之波兰军需品贮藏所。是日午后，德空军第五次袭击华沙，并轰炸波斯拉河铁桥。德并对波兰回廊之各都市开始大规模攻击。是数年来酝酿之第二次世界大战，竟于是日开始矣。余于是逐日记其大要，以为研究战史材料，其详见《嗛斋日记》中。余以端壮留德多年，于欧洲情形观察必熟，乃以德国将来之胜负询之。钱谓："德能以最敏捷手段将华沙占领，与俄瓜分波兰，恢复战前状态，则亦如唾手而得捷克一般，英法只有坐视而已。设时日迁延，英、法、美、意起而环攻之，则德国将有第二次之失败。矧俄国于八月三十一日签订苏德不可侵条约时，外相声明，此项条约与向来友好之邦交无碍。其意谓英能以特别条件与之妥协，彼尚可间接以助英也。外交微妙，不可意测，但看德国军事进行之迟速耳。外传德有千余架飞机轰炸华沙，则波兰惨亡情形重演于目前矣。"钱端壮（毅南）之言如此。

余又以战事能否速决询诸廖炳辉。廖曰："日人推测此次欧战将延长三年，盖美国须二年后方发动。意大利则以美之态度为转移。英法与德相持均有二年之实力。日本对策约有五端：一对蒋仍用兵；二对俄主和平；三对华北实行统制；四华南或可任汪精卫主持；五对英法或如前次欧战以武力接收青岛先例，帮助中国收回租界。此其大略也。"

先是二月十四日，余与王世澄（君宜）谈欧洲情形。王云："西班牙佛朗哥政府虽赖意大利成立，而英法尚在诱引之中，谓与其博一国之欢，何如联两国之好乎。且迩闻各国有联合将对远东行经济绝交，而欧洲又有六万万美金运存美国，意者欧战其将起乎。”

三月二十四日，余与佃信夫谈，佃询余以中日之问题将来如何解决。余曰：“非经大战后不能解决。欲于大战以外讲一解决之策，殊不可得。”佃亦谓然，且谓经此大战，非日本出一大人物，即中国出一大人物。座旁吴小鲁（子瑜）云：“闻蒋介石尚有精兵二百万，大概非至大战不动员也。”不意至是年八月初旬果有日德意同盟之说。盖日将得德意之援助以“防共”，德意将得日之援助以防英也。

是月十五日，余与张同礼（筱岱）谈此问题。张云：“自国际表面观之，似乎日英立于对锋地位，日、德、意有连络关系。然日、德、意反共协定效力甚小，须有军事协定方有作用。德意请日方加入，而日本海军反对，因欧洲如有事，海军须出动也。故宇垣外相答复德意之请求，只能为精神上援助，不能为实质上援助。以此又招国民之反对，谓日、德、意既成为友好，如何不援助之耶？日之所以拒绝德意者，亦冀英之不联俄也。故俄对英请求协定，英即附条件曰：共产主义不得在东亚宣传。俄不能从，故英俄之协定亦不成立。英之惧俄，犹甚于惧日。日之欲得新加坡、印度也，须出之以兵力，俄则可以主义行之，故将来英有联日以拒俄之趋势，如是则俄又不能不与德意合矣。外交变幻向来如此。英之援蒋者，非真有爱于蒋，亦非真欲扑日也。但欧战以前英有发言权，日本则惟命是听；欧战后，日本则不止不听从英国之命，且自谓有发言权。况自退出国际联盟后，提倡所谓对华三原则，尤无英国置喙余地。英欲恢复其发言权，故不直接与日冲突，而借蒋之矛，攻日之盾，俟日力疲而后出而发言。将来究竟如何，则视日英之勾心斗角如何耳。”张又云：“英之默认日本取得满洲也，冀其与俄直接抵触也。然又于国际联盟通过不承认‘满洲国’案，将以邀好于蒋也。最近日之贴反英标语也，非真与英挑衅，将以邀好于德也。英之就东京会议也，非真屈服于日也，将以试验日之能听言否也。始从天津租界治安之提案见好于日也，继拒现银引渡之提案，又将引第三国（法国）以自重也。汇丰停交六百万镑之新借款，示离蒋以就日也。近又有贸易券发行之说。英美共同出资，又将引美以抗日也。外交之微妙循环，大抵类是。要而言之，白种与黄种之立场不同，而资本与共产之战线不一也。英不敢抛弃援蒋政策者，惧蒋之联俄‘赤化’，中国更无从收拾也。日既不能贯彻倒蒋之目的，故不能不拥汪以缓和。汪之宣言反共者，亦以博英之同情也。”

不意白种尚未与黄种争，而白种已自相冲突；远东问题尚未发生，而近东战端早已动作。日本见九月一日欧战已起，为联苏计，乃有日苏停战之协定。九月十九日，廖炳辉语余云：“日苏之协定，出于德国之斡旋。盖日德本有‘防共’协定，此次苏德订不侵条约，似有弃日就苏之嫌，故斡旋日苏亦订停战协定，以免日因恶德而加入英法。至于德许日以何种利益，外间不可测知。以理度之，无非对日购买军火耳。夫德苏不侵之条约于日有利否乎，世间亦滋疑问。或曰于日不利，或曰德苏合则英法无暇东顾，日无南顾之忧，可以全力对俄。自日苏停战协定成立，日又可以全力对蒋矣。乃中日之问题未解决，而德国北无俄患，既得捷克，又取波兰，大有驰逐中原之势，于是乎而欧战大起矣。”

因世界大战，余又联想及于天津租界问题。日本乘欧战酝酿之际，即拟为援德抗英计，接收英国天津租界。盖中国有银行准备金存在英法两界，日本垂涎久矣。是年六月十八日，余与徐审毅谈此问题。徐曰：“日本如不认识英国实力，目前或可得小利益，将来必受英窘，英之实力仅及地中海，自与美联合则可控制东方。美自离英独立，自以为黄金世界，目无英国，而自英国视之，则如婢女出嫁，得一暴富之配偶者，外重而内轻之。第一次欧战时，美无援英诚意，及紧急时，英以本国军队置前线，以美兵为三岛后方。美曰：‘吾能任前线也。’英曰：‘未受训练之兵，置前线不稳。’卒以此，英美始终龃龉。故美倡门罗主义，英曰不然，加拿大尚英属也，美亦无如之何。最近英见东方问题紧急，英皇自访华盛顿，出席于两院，解释二百余年来之误解，以加拿大与美，使门罗主义得以完全。一方又成英美协定，视英美为一体，攻守同盟。美以大量之钢铁、煤油供英使用，于是而英、法、苏、美联为一团，以之对抗日、意、德而有余矣。意之准备，不过已及十分之一五；德之准备，不过已及十分之四；意德合之，不过十分之五而已。故德与意合，实减轻德之力量也。日本之急急于天津租界者，谓‘满洲国’易于成立者，无租界故，华北治安不易恢复者，以有租界障碍，故欲去此障碍，则以引渡暗杀天津关监督程锡庚（莲士）之犯人为借口，其实意在藏诸租界五千万准备金。夫五千万准备金之关系甚小，而关系在乎英国最近之形势如何也。日本有识之士当已洞然，故租界问题或不致扩大。”

不意迁延三月，九月一日欧战发生之时，日本已预定八月二十日接收英界。英以事急，遣使在东京会议，不久又遭马厂北闸崩溃，洪水滔天。余侄稼滋自津避水来京云：“东京会议处置英界问题，始议治安，次议藏银，已有端倪，英忽变更态度，适马厂北闸崩溃，日租界受祸最烈，如南闸溃，则英界适当其冲，水高者约一丈余，有全家露天在墙垣宿者，夜大风雨，全家卷入水中，漂流而死，情极可惨。水臭秽异常，如北京之二闸。极华丽之汽车，全被淹没。银行保险库内之贵重物品、契据、文券，及有价证券等，尽为河伯没收。电线、自来水断绝。拟用抽水法，须过秋分方能着手，盖秋分前水潮尚大，虽抽无益。日界飞机场及军需品有淹没者、焚烧者，或曰反战派之所为，或曰共产党之所为，外传不一，莫名真相，然英界之检查行人如故。”稼滋以河北省银行职员名义，载眷及行友十余人，停舟候查，历二时之久，饥寒风雨，艰苦备尝，方得放行，亦云苦矣，言之尚有余痛。翌日，建设署督办殷同，派张志远往津放赈，三日回京，语余云："到津视察水灾，车站一带熙熙攘攘，仍是升平气象，毫不见大灾害之惨况。即租界内被水之家，本系楼居，多有架舟出游，背携照相机四处照相者。而夜间仍高烧红烛，摴蒱竟夕，闻有放赈人来，置若罔闻。惟乡居避难之民，露宿道旁，冻饿交迫。以之相形，诚有天堂地狱之别。至此次被水原因，实因永定河泛滥，溢及南运河，由南运河冲入天津近郊之洼地，无可排泄，乃溢入租界。外传有人放闸者，实系谣传。现施排水工作已着手，但潮水尚大，收效稍缓。"呜呼！天灾人祸之相乘，竟如是之惨酷耶。

因天津租界问题，余又联想及于金融问题。日本与英使于八月十七日在东京会议天津租界问题之时，而我国华北联银券及原有法币价格大落，金价大涨。余于十六日，以前之问题询诸胡庆培（伯午）。胡云："维新政府见临时政府发行之联合券价格低落，物价暴腾，其原因由于屏斥法币不用，故不能与法币同价，于是乎维新政府变更其政策，发行华新银行券，令与法币并用，冀可与法币同价。然华兴券不能汇兑，而法币可以作汇。重庆政府恐南中人民以华兴券交换法币，将法币向香港作外汇，则海外准备金必减少，于是变更政策，停止汇兑，故法币之价亦暴落，仅值三辨士零而已。然重庆、云、贵一带仍可照八辨士作汇，但限制极严，非经重庆政府许可不可，故日本占据地内法币价落，而占据地外价格如故。日本初见法币之可作汇兑，曾由天津运六百万赴沪，预备作汇，及停汇，又运回津，故近日天津法币与联合券之交换，不过贴水一二元而已。"余又以后之问题询之，胡云："金价所以暴涨者，由于镑价之高抬，且法币低落，故上海金盘金一两几至五百二十元，而京津登报仅三百六十元者，有价而无市也。暗盘则干涉甚严，金铺几乎停市。近闻购一两金者，须报告其用途及购买者之姓名、住址，每两只许金铺得赢利二十元、工钱二十元。每日有买入者，方许卖出，亦只以一二两为限。近有取巧，只购九钱五分者，避一两必报之定例。然金铺亦不敢匿而不报。此端启自粮行。粮行以高价之米出售，暴得高利益，尽以购金贮藏，故官厅取缔极严也。”九月三日，金仍日涨，余又以后之问题询诸门人徐子文。徐云：“准备战争时期，金价必涨；战争开始时期，金价必落，此世界历史上通例也。”余曰：“准备战争时期，各国竞相储金，以备不时之需，金价日涨，此理甚明。若战争开始，何以金价必落乎？”徐曰：“届时信用薄弱，非现金无从购货，故现金必由库中流出，是以金多而价必落。现在战端方启，尚未扩大，故金价不至低落。”余乃恍然大悟，且以徐子文、胡庆培之金银谈话，均有经验研究之价值，故并记之。

因胡庆培金银之谈话，余又联想及笃社之游宴。笃社之组织，以方兆鳌（策六）、郭则沄（筱麓）为之倡。从之游者，陈宗藩（莼仲）、蒲志中（子雅）、王继曾（述勤）、钟麟祥（星西）、王灵（幼扶）、郭则濂（养庠）、林步随（季武）、程树德（郁廷）及余十一人，皆闽人也。而胡庆培皖籍，以皆为乌石山东文学堂同学，故亦邀其入社。每年春夏，迭为郊外之游。是年八九月间，同游天宁寺、拈花寺，方、郭各有诗纪其事。郭诗题云：

雨后同笃社诸子集天宁寺绿野山房，句云：泥涂绝笑车无輗，塔影迎客彰城西。入门风铃落碎语，野芳随步无町畦。群公爱游各先我，已款青豆执罂赍。出林层构俯众绿，隐见远岫浮畦猕。高秋选菊昔梦到，门外大马红障泥。皇华发轺此首驿，奎光一坠腾钲鞞。毗岚吹梦沈万劫，岂意复共蜂台跻。山房满顶苔雨足，树阴结户摇青霓。竹坨留句客能诵，同座石芝同年为诵《竹坨留宿》旧什。佛灯闪影前踪迷。法身罗汉故不坏，努目睨世如有懠。隋唐故事知者罕，舍利光起惊阇黎。天宁锡名始宣德，先自成祖恢栋枅。写经忏悔出谁手，纸笔不损函文绨。燕飞龙化自天意，何罪十族供醢脔。后来涂衅尽奄秽，迨我纯庙辉宸题。圣言炳炳众所折，缁黄并育犹髦倪。吾侪生晚失全盛，生令余啸思佩觿。丹青瓦砾久相代，道眼观物良可齐。暂时茗意足洗骨，挂瓢安得从禅栖。雨胜旦暮事难料，剧谭未已生渰凄。钟声欲动我径去，双袖飒飒松风携。

又题云：

笃社诸子集拈花寺朗公房，句云：北郭境最偏，净宇翠阴晻。禅翁散紫莲，流照及签赙。朗师我故人，不厌香积噴。轶事话开山，牦牛若微颔。文殊度世心，人禽妙通感。朗公为言，开山辨融师为文殊转世，及牦牛募食诸事。千佛名久湮，毗卢尚深嵌。夙缘记三至，风轮去何寋。既悯佳竹屠，弥惊老松髡。谓盘云松。劫往佛画黩，坐永斋鼓紞。日晏不可留，归藉惜尘糁。

方兆鳌（策六）步郭则沄拈花寺韵云：

东城拈花迹已湮，北城拈花尘亦晻。同炉似分千佛钵，我来颇费考题赙。王孙校录书未成，傅心畬编寺志未成。樨香莫餍众心噴。云房瓶锡后渐多，饭僧问牛牛若颔。道咸随喜盛贵游，骚墨杳焉少同感。荀学斋中八韵诗，壁间不见只字嵌。苍松翠竹经百年，安得阒寂若兹寋。我持此意问风轮，世尊默尔两髦髡。吾侪亭外邀素心，逃俗若加塞耳紞。纪游捧诵归来诗，满目清凉玉雪糁。

又赋天宁寺和郭则沄同年短古二章，其一云：

我初知寺名，颇闻盛在菊。今来寺倾圮，一塔远空矗。补铃赖钟君星西，余韵散山绿。入憩绿野堂，旁探藏经屋。三旬我两至，惯听松风谡。摩挲永乐书，华严古香触。松香宝花之，宝经北寺独。世乱兹获安，问佛佛其福。胜地无古今，我今得三竺。

其二云：

隋唐洎明清，寺本以塔存。雍乾泐碑记，朝士知推尊。流风及同光，冠盖盈彰门。我来续兹会，匪曰争谢墩。访古得幽壤，倡者惟钟君。钟君躭禅人，禅理穷真源。山房饫蔬笋，谈笑温朝暾。意在寺兴复，聊藉逃世纷。得公张以词，贞下其起元。

方、郭年来多唱和，余拙于韵诗，未有和句，实深歉仄。惟是年春游极乐寺，有和王传恭（伯元）四首，略纪游踪，曾录示李蘧庐，姑附记于此。云：

破帽乘风作浪游，一瓯清茗为僧留。僧名灵云。海棠开后丁香放，红紫文官入画收。寺先开海棠，后丁香、文官花次之，牡丹最后开。

流水环阶竹满门，寺有养鱼寺。翩翩裙屐尽留痕。藏园心畬尝携眷游此，有题壁。中官好事传名刹，寺为明御马监太监暨公建。此是香山第一村。碑载寺在香山乡。

养花天气仗春晖，魏紫姚黄长几围。去岁却将春事误，去年阻兵，未到寺。今番准拟挹芬菲。僧言十日后牡丹可全开。

国花堂额署先朝，诒晋风流尚未凋。闻道藏园真迹在，僧言郭则沄云国花堂真迹在傅增湘沅叔所。蛰云松石好重描。则沄每岁到寺有诗，并绘松竹。曾题云："写松如帚竹如毛，莫道人寰纸价高。不值笼纱聊戏笔，风来还恐作飞涛。"

余之记此者，凡以志是年游踪所及，老少咸集，兴复不浅也。

是年，余既访寺僧，话废兴遗迹，又欲得白头宫侍谈故苑逸闻，无意中得两人焉。一为大公主一等护卫赵明立之女，适陈者，家贫，落为佣媪，被雇于苏遇春（杏林）家；一为笠农将军之妇，余之表弟孙彦玮岳母也。余各以宫闱事询之。

陈媪告余曰："大公主者，咸丰帝瑜妃所生，世所称孤鸾公主是。尚鄂王为驸马。府在今大佛寺街西。太后常临幸公主府，令公主与驸马异室而居。驸马苦之，怒则笞公主。其父护卫，环跪哀求不已。别建殿，居驸马，幽闭其中，开放有日期。驸马怒，或呼赵明立曰：'今日殆为启狗窦期乎？曷不速放我出？'护卫恐违西太后旨，犹豫其间，所谓左右为难也。散值回家，辄对家人哭曰：'吾之项领，无日不在危殆间。'"又谈，有日，内传乳媪，谓西太后自己思吃人乳，于是乳媪各以红缎包乳以进，不合意者辄斥去。其实非自吃也，乃宫中私育一子，待乳至急，故有是命。或曰惠王所生。卒为蒙古巴王携往库伦，以遮掩京外之耳目。此亦奇矣。陈媪之言如此，意者其为齐东野人之语欤。

表弟妇为长笠农女，笠农名春，母葵氏，表弟妇为葵隆外孙女。谈其父任陕西都统时[1]，正值庚子西狩之年，德宗驻跸西安巡抚衙门，西太后驻跸陕甘总督衙门，实即都统衙门。时总督驻甘肃，故是署可以容车乘也。扈从一到西安，则检送官眷名册，每日传宣入直。其母葵氏，供奉宫内者将月余，所有皮衣，除羊裘外，无不入贡。王公以下迄太监止，所需衣袜均由各官署供给。太后尤喜库金绣缎，搜索一空。时赵树乔为陕甘总督，岑春煊为陕西巡抚，樊增祥为陕西布政。太后沿路惊惶，夜不安寝，自岑以兵入卫，每夜宿卫宫门，始得酣睡，而对于樊樊山尤为喜悦。官眷入直者，以粮道夫人为止，每日在门帘外候旨，非重贿太监，则高簪长簪一挂帘，则失观瞻矣。尤难者，退朝之顷，须倒退，非得太监照料，则寸步难行。入见则成列下跪，无语不问，应答不符，处以欺君之罪，无不悬心吊胆。而待宫女尤刻，死于杖下者不少。有张大夫，山东人，太后最喜之，间日即请脉，不问其有病与否也。一宫女无意中推门入，太后怒甚。张大夫退朝，即传竹竿。竹者，竹板之谓。叫打，不言其数，太监奉命惟谨，而太后睡矣，及醒，宫奴毙于杖下矣。嗣询其故，或曰，宫人告人云，太后笑谓张大夫曰："吾之待汝，与汝夫人待汝如何？"太后微闻，故置诸法，以灭口，于是宫中人无敢得罪张大夫矣。又有外传一事，不知确否。宫中有所谓黄卷者，即被盖卷之谓，上盖黄龙绣被，无人敢翻动者。每日易班太监，一则挟卷出，一则挟卷入。李莲英尝以其弟卷在黄卷中，朦混入宫，无人敢发觉者。有一张太监，又一梳头刘，与其母至密。母即长春夫人，甚苦入宫，或站立听训，久则宣旨："汝可歇歇。"所谓歇歇者，即下跪也，非赐坐也。惟有赂于太监者，散值时，则太监可请其他他。所请他他者，即休息于太监所居之小屋。居月余，长春不堪赔累，乃力恳于荣文忠、鹿文端，为之求调，允与

① 长春，时任西安副都统。

成都都统恩崇［存］对调。[1] 请训时，命将四川勤王之师三百名带回成都，不久即署成都将军。长春盖与荣、鹿两军机为同谱兄弟也。长春夫人又语余云：太后喜地坑，陕西无此设置。有日，传夫将陕甘总督衙门布设地坑，募夫正值烧爨，忽而墙崩，死者数十人，太后颇为矜恤。而翠华莅止，物价暴腾，不解何故。至后赴成都，则不知其详。又云：初次见太后，备述沿路拳民乱匪情形，言之泪下，罗巾尽湿，于是饥饿者数日矣。入怀来界，吴永贡食品甚甘，询厨者为谁，挈之赴陕，充御厨。长春，满洲人，召见时既诵汉文履历，又诵满文履历。太后以其满文甚佳，令其授大阿哥读。长春以内奉甚费，恳荣、鹿两军机，求恩免其差使，诏从之。

彦玮，长春女夫也，语余云："子欲闻宫中事，我可与谈德宗宾天之经过。德宗得病时，庆王力保力钧（轩举）入诊，病有起色。西太后闻之，怒曰：'谁医愈乎?'太监以力钧对。太后曰：'力钧尚未死耶?'力钧闻此语，知旨意不佳，即请假，不复入直。太后病重，而德宗亦病，周景涛（松孙）奉诏入诊，脉甚平和。翌日入诊，脉大变。德宗语周曰：'汝曷打我乎?'周曰：'皇上脉大动，臣稍重按耳。'德宗曰：'顷服此药，与汝无干，朕知之矣。'松孙退，不久即闻驾崩。翌日，太后亦崩。外间之有传说，无怪其然也。太后无论何省口音，均能辨识，告力钧（轩举）曰：'汝之口音在张亨嘉、陈璧之间。'"轩举为彦玮兄嫂之兄，其所述当确，故志之。彦玮夫人又谈太后二轶事，一则太后有日赴颐和园，头梳十八盘髻，盖汉妆也，身穿某督所贡之珍珠衫。惇亲王闻之，颇不谓然，亦自盘其辫，身穿半臂，蹲在颐和园门口，不令入园。太后不得已而回銮焉。惇亲王，世所称为王爷，咸丰帝之亲弟，太后颇严惮之。又有日，太后扮青

---

① 光绪二十六年十月，恩存由成都副都统调西安左翼副都统。

蛇，令宫女扮白蛇，李莲英扮许仙，在颐和园昆明湖上拍照，嗣为御史所参劾。然各家笔记鲜有及此事者，故彼妄言之，余亦姑妄听之而已。

是年，余家人口尚平安，惟有牢狱之灾。六月间，次儿务滋以代人经营大旅社事，被羁警察局者十九日。王洪林曰："祸未已也。"果而，九月间，务滋长子以亮，余之长孙也，以失盗事亦被羁警察局者一周。中间连办四喜：树滋、念滋均续胶弦，廷俊许字钱宅，冬又为冰心夫人办六十双寿，所费亦不赀矣。幸以俭约，尚可维持。且以所赢，凿井一口，盖预计将来水源一竭，专恃自来水或有不继时也。耕凿本三代遗制，余辈既不能耕，而每月水费须十余金，岂可不为之计哉。

民国二十九年庚辰，余年六十二岁

自去岁十二月三十一日，樱井正藏告余南京政权明年三月可成立之说，余亦日盼其有成。一月十日，晤苏遇春（杏林）一谈。苏云："汪精卫急于上台者，以日本将于五月内撤兵也。"徐润之亦云："日本急于撤兵者，以日美商约停止之后，极感困难，故拟先撤华南、华中，而暂留华北未撤。此固国人所闻之而欣慰者也。"不意一月二十一日，高宗武、陶希圣乃在香港公布汪精卫与日本所签定之调整中日国交协定，其严酷实在"二十一条"以上，脱离"近卫声明"，而将中国变为日本属国。要点如下：一、中国承认"满洲国"；二、中日"经济提携"；三、华北与蒙疆为国防上、经济开发上之特殊地带；四、承认扬子江下流之日本经济的优越，及对华南沿岸一定岛屿之日本支配的地位。又最重要之条项如次：一、承认华北、蒙疆驻兵权，扬子江、华南沿岸一定地之驻兵权及军舰常置权；二、日本军驻屯地域保留对于铁路、航空路、邮政、电信、重要港湾、水路之要求监督权；三、右地域内中国军队、警察装备设施，须为最小限；

四、新政府赔偿日本人所蒙之损害；五、日、“满”、华缔结资源开发、关税、通商、航通、交通、邮政之协定；六、华北蒙疆及其他资源开发利用上，与日本以便宜、特典；七、日本于新政府置顾问；八、为助长日“满”通商，采用适当之税制与税率；九、日华协力再建新上海；十、临时政府设置有广范围自治之华北政务委员会，维新政府则融合于新政府；十一、承认蒙疆广范围之自治。高、陶公表后，以副本送重庆，并电汪曰：“勿再为日本军阀伪瞒［满］利用矣。”然二十五日，周佛海又代表汪精卫谓，高、陶所发表之内容，全属捏造。然余意度之，虽不中，不远矣。

三十一日，晤张同礼（筱岱）云：“青岛会议决定以王克敏（叔鲁）为南京新政府监察院院长，兼华北政务委员会委员长，梁鸿志为立法院院长，王揖唐为考试院院长。然则中日和平之希望未绝，而中央新政权成立将在目前矣。”不意迟延两月，至三月十五日始闻苏遇春（杏林）云：“新政权于二十一日可成立。”林季武（步随）亦云：“二十日将先开政治会议，决定人选。”盖因苏俄芬兰协定已成立，恐俄将有事于东方，故不能不为之备。及期仍未成立，但由南京来电云：“中央政治会议已决定，于三月三十日成立新政府。”此苏所告余者。中央政治会议，华北派员出席参加者若干人，朱深（伯渊）亦参加之一人，其回京告人云：中央政治会议开会时，汪精卫主席，请众静默三分钟，纪念孙中山先总理。有国民党以外之委员则起立曰：此国民党仪式也，今已打破一党专政，不必拘此仪式。汪亦无如之何。又云：开会时，二门以内实如报载，无一日本人旁听。然二门以外，则尽是日本新闻记者。至谓悬挂青天白日旗，在南京尚未闻有反对者。此钱端壮（毅南）所转述以告余者。王宗荪云：“华北日军将领反对青天白日旗甚烈。近有人主张于青天白日旗一角加一五色旗。以此之故，续商未定，故新政权成立之期，又推至四月十五日举行。”钱毅南又云：“有人言，南边广播谓，汪精卫到沪，首谒西尾大将而握手，此为理所当然。到南京即谒中山陵，而痛哭失声，此又情之不能自已者。”王传恭（伯元）云：“窃闻西尾大将亦拜中山陵，此诚可为中日亲善之表示矣。夫中日既亲善，则何必斷斷乎国旗之争。中山陵可以重拜，青天白日旗何以不可复用乎？此诚不可解之事。”岂知南京日本军阀急于回复和平，故勉从汪请，可以恢复青天白日旗。而华北日本军阀认定华北特殊化，故反对青天白日旗。

三月二十七日，苏遇春（杏林）语人云：“四月十五日新政府成立，华北当局预备于天安门开庆祝大会，而军部送来五色旗九万具，南京则电饬用青天白日旗。王克敏委员长甚感从违之不易。”余曰：“此和平不彻底故也。”

乃未及待四月，而南京又提前三月三十日成立中央政府，因命名曰“国民政府”。是日，各校放假。余时上街，见国旗极不一律。以余所见者，日本工商会、新民会悬五色旗，从日本军部意也；建设总署悬青天白日旗，依中央政治会议议决案也。其余两家办喜者，均悬五色旗，则民心之趋向可知矣。翌日，王述勤宴余及李宣威（律阁）等于东兴楼，座上谈街上国旗胡为于青天白日旗上加“和平反共”四字？郭则沄（筱麓）云：“吾倒视之实共反平和也。”座客大笑。律阁新自南京回，有询以南京近况者。律阁曰：“有对联云：‘孟光夹姘头，梁鸿志短；宋江打败仗，吴用威收。’下［上句］嵌‘梁鸿志’三字，谓维新政府行政院院长与汪合作也。下句嵌‘吴用威’三字，因吴为行政院秘书长，将因改组而去职也。”律阁又谈，王克敏（叔鲁）于三月二十七日到南京，求见汪精卫，先告褚民谊。褚曰：“汪先生忙甚，明晨在中山陵上可一面乎。”律阁曰：“王未必上中山陵。”褚曰：“晚间餐室亦可一谈也。”卒不获见。二十九日开政治会议，导者请王签名。王曰：“可将就席矣。”曰：“又须掣签。”王曰：“我不掣，将如何？”褚曰：“不掣无座位。”王曰：“我可退席。”褚乃告汪，汪出转圜。王曰：“青岛会议岂非议定由阁下及两政府共同召集乎？当然以汪、王、梁三人为首席，如何位我于普通议员之列乎？”于是乃另定座位，而后开会议。先是二十八日汪传令南京市长高冠吾，请各委员于二十九日开会前先行谒陵礼。众多不愿往，乃定为二十九日谒陵，三十日自由参拜。届期惟王揖唐邀律阁同往。到陵，王告律阁曰：“吾此行不能不有所牺牲矣。”律阁诘以故，王曰：“汪、王摩擦太甚，吾不能不俯就考试院以调和之。今日之拜陵，余之不得已也。但最好仍留华北内务总署督办，否则仍予以华北政务委员会常务委员，乞转达王叔鲁何如？”律阁曰：“三个月后仍还京为督办，则当然兼常务委员矣。此何亟亟者？”王揖唐仍挽律阁言之，且曰：“朱深（伯渊）并无督办，何亦得常委乎？”律阁曰：“即因其无督办也，故以常委偿之。”揖唐曰：“无已，其为我留华北防役委员会委员长乎？”律阁曰：“唯唯。”究亦未达于叔鲁也。国之将亡，而热心利禄者仍纷争不已，即南京内部亦不一致。

日本军部颇不谓然。故四月七日北京报上忽有青年党宣言，表示反汪态度。其开会地点在展怀园。夫展怀园者，日本军人俱乐部也，其背影必为日本军人所授意，不然报上岂任其雌黄耶。然翌日而汪竟翩然北来，以考察华北名义，住勤政殿，门庭如市，各督办均趋之若鹜。余曰：“此诚大丈夫得志之所为也。”余友邓萃英（芝园）告余曰：“否否。西南各省家家鸠资，为汪铸铁像，谓其伦理道德丧尽者。何也？既倡焦土政策，又说和平运动，较秦桧一味言和者尚逊一筹。”呜乎！汪精卫亦自苦矣。四月二十五日，钱端壮（毅南）语余云：“外传汪精卫语其左右云，如阿部大使此次条件和平，则将亦可还都，否则过于苛酷，吾将自杀以谢国人。”余曰：“否否。汪则八面玲珑人也，始曰焦土政策，今曰运动和平。”邓芝园谓：“其人生最低限度之伦理的道德丧失尽矣。夫道德丧失之人，肯自杀以谢天下乎？其不为张作霖第二者幸矣。满街悬彩庆祝还都，余恐其与阿部大使握手之下，又是跳入火坑之时。此次阿部大使带来随员二十四人，各门技术人才均备，我国止以汪精卫、褚民谊二人应付之，未闻有参与外交之人，则国交之调整专视此日方之二十四人。昔杜威谓，中国虽大，只须有二打之人即可统治者，殆即此意欤。”

余接高等商科职业学校通知，四月二十六日教职员须齐集太和殿，庆祝还都。夫中小学教员不忙于上课，而专忙于开会、听训、庆祝，如官场中之迎新送旧，是曷为耶？世多莫名其故。余曰，是黑幕弹也。南京正在调整国交之际，使智识分子但见为可喜，不见为可悲耳。汤尔和为教育领袖，颇解此意，不得已随众放假一日，并不令教职员到太和殿庆祝，较余晋和稍胜一筹。然余晋和亦听人指挥，非其本意也。先是二十四日，王克敏亲临太和门训话，无非以亲日反共一套常语，劝令教职员十分认识。不准穿大衣入门，防炸弹也。然有因无衣得寒致病者，女生喜短袖，今日尤受苦。不到者以缺席论，余即缺席之一人。

还都之庆祝遍于华北，盖有类于普天同庆，然而苏北则不然。五月一日，苏北专员公署秘书长陈观甫来京云：“苏北专辖十七县，不归南京管辖，虽许悬青天白日旗，然时务机关长告科员以上人员云：‘不许与南京政府中人生关系、通消息。’盖徐州、蚌埠一带为军事要点，将留为缓冲地，故苏北之视南京，犹秦人之视越人也。即以南京言之，党由党外之人，亦犹秦越人之视肥瘠。同党者居膏腴之地，不同党者，虽设置机关，派定多人，终不给经费，听人自去。以此之故，反汪势力愈大。”

五月十六日，王继曾（述勤）告余云：“近来支持汪精卫之声渐息，王克敏见机而去，有月底赴日之说，西尾大将不许之，或将之青岛逭署也。”林志琇亦云：“然。夫汪精卫为和平运动首倡者，组织政府甫两月，而何以反汪之声遽起乎？党派之纷歧无论矣，其最大原因，则日本改组内阁以后，以米内继近卫，故近卫和平之政策不能行也。”

以此迁延两月，中日局势又略转机。七月十七日，王传恭（伯元）来谈，谓最近英国封锁缅甸援蒋道路，将于是月三十日内要请日本与蒋政府直接媾和。日本又有以近卫公继米内首相组阁之说，盖新体制将达成熟之期也。所谓新体制者，解散各党而成一大党也。近卫为和平运动与汪合作意者，近卫之三原则今其可实现也乎？近卫非徒与汪言和而已，将进一步而为全面和平，盖将实现其南进政策也。英亦以东顾无暇，勉从日本之请，封锁缅甸运输之路。然美认此与门户开放主义有碍，故有第四次扩军案通过于上下两议院，而完成之期则在一九四二年。然则世界问题目前尚未有彻底解决之希望也。

七月二十日，江朝宗之孙理中，余之门人也，自东京回，余询以中日之问题。理中曰：“近卫公本拟组党成功而后组阁，乃党未完成，而遽有组阁之命。大抵外交有变化，而经济感困难也。或曰南京交涉，汪不允签字，以其有违近卫公三原则也。或曰日将南进，加高国防，尤须统制经济，而财阀对于米内首相不允援助。或曰近卫为亲英派，近有与英提携压迫重庆言和，以便将其余力略取东印度支那一带。此皆外间拟议之词，究未明澈其真相。”理中之言如此，中日尚无解决之良善办法可知。

汪精卫填《满江红》一调云：

一夜秋声，搅起我，愁肠千结。空凝碧，故人已矣，青燐碧血。魂梦不堪关塞阔，疮痍渐觉乾坤窄。便劫灰，冷尽千万年，情犹热。烟欲敛，钟山赤，雨过后，秦淮碧。似哀江南赋，泪痕重湿。邦殄更无身可赎，时危未许心能白。但一成一旅起从头，无遗力。

观此，则汪抑郁愤激之意，尽流露词句间矣。盖自两月间，汪与阿部磋议中日条约，软磨坚砥，几费周折，至八月底方有成。九月七日，姚国桢（幼枝）自南京回，余于江朝宗座上遇之。姚云："中日调整条约，须各经两国国内手续后，于双十节公布。日本拟交枢密院，中国拟交立法院。其可以出示国人者，在表面上当是冠冕堂皇，但有无附件及细目，则不可知。只闻条约签定后，特务机关及各县特务班均可撤退，惟华北特殊情形作为例外。然得此结果，汪已焦头烂额矣。"九月十三日，周秀峰自徐州回，语余云："南京气象不佳，汪精卫一日停脉三次。性急，逢人即怒骂。各机关无事可办，尸位素餐而已。还都时购用器具，耗一千七百万。以此，中外俱不信任之，故中央银行亦不得设立。周佛海财长自创浙江兴业银行，颇招人议。陈公博谓，重庆政府有藉国难之各为敛财机会者，我辈岂可口唱和平，身怀财货乎？盖指周言也。"南京残破之后，一息方苏，当局者不思所以休养生息之道，而尚欲剥其膏，敲其髓，吾民何辜，罹此惨虐乎。余闻诸孙彦玮表弟云："南京陷落之前后，死者四十万人，此为太平天国后第二次再逢之浩劫。其死之人数，红十字会所调查也，当亦可信。现则秩序稍稍恢复矣。惟金融尚不甚活动。盖华兴银行虽为发行机关，然不似银行性质，惟各征收机关非华兴券不用，故人民欲纳税者，须以法币购华兴券。每法币一百四十元，方购得华兴券一百元，是等于加税四成。华兴银行即将纳税之券缴库，作为发薪之用。然市面不能流通，又须以华兴券向华兴银行换取法币，每百元华兴券可换法币一百三十五元，是无异得一百元薪水者，可多得三十五元津贴，一转移间，而华兴银行坐得五元余利。开办以来，不营别项事业，已得赢利一千余万元。以实质言之，此不得谓之营业余利，谓之国库收支之余额可也。"汪精卫恃此宝库为周转，国民政府赖以支持。

至十一月三十日，乃见《中日调整条约》之完成。是日报载，上午十时三十分，汪精卫与阿部大使签订中日条约。又由汪精卫、阿部大使与臧式毅签订中日“满”三国共同宣言。是即中国承认“满洲”独立之表示也。故报谓，是为卢沟桥事变以来历史的之划时期，且看将来之发展如何乎。

中日条约既已在南京签字矣，可再述华北之情形。华北特殊化，为中日条约中重要之一条项。华北究如何特殊化乎？一月九日于报上略其端倪，传闻其大纲如下：一、设特殊政务机关；二、中央税虽归诸中央，而建设所必需者仍应支付；三、外交保留与日“满”直接交涉之权；四、在纯正国民党三民主义未改正以前，实行新民主义。此在未签字前外间所流布者。

及一月二十四日，余晤江朝宗，谈此次西尾大将特来华北视察，传见华北政务委员会委员长王克敏及各部部长，将入客厅时，令各自报名排列而入。汤尔和以此气愤得病。此即孟子所谓：“赵孟之所贵者，赵孟能贱之也。夫人何乐于为赵孟所贱乎？曰：为其多得财也。”

华北之最易得财者，无如运土。二月二十日，江朝宗语余：“当局以飞机运私土三万两，被日本宪兵队发觉，近颇丧气。加以第八路军之猖獗，防御无方，故去志尤切。”四月二十八日，六弟景桢（干如）自保定回，谈顺德一带第八路军势极炽，中央军来四团不足以压之。其战策不取城池，止从民众下工作。齐燮元（抚万）之所谓治安军者，招募甚难，恒以大车将工人麇集载去，欺之曰：“我亦招工也。”至营，告以当兵。工人均骇愕欲逃。故今之为营官者，能看守其不逃，凑足军额，已为难事，奚暇言训练哉。何也？人民喜当工不喜当兵，月仅二十二元而日邻死地乎。且关外之来招工者，日有徒也。余笑曰：“昔常言化兵为工为上策，今何乃化工为兵之急急耶。”

至五月间，王克敏去志益决。十九日，晤江朝宗，谈南京提出后任三人，一江朝宗，二曹汝霖，三王揖唐。外传有梁鸿志、齐燮元之说，不确也。然以余所闻于王炎（辑亭）者，汪曾嘱陈文运对靳云鹏（翼青）及曹汝霖二人劝驾，未闻有江、王之说。而松冈中将则确曾一度访江，劝其出山。江曰："余老矣，无能为矣。"迄六月一日，遇廖炳辉，余以政治之变化情形询之。廖曰："南京公电已到，以小王接大王。今将于五日发表。其所以迟迟未发表者，人事问题也。大王去职原因，一在运土，一在操纵法币。运土罪犹小，操纵法币盈余之款均存天津租界银行，尤为不宜。盖以最高当局为破坏金融之事，自行摇动华北基础，咎莫大焉。大王既去，胡为以小王代之乎？小王所以报宿憾也。小王本不欲就南京考试院职，而大王非自兼内政部部长，不甘心焉，故遣其称为夫人之小阿凤，奔走于殷同（桐生）、汪时璟（翊唐）之门，使其为小王游说。名为内升，实则外斥。小王为报复计，知大王得资八千万，中外均不满之，乃于汪精卫提出周佛海，大王提出梁鸿志不能通过之后，亦遣其称为夫人之老阿凤，辇金赴南京，拜陈璧君之门（汪精卫夫人），为小王说项。故南京、东京均有呼应之势。然南京提出四署易人之说，小王亦慨许焉。所谓四署者，财政、治安、实业、建设是也。建设之殷，财政之汪，本小王之敌，小王亦欲去之，然而日方不能如其所请也。大王且运动其嫡派纷纷辞职，以困小王。惟余晋和市长升内务督办，尚可通融。此次更迭原因，尚有一内幕，日方欲华北以明令任日人为官吏，大王坚拒，小王曰：'日本是同文同种之邦，共同服务有何不同？'故有以小王接大王之说。究竟此数日内有无变化，不可知也。"嗣闻东京电到，全体督办果辞职。而森冈滋不悦，乃以电示各督办曰："此非可儿戏也。"乃令王克敏、王揖唐宴各督办，而督办无一人至者，两王以告森冈。森冈益怒，乃由森冈宴两王及各督办，于四署均不更易条件之下，各督办仍蝉联，王揖唐乃就华北政务委员会会长之职。王克敏飞往青岛去矣。王克敏所与之狼狈为奸者，喜多联络部长也。森冈不以为然，故喜多与森冈向东京政府彼此互参揭也。外传森冈败而喜多胜，故或以为王克敏尚有续命之汤，王揖唐未必有弹冠之庆。今大王来，小王去，则森冈胜而喜多败，昭昭若揭矣。王克敏之辞职照准，见于六月七日之明令。翌晨，王揖唐即就职云。（是年十二月三十一日乃有“防共”委员会之拟议。）

南京和平条件之成立及华北政治之更迭，既如前所述矣。是年，欧洲形势如何，亦有足述者。五月十六日，钱端壮（毅南）来谒，余以欧事询之，钱曰：“第一次欧战，英法与俄意合，故取包围政策，德国无从发展。此次意守中立，俄则与德分赃，故英法势孤，且各小国知国际联盟无用，英法向不以实力援助，故亦对之离心离德。是以德国攻破荷兰后径入比利时，今且由比利时攻击马其诺要塞矣。要塞破后，可渡河而问津于法。俄方有事于西方，实为日本造机会。俄在西方所费无多，所得甚大，何必急急于满洲。但俄德分赃不均，将来俄德有无冲突，亦一问题也。”乃言犹在耳，而法果不支。六月二十二日，德法竟签停战协定矣。法非一败涂地，但欲留余力以待将来耳。德之姑纵法国者，将以全力对英作战也。德欲攻英，不能不求助于日，日于是对德提条件。八月十一日，林少英语余云：“日本对德要求以安南、荷印让日，日可助之攻英。然德则谓安南法属也，荷印荷属也，法及荷兰既归德支配，二者实不可分离者也，故日本近有反德倾英趋向。外交有利害无道义，岂不然哉。德经年余之战争，虽略地不少，而其国内经济能否支持长期战，亦留心时事者所宜知也。”十二月六日，余遇张竞仁（心谷），以此事叩之。张云，其子留学德国，被战事所阻，未能回国，其来函云，德国生活尚安定，物价并不高，但米、麦、棉布均归统制，日有限度，牛羊肉均供军队用品，普通人家只能得鸡鸭，而中国学生则能得鸡鸭之肝肣而已。德国人不食蟹，蟹只供肥料用，而中国学生则可恃螯大嚼。余又闻之，德国所缺乏者茶耳，故近以小麦炒焦代茶者有之。水果亦缺，惟小孩、病夫、孕妇可得配食，以水果最含维他命也。所异者，丝袜、棉、丝绒亦不足，妇女多赤足以从事。惟自制胜法国后，巴黎之丝绒捆载而去，军人则邮寄其妻女与爱人，邮局堆积如山，有日不暇给之势。此最近德国战时经济之状态也。

是年，政治之变迁，亦影响于古学院之组织。一月二十二日，与武田熙谈经费事。武田以为出版物补助金可向兴亚院要求，若寻常经费，则以由军部补助为宜。何也？军部不必拘常例办预算也。余以倚赖他人终非善计，故至三月二十一日原有之经费既经停止，乃于四月间公议维持结束办法。周肇祥（养庵）与寿玺（石工）主张不同，江朝宗院长出而调停，以余款四千金为职员遣散费，余则暂予维持。至五月八日，张燕卿副院长允担任遣散费，而余款留为改组后维持之用。至五月二十七日，乃提出修改章程案，余主维持现状，毋庸修改，卒不通过。盖是时政局有变迁，尚冀政府能维持之也。

是年拟为长女廷俊办喜，因浼唐玉书（宝森）择吉。唐曰："旧历八月为宜。"以此通知钱宅，而钱姻母钮氏欲推至旧历十月。其理由谓，姻翁孟材于二十七年六月十九日仙逝，计至今年六月方大祥。大祥之后，尚有三个月葬服，故十月方能举行。余因据《礼经》以告唐玉书（宝森）云："《礼经》云：'一期而小祥，再期而大祥。'盖二十五个月也。《礼经》又云：'间而禫。'疏云：'间者，间一月也。禫，祭也，非服也。'孟材故于二十七年六月十九日，至二十九年六月十九日已大祥矣。以满日计，实系二十四个月，以月分计，乃二十五个月也。又间一月，至七月十九日满期，二十日可举行禫祭，二十一日以后大事毕矣，故八月举行非违礼也。且物价日昂，世变日亟，而八月又在暑假中，气候亦好，礼缘情生，礼既无违，情亦当尽。"然钱姻母仍以余哀未尽为言，故延至新历十一月一日为于归之期，盖即旧历十月二日。而余妇陈夫人六十晋二，前三日也（余妇十月初五日生）。因定三日回门，四日会亲并演剧，为陈夫人预祝。惜因雨停演，天公殆将留有余以赐夫人乎？王谢家同年（癸卯四弟同年）寄示《花烛词》八首云：

华堂日暖绮筵开，孔雀屏连扇影裁。今夕仙人谁第一，早缘红叶托良媒。

梅花乍放小阳春，吉期为十月十一。箫史吹箫学凤吟。本已潘杨为世好，更今羊邓是平亲。

倭坠新妆掩映红，何郎轻扇句尤工。从兹嘉耦传嘉话，多谢蹇修是何翁。姻事始终主持，皆由石芝一人。

彭籛家世前修绍，苦县门庭后泽延。今日良辰谐凤卜，碧云飞下两神仙。

早向金闺著艳名，丹青妙绘宛如生。自从绛缕前番系，一语心盟缔已成。

花间蛱蝶间相逐，水上鸳鸯暖共游。除却亲亲亲爱侣，更谁携手过河洲。

青鸟传书日几回，天台近处好琼台。雀翘上后妆尤艳，雅称东床玉润才。

乐奏房中谱二南，桃华桃实义同探。传家经训仙家裔，并播名闺作美谈。

诗中谓“多谢蹇修是阿翁”，盖纪实之言，廷俊姻事，确为余与毅南极力主持也。

是年，余在林下，家居无事，日与廷俊、毅南闲谈外，亦多以诗章自遣。晤杨钟羲（子勤），询多阅何人诗集，以《明诗综》对。杨曰：“李越缦亦从《明诗综》入手，汝弟诗甚佳，子可勉为之。”余将是年之拙句附录于此，以为六十二年回忆之结束。

一月三十日题云：

> 己卯醉司命前一夕，同廷俊、毅南赏蜡梅云：一笑且商司命醉，千金争赏满栏香。姑溪元夕依稀似，与子同赓端叔平。

二月二十日题云：

> 庚辰正月，同周自德、钱毅南、廷俊夜饮，偶赋云：水仙一尺色香娇，剪采如看绛蜡烧。白屋梅花逾艳雪，华堂灯火近元宵。樽前笑语酡颜并，宦后年时秃发凋。相约春来兵静日，踏青郊外访淦樵。

三月七日题云：

> 夜半不寐，偶录《王批铃山堂诗选》，有赋云：
>
> 篇中无数纪恩荣，所欠安妃拜蔡京。一领青衫归去也，见《山录序》。钤冈回首更何情。
>
> 弹指华严楼阁开，许多神韵笔端来。论诗早喜中书死，跋尾犹怀褚彦回。

访松我亦过慈仁，欲觅书摊不见人。归读冶春词欲泣，可怜病足竟伤身。怀黄秋岳。

乡人不免阿前辈，冠以文忠太岳章。此是分宜精选版，剑桥池北继珍藏。剑桥亦江西人。

盖此书为许造时（剑桥）所得也。余以拟题四律，就正于余友方兆鳌（策六）同年。方易荣韵，为“朝天殿里纪恩荣”。易回韵云：“论诗且置谈龙录，两代骚坛各异才。”又易第三首云：“访松我亦过慈仁，莫觅书摊况故人。如例冶春诗句在，一回归读一伤神。”易第四首云：“遗笺太岳自堂堂，冠以文忠出自乡。珍重分宜精选本，剑桥池北两书仓。”

二月二十七日纪事云：

老妇在我侧，妮孙依我旁。鼾睡声相应，我醒独彷徨。窗外群籁息，惟见明月光。侧聆漏三下，知是夜未央。披衣起趺坐，移灯就我床。偶翻诗一帙，我爱孟襄阳。明主虽遭弃，鹿门有故乡。人生贵自得，何事名利场。

二十八日，钓鱼台公祭陈文忠，寄呈黄墨园、刘午原云：

今朝修祀事，又是集群贤。节后清明过，池亭景物前。楼怀沧海趣，集比义溪传。旧侣黄刘别，江南春雨天。

二十九日，述怀示方策六云：

一枰棋子一番新，人海王城且隐身。老境须全护膝志，平生不作折腰人。口甘粗粝能安命，家有诗书岂怕贫。出处有如嵇叔夜，何愁三什面生尘。

三十一日早起，偕廷俊在适园看花云：

园亭新扫净尘埃，红杏丁香次第开。此地恰宜亲戚话，门前无个俗人来。

暑夜偶赋云：

桃笙未布帐笼纱，浃背终宵透汗花。日昃女奴呼不起，老夫无事亦无衔。

四月一日，王伯元来言，李蘧庐得余诗，辄抄存，赋此戏之云：

恶诗自古怕人看，何事篇篇付写官。我见桓温休敢犯，君知殷浩乞相宽。

三日，偕廷俊、毅南在稷园水榭看杏花云：

芳讯年年说大工，一从乱后路难通。城中城外春依样，岸北岸南花正红。似锦榆梅同映日，如丝杨柳恰迎风。一杯清茗联清话，个个人都在画中。

又看梅云：

渐暖无须纸作房，十分透出好春光。半开半落情尤艳，小立如闻雪海香。

四月九日，由长河至极乐寺，途中所见偶赋云：

经过杨柳岸，止听捣衣声。日射波微闪，风翻浪最轻。村夫歌且答，市贩止还行。废磨堆林荫，耕犁趁午晴。隔墙桃尽放，连陌草初生。虾比城中贱，鸦依树杪鸣。为寻丞相墓，遍走旧都城。入寺僧长揖，禅房花木清。

同日，吊张培英女士坟云：

却因营葬费商量，为汝辛勤为汝忙。夜夜魂依无影塔，年年祭设国花堂。得兹且厝将枯骨，到此应无不断肠。惆怅墓门愁万种，纸钱烧尽又焚香。

十七日，极乐寺候毅南、廷俊不至，题壁云：

一春几日闹繁华，引得狂蜂醉蝶哗。待客不来天欲暮，一僧伴我看飞花。

八月十八日遣怀云：

阮籍途穷命不齐，乐天任物醉如泥。自知下酒无长物，一卷汉书一只鸡。

又前院乘凉云：

读罢唐诗恰晚晴，回廊帘卷寂无声。朱楹碧瓦疑宫阙，冰碗籐床似水晶。槐树檐前蝉独噪，薜萝墙外月初明。解衣高卧凉飔至，避暑何须到九成。

又寿四弟六十双庆云：

每望南极寄遥思，闻道矍中兴不衰。万里山川都入画，半生囊橐尽藏诗。何年共剪同窗烛，此日皆成两鬓丝。妇馈夫耕偕老隐，年华百二乐天机。

右臂痛，偶赋云：

万事都从比例观，求全谁乐赖偏安。河山半壁成枯槁，纲纪千钧岂坠残。尚欲一挥回浩劫，讵能只手挽狂澜。箪瓢陋巷吾如故，所惜肱为曲枕难。

又落齿云：

菜根啮尽尚穷愁，世味深尝六二秋。倘使早知刚必失，须防老至落先摇。相依唇齿今安在，却为龃龉不自由。己卯庚辰曾脱二，好将词句比王周。唐王周有落齿词，中有己卯至庚辰句，余己卯落一齿，庚辰又落一齿，恰与相合。

凡余所吟咏，姑以写怀而已，工拙在所不计也。若夫雕绘章句，风云猥琐之悦人耳目，则尤所不取。

是编名为《六十二年回忆》，于此暂告一段落。天假之年或至于七十，或至于八十、九十，或至于期颐，余当有所续陈焉。

孙洪伊年谱简编

谷小水 编

说明：孙洪伊（1872—1936），字伯兰，天津人，晚清民初重要的政治活动家和政论家。晚清时期，因办学成绩突出，当选直隶咨议局议员，领衔发动国会请愿运动。民国建立后，与梁启超等合组进步党。洪宪帝制中坚定反袁。1916年任段祺瑞内阁内务总长，旋因府院之争离职。1917年护法运动发生，矢志追随孙中山，自此成为孙中山革命事业的重要合作者。孙中山逝世后，逐渐淡出政坛。1936年于上海病逝。

有关孙洪伊的专题研究甚为少见，研究状况较为薄弱。年谱搜集利用报刊、日记、信函、资料汇编等多种材料，比较细致地勾勒了孙洪伊一生事功的主要方面，为孙洪伊以及晚清民国若干重大问题的研究，提供了有益的补充。

1872年，出生

农历十月十七日出生于天津城北北仓村，祖籍浙江绍兴。

先祖于康熙年间移居天津，以教授武艺为生。曾祖辅臣改业，在北仓开设辅成号油房，自此家道日渐充裕。父孝曾，母王氏，生三男二女。洪伊居长，原名洪仪，后因避溥仪讳改名洪

编者：谷小水，中山大学历史学系副教授。

伊。（孙玉枢：《孙洪伊生平事迹》，《天津文史资料选辑》，第 37 辑，天津人民出版社 1986 年版；陆乃翔撰：《孙公洪伊行状》，《河北月刊》，第 4 卷第 10 期，1936 年 10 月 15 日）

1881 年，9 岁

入乡塾，从同邑孝廉刘士瀛先生学。

“生而资禀颇钝”，读书不易上口，然为学勤勉，用功倍于他人，“每极倦时，引水洒面，用作兴奋，手不释卷，恒至夜分。久之豁然开朗，能为文章，气象弘强沉毅，见者咸以大器目之”。（《孙公洪伊行状》）

1891 年，19 岁

娶天津北门里曹克钟孙女为妻。

曹克钟（1826—1896），字荩臣，曾任甘肃提督。直系军阀曹锟发迹前，与曹克钟攀论同族叔侄关系，是故孙洪伊称曹锟为姻丈。曹氏早卒，后续娶李氏。（《孙洪伊生平事迹》；高耀宽：《孙洪伊年谱》，《北郊文史资料》，第 1 辑，1988 年）

1893 年，21 岁

受业蒋冶亭，智识大开。

蒋冶亭，字香农，为学在朱陆之间，不立门户。授学之余，辄讲谈国政民生之学。日相亲炙，学问益进，“一生之气节事业基础皆植于此”。（《孙公洪伊行状》）

1900 年，28 岁

八国联军焚掠，孙家遭遇重创。

是年夏，八国联军入侵天津，北仓一带惨遭洗劫，孙家十之七八被毁，洪伊之弟仲华为法国侵略军击伤不治而死。奉母避难

归家，见满目疮痍，痛感清廷腐败已达极点，遂生民族思想和国家观念。(《孙洪伊生平事迹》;《孙公洪伊行状》)

1902年，30岁

捐资兴学，造就改革人才。

庚子事变后，锐意革新，与严修（字范孙）、林兆翰（字墨青）等社会名流交往，成为地方改革的中坚。因虑及启迪民智、培养人才为政治改革之初步，说服父亲变卖田产，并请亲友资助，创办北仓蒙养小学。(《孙洪伊年谱》;《孙公洪伊行状》)

1903年，31岁

在北仓创办天津民立第十小学堂。

1904年，32岁

与温世霖（字支英）在天津西板桥胡同合办普育女子中学堂。与妹夫罗云章各出资1.5万元，在天津户部街关帝庙创设私立电报学堂。

1906年，34岁

捐资创办明新中学堂。

为筹集办学资金，变卖祖产4000亩，得款4.2万元，全数充作创办明新中学堂之用。私立明新中学堂教员4人，全为中国人，学生30人。对于孙洪伊早年的办学功绩，陆乃翔称："津邑教育之振起，公实为之先导。"(《孙公洪伊行状》;侯杰、范丽珠：《近代城市发展与天津新式教育》,《城市史研究》,第2辑，第117页，天津教育出版社1990年版)

参与直隶总督袁世凯设立的天津自治研究会，提倡地方自治。

1907 年，35 岁

7—8 月　当选天津县议事会议员。

受聘北洋法政学堂校董。

上年底，北洋法政学堂正式成立，本年 6 月面向社会招生。被聘为该校校董，结识在该校担任史地教员的中国同盟会会员白毓昆。不久又与青年学生李大钊相识。(《孙洪伊年谱》)

1908 年，36 岁

8 月　代表直隶绅民，赴京递交请愿书，请求速开国会。

1909 年，37 岁

10 月 14 日　顺直咨议局成立，当选议员，积极参与活动。

上年 7 月 22 日，清政府颁布由宪政编查馆、资政院合拟的《各省咨议局章程》和《咨议局议员选举章程》，限各省一年内办齐。是日，顺直咨议局正式成立，当选为议员。咨议局成立后积极建言建策，先后提出《请以公款成立直隶教育总会案》《补助禁烟案》等多项议案。(《本埠·条陈十则》，天津《大公报》1909 年 11 月 6 日)

10 月中旬　温世霖、王法勤、张铭勋、高俊滮等发起成立直隶实业研究会，青年学生李大钊任书记员。(《本埠·造福民生》，天津《大公报》1909 年 10 月 27 日)

12 月　赴沪参加各省咨议局代表会议，决定组织请愿团，发动国会请愿运动。是月 28 日，应邀参加浙江旅沪学会、江苏教育总会两团体联合组织的请愿国会代表招待会，并发表演说。(《中国国会之发轫机》，《申报》1909 年 12 月 29 日，“紧要新闻一”)

积极活动，促清政府查处津浦路弊案。

上年 1 月，清政府令改津镇铁路为津浦铁路，与英德两国订立借款合同自行修建。该路修筑期间，北段总办李德顺等乘便营私，败坏路政。与谷芝瑞、李长生、刘孟扬、温世霖等代表直隶绅民屡次上书清廷，促请查处弊案，澄清路政。最终，督办吕海寰、总办李德顺被革职，路员被处理者众。（《孙公洪伊行状》；李石孙：《吕海寰的一生》，《天津文史资料选辑》，第35辑，天津人民出版社1986年版）

1910年，38岁

1月　向都察院呈送请愿书，遍谒权臣，为清廷所拒。第一次国会请愿运动失败。

请愿代表抵京后，设事务所于琉璃厂附近的昆新会馆。21日，与谷芝瑞、刘崇佑等5人晋谒鹿传霖、戴鸿慈、那桐、奕劻等军机大臣。22日，代表团决定组织请愿速开国会同志会，并拟定《规约》。23日，谒见军机大臣世续。24日，向代表团通报晋谒各军机大臣情形，决定继续拜会满族亲贵寻求支持。27日，进谒载涛和毓朗。28日，都察院在敷衍延宕后将请愿书上奏。30日，清廷颁发上谕，拒绝提前召开国会。国会请愿运动遭遇挫折。（《国会团呈递请愿书纪详》，《申报》1910年1月26日，“紧要新闻一”；《国会请愿问题》，《申报》1910年1月27日，“紧要新闻一”；《上谕》，《申报》1910年2月1日）

2—5月　筹备发动第二次国会请愿。

速开国会为清廷所拒后，请愿运动继续进行。2月1日，北京各界召开大会，与代表共商进行办法，提议各省国债会停开，以向政府施压。6日，代表团决定将请愿速开国会同志会改为请愿即开国会同志会，并创办《国民公报》，从事舆论鼓吹。即开国会同志会成立后，请愿代表兵分两路，部分回省组织分会，与王法勤、陈登山等则驻京联络，继续活动。4月4日，与留京代表在昆新会馆邀集同志会员，讨论同志会章程和宣言书。公议决定将请愿即开国会同志会改名为国会请愿同志会，宣言书改称意见书，立即刊布。同月，在经过广泛发动后国会请愿代表团组成，被推选为干事。随后又与徐佛苏、孟昭常、雷奋等被举专任修改请愿书之责。（《国会请愿之复活》，《申报》1910 年 4 月 10 日，“紧要新闻一”；《国会请愿同志会意见书》，《国风报》第 1 年第 9 号，“文牍”）

6 月　上书都察院，为清廷严词拒绝。第二次国会请愿以失败告终。

16 日上午，国会请愿同志会代表及各省各团体代表、海外侨商代表 80 余人齐集都察院，与沈懋昭、杭祖良等领衔代表呈递十份请愿书，均要求一年内召开国会。19 日，国会请愿同志会分遣代表趋谒各军机。与刘克刚谒见吴郁生，面呈国会万不可缓之说帖。21 日，都察院将请愿书上奏。22 日，与众代表赴摄政王府请谒，载沣拒而未见。26 日，与众代表致函政务处大臣，请“力持速开国会之议”。27 日，载沣召集会议政务处会议，随即颁下谕旨，坚持“仍俟九年筹备完全，再行降旨定期召集议院”。国会请愿运动再以失败告终。（《国会请愿代表上书纪详》，《申报》1910 年 6 月 24 日，“紧要新闻一”；《枢府与代表递呈后之近状》，《申报》1910 年 6 月 26 日，“紧要新闻一”；《请愿书呈递后之状况》，《申报》1910 年 6 月 28 日，“紧要新闻一”；《上谕》，《申报》1910 年 6 月 29 日）

上半年　与梁启超建立联系。

是年 1 月，原政闻社成员徐佛苏为梁启超所遣，赴北京参加国会请愿运动。借助徐的关系，与梁启超建立了联系。（丁文江、赵丰田编：《梁启超年谱长编》，第 512 页，上海人民出版社 1983 年版）

7 月　坚留北京，筹备第三次请愿。

速开国会为清廷再拒后，国会请愿代表于 6 月 29、30 日连开会议，商讨应对办法。会上表示，国会请愿，“有进无退，无庸讨论”。会议决定变更扩大代表团组织，凡在京各界代表一律加入，并厘定三次请愿的筹备方案及时间表。7月，迭与各省同志筹商第三次请愿办法，有以谕旨中“勿得再行渎请”字样劝其稍缓者，慨然答曰：“我等受父老之重托，为天下所仰望，苟不达到速开国会之目的，虽诸君尽归，我孙某抵死不出京师一步也。”（《专电》，《申报》1910年6月30日；《国会请愿不死》，《申报》1910年7月17日，“紧要新闻一”）

8月　各省咨议局联合会召开，当选审查员。

各省咨议局成立未久，因部分问题非一省所能为力，是以即有联合之议。本月12日，咨议局联合会在北京召开成立会议，通过联合会章程、议事细则和临时办事处办事细则，并经由投票产生了正副主席和审查员，以25票高票当选审查员。（《咨议局联合会二次开会详纪》，《申报》1910年8月20日，“紧要新闻一”）

10月　发动第三次请愿活动，呈递请愿书。

是月3日，国会请愿代表团通告全国，决定进行第三次请愿。7日，与众代表齐赴摄政王府，未遇载沣。商量后决定部分代表留守，其余返回。9日午后，与众代表赴资政院呈递有187人署名的请愿书。各省咨议局联合会亦将速开国会陈请书呈上。11日，与各代表同谒庆邸，未遇。16日，与代表共9人谒军机大臣贝勒毓朗，请其“极力主持，以救国亡而慰民望”。17日，借助舆论压力与陈登山、李芳得谒奕劻。言谈间陈时势危迫，请早定大计；又“力诋宪政馆所编筹备清单，先后缓急，大失其宜”。22日，资政院议决并通过速开国会议案，随即具折上奏。因外界有载泽反对国会之说，25日与代表共25人前往质问，要求其“对监国面述，并专折奏请国会必宜速开情形”。28日，载沣命将资政院具奏及各省督抚第一批电奏的奏折发交会议政务处王大臣阅看，预备召见。（《第三次国会请愿纪》，《申报》1910年10月16日，“紧要新闻一”；《第三次国会请愿记》，《申报》1910年10月18

日，“紧要新闻一”；《代表谒见朗贝勒庆邸详闻》，《申报》1910 年 10 月 26 日，“紧要新闻一”；《各省官民之国会热》，《申报》1910 年 10 月 31 日，“紧要新闻一”）

11 月 4 日　清廷颁发上谕，将预备立宪计划缩短三年。翌日，国会请愿代表团遵谕解散。代表团解散后，仍留京继续活动。（《国会代表团决议解散矣》，《申报》1910 年 11 月 14 日，“紧要新闻一”；《同志会通告变更组织》，《申报》1910 年 11 月 25 日，“紧要新闻一”）

12 月 11 日　参加八旗宪政会大会，发表演说。

是日午后 1 时，八旗宪政会在朝阳门内方家园振华学堂召开大会，到者 2000 余人。与陈登山等请愿代表应邀赴会，并发表演说，指出“国家至于今日，不宜再分满汉”，并力陈筹划八旗生计之策，“甚为周到剀切”。（《八旗子弟力争生计之集会》，《申报》1910 年 12 月 25 日，“紧要新闻一”）

1911 年，39 岁

1 月 7 日　温世霖被捕，旋即发配新疆。

第三次国会请愿运动结束后，直隶、奉天等省又发起第四次请愿运动。当晚，直隶总督陈夔龙根据清廷指示，将学界领袖、普育女学堂校长温世霖秘密逮捕。9 日，与温世霖晤谈。温随即被解往新疆。（温世霖著，高成鸢编著：《昆仑旅行日记》，第 11 页，天津古籍出版社 2005 年版）

6 月 4 日　宪友会成立，当选常务干事。

上年 11 月 5 日，国会请愿代表团遵旨解散，同时决定重行组织政团，与徐公勉、王敬芳、方还被众推为起草员，草拟政纲。12 月上旬致电梁启超，“促动党名”。顷接梁启超复函，拟名“帝国统一党”。当月底，帝国统一党党规 30 条、党纲 13 条拟定。1911 年 1 月 1 日，该党发起人在全蜀会馆召开谈话会，被推定为临时主席，向会议报告“从前经过之历史及本党组织之必要”，宣读党纲、党规。会上与16人被推举为假定干事，“担任本党一切责任”。经过认真筹备，随将党纲、党规草案向外城巡警总厅转呈民政部申请立案。3月上旬，民政部批准。5月下旬，帝国统一党决定改组为宪友会。《宪友会章程》规定，该会以“发展民权，完成宪政”为目的；以尊重君主立宪政体、督促联责内阁、整厘行省政务、开发社会经济、讲求国民外交、提倡尚武教育为政纲；总部设于京师，各省分设支部。

是日，宪友会假湖广会馆召开成立大会，到者百余人。会上以32票与雷奋、徐佛苏当选为常务干事。总部各科职员及各省支部发起人亦被举出。随后数月间，各省支部相继成立。对于宪友会在未来政治中的作用，立宪派寄予厚望。6月9日，徐佛苏致函梁启超报告宪友会成立经过，略谓：“现在此会已成立矣（名为宪友会）。其总揽者，系三头政治，弟与雷继兴、孙伯兰当选。此会声势极隆，三数月之内，各省必皆有分会成立，且必有七八省占全盛之势，在宣统五年之国会，必占大多数议席。若中央总部能主持得法，各省又不分裂，则真泱泱大党之风也。”（《国会代表团决议解散矣》，《申报》1910年11月14日，“紧要新闻一”；《梁启超年谱长编》，第529、549页；《都中同志会议组织政党》，《申报》1911年1月10日，“紧要新闻一”；《京师近事》，《申报》1911年3月17日，“紧要新闻一”；《宪友会章程》，《申报》1911年6月9日，“专评”；《宪友会开大会纪事》，《申报》1911年6月10日，“紧要新闻一”）

10月　武昌起义爆发，参与发动滦州起义。

是月10日，武昌起义爆发，各省纷起响应。“日以秘密电函与各省通声气，约托同志，四出运动，并为吴公禄贞密谋光复。迨吴公石家庄被戕，知不可居，乃微服而行，孑然至沪。”孙洪伊参与滦州起义事，据革命党人王葆真忆称：为策动驻滦州新军二十镇统制张绍曾起义，王于10月26日抵天津，与顺直咨议局正副议长阎凤阁、王振尧及议员孙洪伊等会谈，各议员多表支持。众推孙洪伊、王法勤为代表赴滦州向张绍曾表示，如二十镇宣布起义，顺直咨议局愿担任军饷筹措。11 月张绍曾被免、吴禄贞被刺后，孙洪伊通过王约集到津的滦州军官宴谈，期望“滦军能有新的办法”。(《孙公洪伊行状》;《滦州起义及北方革命运动简述》，民革中央宣传部编：《王葆真文集》，第 24—27 页，团结出版社 1989 年版)

1912 年，40 岁

1 月　发起共和建设讨论会，介绍梁启超入会。

是月 1 日，中华民国成立，孙中山在南京就任临时大总统。当月初，为集合同志，讨论民国建设问题，以为政党组织之预备，与汤化龙、林长民等在上海发起共和建设讨论会，并介绍梁启超入会。(《梁启超年谱长编》，第 613 页)

4 月　共和建设讨论会正式成立，被推为代表，与各政团商讨合并事宜。

13 日，共和建设讨论会在上海老靶子路扆虹园召开成立大会。该会脱胎于各省咨议局联合会和宪友会，政纲以梁启超所拟《中国立国大方针商榷书》为蓝本。当日，自“在沪本部会员，能常川驻会或到会者”中选出各科干事 58 名，当选交际科干事。15 日，共和建设讨论会召开职员会，与汤化龙、林长民被推为代表，与各政团谈判合并问题。当日，第一次合并协商会议在上海商学公会举行，莅会者有共和建设讨论会、统一党、国民公会、国民协进会等七政团。自是日起连开会议，讨论党名、党义、政纲、组织诸问题。最终因理事问题“稍有异议”，与国民协进会代表退出会议。24 日，剩余五政团通过合并决议书，并于 5 月 6 日召开大会，成立共和党。(《纪共和建设讨论会》，《顺天时报》1912 年 4 月 24 日，“杂报”;《共和党合并概略》，章伯锋、李宗一主编，中国史学会、中国社会科学院近代史研究所编：《北洋军阀（1912—1928）》，第1卷，第407—409页，武汉出版社1990年版）

5月29日　接家信母病，随即北返。母亲去世后，按制守孝。（《梁启超年谱长编》，第689页）

10月　梁启超归国，出席欢迎活动。

9月底，梁启超自日本乘大信丸归国，10月8日抵天津。欢迎者户限为穿。当晚，代表民主党假利顺德饭店开欢迎会，并致欢迎词。梁启超答词述归国感想及对民主党之希望。30日，北京国民党要人吴景濂、孙毓筠、胡瑛等假六国饭店欢宴梁启超，与徐佛苏、张嘉森等作陪。（《专电》，《申报》1912年10月12日；《专电》，《申报》1912年11月1日）

10月27日　民主党召开成立大会，当选常务员。

8月下旬，共和建设讨论会和国民协会正式决定在国民党、共和党之外成立第三党，定名为民主党。是日，民主党成立大会在上海静安寺路张园安垲第举行，近400人出席。与马良、陈昭常、谢远涵等30人当选为常务员。民主党党纲共有五条，分别是普及政治教育、拥护法律自由、建设强固政府、综核行政改革、调和社会利益。12月15日，其本部由上海迁至北京。（《民主党选举常务员》，《申报》1912年10月30日，"本埠新闻"）

12月5日　在寰球中国学生会演说爱国爱群之旨。

当晚8时，应寰球中国学生会邀请发表演说，从自身阅历出发指出："如国民能实行其利国利群之宗旨，必可造成极文明极雄武之强国。始以各国之文明促中国之进步，继以中国之进步助全世界之进化，则中国必有一日为全地球之模范。"演讲历两小时始散。（《孙洪伊之谈论》，《申报》1912年12月7日，"本埠新闻"）

12月8日　参加民主党上海分部成立会，发表演说。

是日下午2时，民主党上海分部假小南门内也是园召开成立选举大会，应邀出席，并演说民主党成立之意义及上海分部组织之必要。(《民主党分部成立》,《申报》1912 年 12 月 9 日,“本埠新闻”)

1913 年,41 岁

1 月　当选国会众议院议员。

上年 12 月 10 日,国会众议员举行初选,本年 1 月 10 日举行复选。在直隶众议院第三区顺利获选。(《直隶》,《申报》1913 年 1 月 28 日,“地方通信”)

2 月 22 日　参加国会维持会商榷会,质疑该会宗旨。

是月 17 日,国会维持会在北京成立。该会由王芝祥、孙毓筠、于右任等 20 余人发起组织,以“维持立法部与行政部之冲突”、“维持中央与地方之冲突”、“维持政党与政府之冲突”为宗旨。本日晚,该会发起人设宴德昌饭店,邀集党政军界要人共同商榷,听取意见。席间,对该会宗旨“颇致疑问”,认为与中国政坛“从来敷衍调停之习惯无甚差别”,“诸君子之志则善”,然方法并无讨论之余地。(《国事维持会之商榷》,《申报》1913 年 2 月 24 日,“要闻二”)

3 月 17 日　参加四党宪法讨论会。

正式国会召开前,国民党、民主党、统一党、共和党合组四党宪法讨论会,就宪法等重大议题进行协商。是日,出席在湖南会馆举行的第五次讨论会,议题为国务员组织法及宪法以外之国家机关,就国务员组织法主张取合议制。(《四党宪法讨论会开会纪事》,《申报》1913 年 3 月 24 日,“要闻一”)

3 月 20 日　宋教仁在上海被刺,两日后不治身亡,全国震动。

4 月 8 日　国会开幕,积极参与活动。

是日上午 9 时半,正式国会在众议院举行开幕典礼。据报章观察,随后进行的参众两院正副议长选举,国民党固实力强大,然共和、统一、民主三党若能联合,则众议院正副议长均将为民主党所占，正议长汤化龙，副议长孙洪伊。4月底5月初，参众两院相继选举议长，国民党籍的张继、王正廷获选参议院正副议长，民主党籍的汤化龙、共和党籍的陈国祥当选众议院正副议长。国会正式运作后，积极参与活动，尤其关注善后大借款、裁减行政费、各省遵从预算等议题。（《国会开幕纪盛》，《申报》1913年4月12日，“要闻一”；《六月二十日之众议院会》，《申报》1913年6月25日，“要闻一”；《六月二十五日之众议院会》，《申报》1913年6月30日，“要闻一”）

5月29日　进步党成立，当选党务部副部长。

自上年底，民主党即开始与共和、统一党等商讨合并事宜。经过多轮沟通与协商，4月16日，三党议员在外交部迎宾馆开恳亲会，决议合并，定名进步党。5月29日，进步党成立大会在共和党俱乐部召开。大会通过进步党宣言书及党章，当选党务部副部长。（《进步党之成立大会》，《顺天时报》1913年5月30日，“本京新闻”；谢彬：《民国政党史》，第53页，学术研究总会1926年版）

7月　代表进步党与国民党协商内阁改组。

因宋案及善后大借款案，改组内阁之议提出。日前国民党发起协商会，约请进步党商讨此事。是月初众议院开第一次协商会，进步党、国民党各推10名委员。与谷芝瑞、丁世峄等被推为进步党代表，与国民党委员就此展开协商。（《两党协商改组内阁》，《申报》1913年7月4日，“要闻一”）

10月10日　袁世凯就任中华民国正式大总统。

12月27日　痛批袁世凯政府肆意妄为，进步党为力甚多。

11月4日，袁世凯借口国民党倡乱，下令解散国民党，追缴国民党籍议员的证书、徽章，以致两院均不满法定人数，陷于停摆。此事发生后，进步党筹谋补救，但无济于事。在本日召开的进步党议员会议上，痛揭“政府之得有今日专横如意者，则实我党之力为多”。同时对宪政前途仍充满信心，在进步党议员恳亲会上指出，“若人心不死，窃以为天下决无不变之局”。期望同人“各负责任，以发挥我进步党立宪之精神，则国家前途实尚有无穷之希望”。（王葆真：《民国初年国会斗争的回忆》，《文史资料选辑》，第82辑，文史资料出版社1982年版；《国会议员之临歧态度》，《申报》1913年12月30日，“要闻一”）

1914年，42岁

1月10日　袁世凯下令解散国会。

9月　发起维持和平会，调停欧战。

欧战发生后，各国人民处于水深火热之中。与田和瑞、雷思德等中美两国人士发起组织维持和平会，以北京东城万国改良会为通信处，期望通过祷告上帝、上书各国君主总统、联合各国人民等方式，停止战争，实现和平。（《中美主持人道之一斑》，《申报》1914年9月25日，“要闻二”）

1915年，43岁

10月29日　致电袁世凯，劝止帝制实行。

是年8月筹安会成立后，帝制运动如火如荼。10月，帝制运动由“学理讨论”转入实施。与此同时，日本虎视眈眈，伺机而动。内忧外患，迫在眉睫。是日致电袁世凯指出，日本增兵派舰，伺隙待时，设帝制揭幕，国家将亡，“公亦无幸”。（《孙洪伊再致总统电》，《中华新报》1915年11月12日，“公电”）

11月　频发电文，反对帝制。

是月初，通电各省将军、巡按使，贵阳、福州护军使，痛斥“引刃自戕，盲目劝进”，呼吁“合力电阻，以安危局”。7日再电袁世凯，告“与其受辱于事后，不如消患于未形”；并致电进步党各省支分部，望“奋起抗争，联合各界，速电阻止”。12日复致电进步党某支分部，请“及时奋起，共谋补救”。因孙洪伊及进步党反对态度彰明较著，是月北京政府“密电饬捕孙洪伊，并电命各省将军查拿激烈反对帝制之人”。（《进步党反对帝制之通电》《进步党孙洪伊等反对帝制致各省支分部电》《孙洪伊致总统电》《进步党反对帝制之通电》，《中华新报》1915年11月7、8、12日，“公电”；《东方通信社电》，《申报》1915年11月17日）

12月初 发表《泣告北方同乡父老兄弟书》，申明大义，表示愿粉身碎骨，“誓将侄皇帝孙皇帝驱除于域外，而为四万万同胞还自由之神，二万万里中国成不朽之业”。（《进步党领袖孙洪伊泣告北方同乡父老兄弟书》，《中华新报》1915年12月10日，“紧要新闻”）

12月25日 护国战争爆发。

本月12日，袁世凯宣布接受帝位，复辟帝制。是日，唐继尧、蔡锷、李烈钧等在云南发动讨袁起义，护国战争爆发。对于孙洪伊在运动护国战争中的功绩，《顺天时报》刊文指出：“此次革命之运动起于国民、进步两党之联合，而皆以孙洪伊为中坚。当去年孙氏到沪之始，进步党固甚沉寂，国民党亦毫无行动。经孙与国民党要人谷钟秀等协议，乃集合两党各省首领开秘密会于上海，始决议分途行动。李烈钧、林虎、方声涛等担任云南，戴戡、牟琳等担任贵州，熊克武等担任四川，萧晋荣、王乃昌、曾彦等担任广西，陈炯明、徐勤、朱执信等担任广东，柏文蔚、钮永建、冷遹、耿毅、徐阆西等担任长江下游宁沪等处，蔡济民、何邱［成］濬、彭介石、白逾桓、徐元诰、李兰生等担任长江上游湖北、江西一带，龙璋、欧阳振声、彭允彝、谭延闿、程潜、陈强等担任湖南，其他北方各省亦各有人担任。李烈钧首入云南，得唐蓂赓承认，乃作种种准备。适蔡锷到云南，忽得一大将，军队欢悦非常，遂即宣布独立。”（《调停殆非其时矣》，《申报》1916年4月10日，“要闻二”）

1916 年，44 岁

1 月 5 日　致书袁世凯政府外交总长陆征祥、陆军总长王士珍，晓以利害，促与袁分道扬镳。（中华新报馆编：《共和军纪事》，第 31—34 页，中华新报馆 1916 年版）

1 月中旬　与谷钟秀等致函各国驻华公使，促筹计久远，勿承认袁世凯政府。（《滇事问题之军事与外交》，《申报》1916 年 1 月 24 日，“要闻二”）

4 月初　致电南方督军，促速行讨袁。

上月 23 日，袁世凯宣布废止洪宪年号后，致电南军首领倡行调停之说，企图兵不血刃，继续窃据大位。为破其诡谋，与柏文蔚、钮永建致电唐继尧、蔡锷、陆荣廷等，告“袁氏不退位，不受国民裁判，无调停之余地”，促继续讨袁。（《时局趋势与都门近状》，《申报》1916 年 4 月 9 日，“要闻二”）

4 月 12 日　致函冯国璋，劝其举兵反袁。

是日，致函冯国璋，分析形势，劝其“有正当之表示”。冯坐拥重兵，雄踞江南，为进步党人运动之重要对象。经过进步党人的运动，冯国璋反袁态度逐渐明朗。（吉迪整理：《大树堂来鸿集》，《近代史资料》总 50 号，第 196—198 页，中国社会科学出版社 1983 年版；《梁启超年谱长编》，第 727 页）

4 月 30 日　与汤化龙、白坚武谈政局，“伤心语甚多”。（中国社会科学院近代史研究所编，杜春和、耿来金整理：《白坚武日记》，第 22 页，江苏古籍出版社 1992 年版）

5 月 3 日　白坚武来访，“谈政治前途”。白在日记中称孙洪伊“思想甚高，钦佩！”（《白坚武日记》，第 22 页）

5 月 6 日　宴请张继、徐傅霖、吕复、崔叔和、张书元、张泽民。（《白坚武日记》，第 23 页）

5 月中旬　复函曲同丰，奉劝段祺瑞倡行约法。

日前，前保定陆军军官学校校长、段祺瑞亲信曲同丰来函，纵论天下人物，认为袁世凯倒台后，“继承大政”者非段莫属。复函告国会议员已在沪集结，期望段祺瑞“从速揭橥当世，以恢复约法为第一事”。（《曲同丰与孙洪伊书函》，《申报》1916年5月15日，“要闻二”）

5月20日　约立宪法研究会。翌日，宪法研究会第一次集会，到会者有李大钊、王法勤、彭介石、易白沙、张润之、李培藩、李步青、谢寅、梁家义等。24日，研究会开第二次会，陈光焘、刘相无列席。会上发言，讲谈政治，认为“民国建设根本在国民，舍此他求，俱背政治本原”。（《白坚武日记》，第24—25页）

6月1日　致函冯国璋，敦促起兵讨袁。

上月底，张绍先、崔可亭自宁来沪，谈冯国璋“近有不豫”。本日作长函，详细分析用兵、财政诸问题，以解冯氏疑虑。2日，崔可亭携函回宁。（《大树堂来鸿集》，《近代史资料》总50号，第205—206页；《白坚武日记》，第26页）

6月6日，袁世凯在北京病逝。7日，黎元洪就任大总统。即与汪彭年、孙发绪等联名电请黎氏“力避覆辙，确遵法律”，明令宣布嗣后政令均以《临时约法》为根据。又致电段祺瑞，同申此意。（《上海孙洪伊等来电》，张黎辉等编：《天津市历史博物馆馆藏北洋军阀史料·黎元洪卷一》，第708—709页，天津古籍出版社1996年版；《又电》，《申报》1916年6月9日，“公电”）

6月9日，致电黎元洪，促请遵行《临时约法》。

6月中旬　发表宣言，拒绝与闻政党团体。

因鉴“党纷先起”，实袁氏窃国之由，为避免重蹈覆辙，特发表宣言，明确宣告：“一切关于国事之主张，苟利于国者，吾尊之从之，否者吾斥之拒之。”“在国基未固以前，凡有已往之党帜，暨类似政党之团体名义见召者，概不敢与闻。”（《孙洪伊之宣言》，《申报》1916年6月13日，“要闻一”）

6月25日　复电段祺瑞，指出《临时约法》系“真正国法”。

23日，段祺瑞致电驻沪国会议员谓：“约法问题，议论纷纭，政府未便擅断。诸君爱国俊彦，法理精邃，必能折衷一是。敢希详加讨论，示以周行。”本日与在沪国会议员联名复电，告《临时约法》，“其效力至尊无上”；请坚持正义，“此后凡百庶政，应与国人竭诚遵守真正国法”。（《公电》，《申报》1916年6月24日；《驻沪国会议员复段芝泉漾电》，《申报》1916年6月27日，“公电”）

6月下旬　发表谈话，主张对帝制派不必“断断于去恶务尽”。

洪宪帝制覆灭后，如何处置帝制派，甚为各方所关注。6月下旬应访客所请，就此发表意见，认为其为世所指之元凶巨憝、“逆贼外府”及“犹复为鬼为蜮”者自应按律惩办外，其余“嫌疑附和之徒，似皆无足深究”。主张“今后政治，应一以正大宽平为准的”。（《孙洪伊关于处置帝制派人之谈话》，《申报》1916年6月28日，“本埠新闻”）

6月30日　段祺瑞新内阁组成，被任命为教育总长，旋改任内务总长。

是日，黎元洪、段祺瑞令准部分旧内阁阁员辞职，同时发布新内阁成员人选，被任命为教育总长。当日，黎、段分别来电，敦请克日来京就任。7月1日复电，以才力不足请辞。2日黎元洪来电，3日段祺瑞来电，均祈“不我遐弃，克日北来”。3日，电复黎氏“不敢滥竽”，并告“国会集会伊迩，一俟诸事区处完竣，即当北来，面罄一切”。4日，谷钟秀等自北京来电，催“速来就职”。当日复电告：“此次辞不入阁，决非故作㧑谦，自鸣高尚。惟现在情形，实难轻进。”7日，段祺瑞再度电请，称

“教育一席，非先生莫属”。因见辞意甚坚，黎、段协商之下于12日决定调整阁员人选，被改任为内务总长，教育总长由范源濂接替。同日，张继自京抵沪，促北上就职。随后在沪国会议员又公推吴景濂、王正廷、王乃昌、周震鳞、彭介石、褚辅成为代表，敦劝“即日北上，发抒伟略，奠定国家”。在各方的一再劝请下，最终于21日自沪启程赴京。（《黎总统致孙洪伊电》《段总理致孙洪伊电》《孙洪伊复黎总统段总理电》，《申报》1916年7月2日，“公电”；《黎总统致孙洪伊电》，《申报》1916年7月3日，“公电”；《段总理致孙洪伊电》，《申报》1916年7月5日，“公电”；《孙洪伊致黎总统电》，《申报》1916年7月4日，“公电”；《谷钟秀等致孙洪伊电》《孙洪伊复谷钟秀等电》，《申报》1916年7月6日，“公电”；《段总理三致孙洪伊电》，《申报》1916年7月9日，“公电”；《专电》，《申报》1916年7月14日；《白坚武日记》，第32页；《议员团致唐少川孙洪伊函》，《申报》1916年7月16日，“本埠新闻”）

7月10日　宴请黄兴，发表演说。

是日，国会议员分省公推代表80余人，在大马路汇中饭店宴请新近返国的民党巨子黄兴，并邀唐绍仪、温宗尧、王宠惠、柏文蔚、于右任、胡汉民、钮永建等作陪。席间，首先代表议员全体致欢迎词，称誉黄兴为“当代实行政治家”，并指出当前政治“不无隐忧”，望同志诸人“为遇事协商之组织，每一问题发生，先行研究，庶在会场发议，不致步调不齐”。黄兴、唐绍仪、胡汉民等续有演说。（《国会议员欢宴黄克强》，《申报》1916年7月12日，“本埠新闻”）

7月15日　参加粤籍驻沪国会议员所开茶话会，发表演说。

是日午后2时，粤籍驻沪国会议员假法租界宝昌路尚贤堂召开茶话会，邀请孙中山、沪上名流及两院议员与会。与孙中山、黄兴、章太炎、唐绍仪、伍廷芳、褚辅成等均有演说。在演说中，对孙中山所论以县为单位实行自治，“绝端赞成”；认为地方行政官，“与其决于中央之任命，绝非能如地方人民选举之确当”。（《驻沪粤议员之茶话会》，《申报》1916 年 7 月 16、17 日，“要闻一”；《粤议员之茶话会》，《申报》1916 年 7 月 18 日，“要闻一”）

7 月 22 日　抵达南京，参加各种欢迎活动。

21 日，乘沪宁夜车赴宁，本日早间 7 时抵南京下关车站。前来迎接之官吏“联络于途，佥曰孙总长来，侍奉惟谨”。随后转乘江宁铁路火车入城，直至军署站下车。冯国璋迎接进署，至参谋厅晤谈。冯略谓：“公允入内阁，政治上进行将有莫大之希望。”并询入长内务后之施政，以才力绵薄作答。11 时乘汽车赴行政公署，晤江苏省长齐耀琳。午后 1 时仍回军署，政务厅长曹豫谦、财政厅长胡翔林、金陵道尹俞琦纪、省警察厅长王桂林、军署参谋长师景云、江宁镇守使王廷桢、第十九师师长杨春普等均来拜会，“一时车马往来不绝”。当晚，冯国璋在署内设宴款待，并邀齐耀琳作陪。23 日上午，先后参加江宁军警联合会、南京地方公会举办的欢迎活动，发表演说。午后赴奉直会馆举办的欢迎会，又出席奉直同乡设于鸡鸣寺的宴会。（《白坚武日记》，第 32 页；《孙洪伊过宁纪》，《申报》1916 年 7 月 24 日，“要闻一”；《补述孙洪伊之政见》，《申报》1916 年 7 月 29 日，“要闻二”）

7 月 25 日　抵达天津，参加欢迎活动。

是日午后 3 时，车抵天津，津埠绅商学各界组织欢迎团到站迎接。翌日上午 10 时，天津各界在安徽会馆举行欢迎会，到会者有天津绅商学报各界人员约 300 人，并有国会议员张书元、温世霖、马仲文、张文澜、陈笃之等出席。发表演说。（《孙洪伊抵津纪闻》，《申报》1916 年 7 月 29 日，“要闻二”；《天津各界欢迎孙洪伊纪》，《申报》1916 年 7 月 30 日，“要闻二”）

7 月 29 日　抵北京，谒黎元洪、段祺瑞。

是日上午 11 时抵达北京，总统府、内务部、警察总监均派员前往车站迎接。下午 2 时，晋谒黎元洪。黎赞以维持共和之功，答以：此次民国再造，“实大总统及段总理首先反对帝制所致。而南方将士战斗之功，北洋军警维持秩序之力，尤有足多。总之，实中国人心不死，故有今日”。同日又谒段祺瑞，晤谈历时三小时，“商议各种要件，双方意见极为融和”。（《孙洪伊到京已谒总统》，《申报》1916年7月31日，“要闻二”；《东方通信社电》，《申报》1916年7月30日）

8月1日　国会复会，到部履职。

是日上午10时，国会在北京众议院举行开会式，参众两院议员共457人出席了会议。国会复会后，最重要的任务是制定宪法。午后2时抵内务部，入署后在总长室外长廊向部员发表讲话，告如有陈述，“尽可随时接谈，不必拘堂属观念”。（《孙洪伊与谷钟秀》，《申报》1916年8月5日，“要闻二”）

8月4日　参加北京报界欢迎会，发表演说。

是日午后4时，出席北京报界在中央公园来今雨轩举行的欢迎会，发表长篇演说，畅论内政外交。谈及此次出山的考虑，称“即在疏通意见，共维大局”，执掌内务，“志在切实整顿”；而当前内政“前途所希望者，则在内阁问题与议会问题”，外交重要主义则在“朴实诚意，不尚手段”。（《北京报界欢迎孙伯兰纪事》，长沙《大公报》1916年8月11、12、13日，“紧要新闻”）

8月9日　宴请进步党议员。

是日午后6时，与众议院议员彭介石、萧晋荣、王乃昌假长安饭店宴请旧进步党“纯粹”议员，到者60余人。担任主席，席间三次起立演讲，略论惩治附逆议员、议员转入政界诸事。（《孙洪伊宴会议员》，《申报》1916年8月12日，“要闻二”）

8月18日　因入阁任职，致函众议院议长辞众议院议员职。30日呈黎元洪辞内务总长职后，复致函众议院议长，告已辞内务总长，前递辞职书应即取消，“经要人转圜，将答案撤回修正，已允照常供职”。（《国会议员辞职书三则》，《时报》1916年8月25日，“要闻二”；《专电》，《申报》1916年8月30日；《孙洪伊辞职之底里》,《申报》1916 年 9 月 1 日,“要闻二”)

8 月 19 日　参加议员谈话会。

是日,旧进步党部分议员在畿辅先哲祠开谈话会,到者 60 余人。谈话主要围绕组织议员团体展开。席间发表意见,认为当前国会颇受外界攻击,同人尚须持冷静态度。讨论结果,先谋议员集合,拟设机关于石驸马大街。(《议员在先哲祠开谈话会》,《申报》1916 年 8 月 23 日,“要闻二”)

8 月 30 日　呈请黎元洪辞内务总长职。

履职内务总长未久,与国务院秘书长徐树铮发生激烈冲突。徐专权擅势,未经国会讨论及各部总长同意,私自任命吉林省长、湘江道尹及某财政厅长,又擅自咨复胡瑞霖案及发令赣闽攻粤,不但严重违反制度,也侵蚀了内务总长的职权。忍无可忍之下,当面向段祺瑞提出质问,并于 30 日向黎元洪呈请辞职,以示抗议。段祺瑞命交通总长许世英登门说项,退还辞呈。言谈间告,不能行使职权,苟无正当办法,无返任之理。黎元洪也以“时局艰危,需贤共济”为言,劝勿萌退志。9 月 1 日,又特招入总统府,当面加以慰留。

在各方慰留下,经慎重考虑,提出旨在限制国务院秘书长职权的国务院办事办法五条,作为复职之条件。段祺瑞予以同意,遂重返内务部供职。(《专电》,《申报》1916 年 8 月 30 日;飘萍:《北京特别通信》,《申报》1916 年 9 月 2 日,“要闻一”;来新夏等:《北洋军阀史》,第 429 页,南开大学出版社 2001 年版)

9 月 1 日　众议院投票追认国务院各部总长,获 345 票(一说 340 票)通过。6 日,参议院讨论阁员追认案,以 158 票通过。(《东方通信社电》,《申报》1916 年 9 月 3 日;《阁员通过参院之情形》,《申报》1916 年 9 月 7 日,“要闻一”)

9 月 10 日　北海游园,成立宪法商榷会。

两院议员中旧国民党系、孙洪伊系及新共和党之一部,因半年以来政见主张一致，决定合组团体，讨论当前所急之宪法问题。是以当日午后集合各该派议员于北海举行游园会，到者380余人。众推张继为主席，说明开会缘由。次即发表演说，说明宪法问题之紧要及集合研究之不可缓，宜集合多数同志议员，设一讨论宪法机关。众皆赞成，取名为宪法商榷会。当场推定褚辅成、彭允彝、汪彭年等起草组织大纲，又推定牟琳、张大昕等12人为临时筹备员。（《游北海组织宪法商榷会》，《申报》1916年9月12日，“要闻一”）

宪法商榷会组成后，因拥有议员近400名，俨然成为国会主宰。但三系之结合，各有其背景主张，并无共同的权利义务作结合基础，未久即因对段内阁、选举副总统等问题的分歧而分道扬镳。客庐系的谷钟秀等成立政学会，吴景濂等成立益友社，丙辰俱乐部与韬园系则合并为民友社。

9月8日　将部员祝书元等停职，酿发与平政院之交涉。

因洪宪帝制时期，“大典处之拼命奔走人员以内部为最”，上任后着力整顿部务，是日发布部令，将参与帝制的部员祝书元等64人停职。在徐树铮的怂恿下，19日祝书元等32名停职部员向平政院起诉内务总长，“违反法令，擅退部员，请予依法裁决，以维法治”。经过与平政院的反复争论，平政院最后裁定，撤消内务部原令，准被解职人员仍回内务部供职。因“平政院编制令与行政诉讼法，系根据袁氏之新约法总统制而来，非由正当之法定机关发生”，故对平政院的裁决置之不理。（《内务部改组之由来》，《中华新报》1916年9月26日；张超：《政治和法律的互动：孙洪伊与1916年平政院受理的内务部停职案》，《北京社会科学》，2014年第8期）

9月18日　在国务会议上与谷钟秀发生冲突。

是日上午国务会议召开时，因兴亚公司借款事件与农商总长谷钟秀颇起冲突。会上发言指出，谷与财政总长陈锦涛一经辞职，此问题立可解决。谷答以“我非不能辞职，但汝来教我辞职，我宁受议院弹劾，决不承教”。（《垫款与谷陈两总长》，《申报》1916年9月22日，“要闻二”）

10月10日　黎元洪签发总统令，被授予二等大绶嘉禾章。（《命令》，《申报》1916年10月12日）

10月19日　宪法商榷会召开全体会议，到会报告部院冲突经过。（《专电》，《申报》1916年10月20日）

11月20日　被免内务总长职。

内务部与平政院争执发生后，段祺瑞与徐树铮借题发挥，图谋报复。在段、徐的反复纠缠下，黎元洪态度软化，左右为难之下，邀请徐世昌入京调停。在徐的调解下，本日黎元洪下令免去内务总长职，以次长谢远涵代理部务。（《特约电》，上海《民国日报》1916年11月22日）

11月21日　与《新支那报》记者谈话，告今后当“专备组织政党”，“在野尽力于改良政治”。（《政局纷争之第二段》，《申报》1916年11月25日，“要闻二”）

1917年，45岁

1月14日　住宅遭搜查，事前南下。

是日，步军统领江朝宗为段祺瑞唆使，指控孙洪伊组织暗杀机关，家藏嫌犯8名，派兵搜查位于羊肉胡同的住宅，未获实据。事前离京，经由武汉抵达南京。当时报章纷传各种潜逃及被捕消息，或谓因为人告发图谋不轨，或称因长内务时亏空巨款，故特分函各大报刊及有关方面，说明此次南下，“只以闲散之身，作汗漫之游，初无政治臭味寓于其间”，请立予更正。16日，国会议员龚焕辰等持报二种面谒黎元洪，告报章诬孙暗杀，且谓奉总统令搜查孙宅。黎称未发此令，责令步军统领查办。（《孙洪伊被拘传闻丛志》，《时报》1917年1月16日，“要闻一”；《孙伯

澜出京之真相》，上海《民国日报》1917年1月18日，“要闻”；《国内专电》，《时报》1917年1月17日）

2月中旬　致函有关方面，反对加入欧战。

是月1日，德国为挽回欧战中的败局，宣布实行无限制潜艇战略。3日，美国以德国违背国际公法、蹂躏人道为由，宣布对德绝交，同时照会各中立国采取一致行动。4日，美驻华公使芮恩施照会北京政府，劝与德绝交。北京政府随即召开会议，商讨对策。因鉴参加欧战对中国有害无益，本月中旬致函韬园俱乐部，力言“今日之外交，惟有对于德国为一种文书上相当之劝告，作美德间之调人而已”。稍后又致函各政团，详析今日中国“弭衅可也，启衅不可也”；绝交加入，无一利而贻大害。（《中德问题之要人商榷》，《申报》1917年2月17日，“要闻二”；《孙洪伊致各政团书》，《申报》1917年2月19日，“要闻一”）

3月2日　应上海地方自治研究会邀请发表演说，提倡地方自治。

是日午后1时，上海地方自治研究会在也是园事务所召开会议，与国货维持会会长王文典等受邀演说。演说中指出，地方自治早应恢复，但“须从实在上研究，万不可专务高远”，“吾辈欲办自治，须要在租界外计划，使商场与租界等，则自治乃不为虚设”。（《地方自治研究会开会记》，《申报》1917年3月3日，“本埠新闻”）

4月12日　派代表出席蔡锷将军殡葬大典。（《湘闻纪要》，《申报》1917年4月19日，“要闻二”）

4月下旬　与冯国璋信使往还。

日前托白坚武携函赴宁面呈冯国璋，冯随即遣张星桥来见，22日与白坚武回拜，未遇，留刺而返。据白坚武记述，孙洪伊自言：“来沪后贫病交加，惟静中细察前尘，觉有种种误点，悟省几多见解，为先此所未知。祸兮福所移［倚］，尚复以此自慰。”白当日于日记中感叹：“孙为人根器既厚，得天独真。孟轲氏之所谓天之将降大任，于是必先困心衡虑，其斯之谓欤？彼其刚毅朴讷之气概，终非时髦政客纯盗虚声者比也。以彼之现境易而他人，将抑抑无以自处；乃彼处之泰然，且寻得安身立命之所。吾殊佩其超轶时流，而叹黄河流域土深质厚之人物，其精神不可及也。”（《白坚武日记》，第65—66页）

5月13日　致电国会同人，声援对抗段氏暴行。

10日，众议院举行全院委员会审查参战案，在段祺瑞的导演下发生“公民团”围攻事件。本日特致电国会中民友会、益友社暨旧进步党同人，声援国会抵御强暴，不为所屈。（《孙洪伊致北京议员电》，上海《民国日报》1917年5月14日，“公电”）

5月21日　致电曹锟、王占元等，速与段祺瑞划清界限。

国会搁置对德宣战案，段祺瑞意欲解散国会。19日午后，督军团在北京召开紧急会议商讨对策。当晚，各督军与督军代表共22人联名呈文黎元洪，指责国会宪法会议所通过的部分宪法条文将导致议会专制，要求立予修改，否则将参众两院即日解散，另行组织。本日致电曹锟、王占元、孟恩远等，批评参与督军团会议，“徒以为所劫持，待人分谤”，吁请即日还镇，“以全令命，而安危局”。（《孙洪伊致曹王孟张赵李蒋各督军电》，上海《民国日报》1917年5月24日，“公电”）

6月　分电各督军及京畿将领等，呼吁即行讨伐倪嗣冲、雷震春。

上月23日，黎元洪发布命令，免去段祺瑞国务总理兼陆军总长职务。29日，倪嗣冲通电宣布与北京政府脱离关系。随后奉天督军张作霖、河南督军赵倜等纷纷响应，宣布独立。本月2日，独立各省在天津设立军务总参谋处，推雷震春为总参谋长，筹谋另立政府与国会。为戡平督军叛乱，10日致电曹锟、张怀芝、王占元、李纯等，12日致电京津临时警备总司令王士珍及京畿有关将领，14 日致电军界各方，26 日又致电曹锟、张绍曾等，呼吁“护法卫国”，“秉正拨乱”。（《孙洪伊致曹锟张怀芝赵倜张敬尧电》，《申报》1917 年 6 月 13 日，“公电”；《孙洪伊致王李两督军电》，《申报》1917 年 6 月 13 日，“公电”；《孙洪伊致王士珍电》，《申报》1917 年 6 月 14 日，“公电”；《孙伯兰卫国拨乱之呼吁》，上海《民国日报》1917 年 6 月 14 日，“要闻”；《孙伯兰劝军界誓师讨逆电》，上海《民国日报》1917 年 6 月 18 日，“要闻”；《孙洪伊致近畿各军电》，《申报》1917 年 6 月 28 日，“公电”）

7 月 1 日　电促曹锟等速行讨逆。

是日张勋复辟消息传来，即致电曹锟等畿辅将领，呼吁速决大计，举兵讨逆。（《复辟实现后之上海》，《申报》1917 年 7 月 3 日，“本埠新闻”）2 日致电云南督军唐继尧、广东省长朱庆澜，阐明“靖乱讨逆，必须维持约法，恢复国会，庶将来一切大计，皆有途径可循”，望即通电全国，声明此旨。（《孙洪伊致滇粤军民两长电》，《申报》1917 年 7 月 5 日，“公电”）

7 月 3 日　参加讨逆会议。

是日，民党及陆海军要人在上海召开会议，集议讨逆事宜，与会者有孙中山、孙洪伊、唐绍仪、章太炎、汪兆铭、前总统府秘书郭泰祺、英文《京报》记者陈友仁及海军总长程璧光、海军总司令萨镇冰、第一舰队司令林葆怿、卢永祥代表马鸿烈。会议结果，一致决定拥护共和，出师讨逆，并迎黎元洪南下。（《上海反对复辟会议之大计划》，《时报》1917 年 7 月 5 日，“要闻”）

7 月 9 日　出席国会议员欢迎伍廷芳、程璧光集会，发表演说。

是日，旅沪国会议员在上海公共租界康定路开会欢迎外交总长伍廷芳、海军总长程璧光，与会两会议员约计七八十人。到会并发表演说，纵论时局发展，略谓：“张勋之乱小而易平，段、梁之乱大而难定”，“吾人今日既以保障法治之共和国为责任，则当认共和政治一日未入法治之域，即一日认为乱事未定，以生命为奋斗，至死方休”。（《国会议员欢迎两总长纪事》，《申报》1917年7月10日，“本埠新闻”；《孙洪伊欢迎伍程两总长之演说词》，《申报》1917年7月11日，“来件”）

7月中旬　致电南方要人，望继续靖难护法。

复辟丑剧虽已终结，但肇乱主谋尚未追究，因以致电唐继尧、陆荣廷、唐浩明、陈炯明等南方要人，直指此次事变主谋乃段祺瑞，望即“会合两粤、黔、湘，克日出师，靖难护法”。（《孙洪伊等致云南唐督军电》，《中华新报》1917年7月15日，“公电”；《孙洪伊等致西南各省电》，《申报》1917年7月18日，“公电”；《孙洪伊复广西省议会电》，上海《民国日报》1917年7月20日，“民国真假关头”）

9月10日　当选广东军政府内政部总长。

是月1日，孙中山被国会非常会议举为中华民国军政府海陆军大元帅，10日就大元帅职。当日下午三时，军政府各部总长经选举产生，当选内政部总长。（《非常国会中之两要事》，《申报》1917年9月16日，“要闻二”）翌日，孙中山签署任命职务令。（《任命孙洪伊职务令》，《孙中山全集》，第4卷，第142页，中华书局1985年版）

11月5日　被任命为军政府驻沪全权代表，负责对北联络，分化皖系的武力统一政策。

因在北方军政界人脉深广，是日被孙中山改任为中华民国军政府驻沪全权代表，负责开展对北联络。（《任命孙洪伊职务令》，《孙中山全集》，第5卷，第234页）18日，孙中山来电指示工作方略：“当以取消非法机关恢复旧国会，为惟一无二之条件。”（《致孙洪伊电》，《孙中山全集》，第4卷，第241—242页）

11月14日　与德富苏峰晤谈。

德富苏峰（1863—1957），日本著名学者及报人，时在华游历。是日，德富苏峰前来上海孙中山寓所，与南方派见面。在座的除孙洪伊外，有戴季陶、柏文蔚、张静江等。德富苏峰在

《中国漫游记》一书中记下了对孙洪伊的印象："孙洪伊是前内务总长。他眼睛细长却炯炯有神。他相貌堂堂，脸上的胡子长得恰到好处，是个稳重的人，让人一眼就能看出他是南方派中的泰斗。他的声音比较低沉，这是中国人少有的。先不谈他的论断是否正确，但他讲话条理清晰，紧扣主题。"（德富苏峰著，张颖、徐明旭译：《中国漫游记》，第145页，江苏文艺出版社2014年版）

1918年，46岁

1月2日　白坚武来电，报告为江苏督军李纯所遣前往南方接洽孙中山、陆荣廷情形，并告北京政府派王芝祥赴桂。（《白坚武日记》，第115页）

1月30日　白坚武自桂返抵上海，随即来访，汪精卫、王法勤、温世霖在座。晚间又陪王芝祥前来会谈。（《白坚武日记》，第120—121页）

1月　发表长篇敬告国民书，辨明官僚政治之毒害，驱除官僚政治端赖国会，呼吁国民"秉正确之舆论，援助国会，以驱除官僚乱国之源"。（《孙洪伊胪举国会议员真相敬告国民书》，上海《民国日报》1918年1月18、19、20日，"要件"）

2月4日　白坚武来访，述李纯意见，并陈南北相争解决之法，"以各守湘鄂原境为主"。（《白坚武日记》，第122页）

2月25日　通电全国，申明西南兴师，旨在护法，冀国人"念共和缔造之艰，怀匹夫有责之义务，使民众政治固其始基，议院政治微其实效，克竟护法之全功，永获和平之幸福"。（《孙洪伊申明护法之通电》，《申报》1918年2月26日，"公电"）

3月5日　致电南方要人，勿在国会问题上率为让步。

因传有德兵入境之说，北京政府遂借资恫吓，欲使军政府放弃护法目的。本日致电南方要人，告抵御外患，必在整理内政，而关键实在恢复国会，恢复法治，请毋"误听危言，率为让步”。(《孙洪伊为国会问题之通电》,《申报》1918年3月6日,“本埠新闻”)10日复通电全国,重申此意,请“惩前毖后,深维始终,立议院政治之始基,奠民主国家之大本”。(《孙洪伊为国会问题之通电》,《申报》1918年3月11日,“公电”)

5月12日　白坚武来访,与云南代表李伯英“会议赣粤仍守原境事”。(《白坚武日记》,第139页)

5月20日　国会非常会议开会选举军政府总裁,一票之差未能当选。

因军政府成立后未能有效整合南方各势力,各方遂决行改组。事前吴景濂曾来函寻求支持,复函表示“尽力赞助”,同时对改组后西南要人是否“能够水乳交融,协力一致”又心怀疑虑。是日,国会非常会议开会选举军政府总裁,因一票之差不足半数而未能当选。新当选的七总裁分别是孙中山、唐绍仪、唐继尧、陆荣廷、伍廷芳、岑春煊、林葆怿。然而孙中山虽然当选,但“去志甚坚,雅不欲就”,翌日即离粤赴沪,置身于新组建的军政府之外。(《西南选举七总裁之详情》,《申报》1918年5月28日,“要闻二”)

7月10日前后　接受戊午编译社访谈,明确表示:“国会不复,即法律亡;法律亡,则国家无可为矣。无论谁何,但能护法,余必表同情,以为赞助;否则无论谁何,余必反对。即对于西南,亦以此意定之。”(《孙洪伊君之谈话》,上海《民国日报》1918年7月13日,“要闻”)

7月16日　与《民国日报》记者谈话,称不会离沪赴粤。

军政府改组后,外界传言孙洪伊拟任内政部长。本日在接受《民国日报》记者访谈时指出:“绝对不能离沪,实不能为广东之行。”(《孙洪伊君之谈话》,上海《民国日报》1918年7月17日,“要闻”)

7月30日　通电全国,呼吁国民速图自治。

通电指出：民元以来，专制余孽，人类公敌，层见叠出，翻云覆雨。当今民族自治主义之奋兴，已一发不可收拾。“苟大多数人豁然醒觉，知自治之不容已，则武力乱政之祸，必不戢而自消。我国民其速兴，我国民其毋馁，褫彼奸人之魄，还我神圣之权，此其时也。”（《孙洪伊致各团体之通电》，《申报》1918年8月6日，“要闻二”）

8月19日　致电全国各团体，再申民族自治。

该电重申民族自治之趋向及国内武人专横恣睢之情状，指出：“为今之计，惟有以我国民之自决心，扫去专制余孽、人类蟊贼之武人政治，荡涤瑕秽，以回复此神圣之自治权。并望我最亲爱之邻邦，速脱除军阀范围，实行国民政治，然后以两国人民真实之利益，进而谋两国永久之亲交。”（《孙洪伊主张民族自治再致各团体电》，《时报》1918年8月21日，“要闻二”）

9月7日　通电全国，反对徐世昌当选总统。

是月4日，北京新国会选举徐世昌为大总统。本日发表通电指出，北方新国会为武力派之“私人机关”，徐世昌为著名宗社党领袖，“今苟奉此人为总统，法律上不啻承认非法之机关，政治上且将为复辟之张本。现正式国会已依法集会广州，国家正统有托，此等紫色龟声，当然在屏斥之列”，呼吁国人一致反对。（《孙洪伊通电》，《申报》1918年9月8日，“公电”）

9月9日　复电徐世昌，劝其“坚执冲退”。

徐世昌获选翌日，通电各方要人，做出逊让姿态，报章分析，此举实在意料之中，“徐氏数日之内决不承认当选，必俟各省电到，察看形势，然后表示态度”。该电分致孙中山、孙洪伊、岑春煊等南方要人，“此数人复电如何，亦为徐氏所注重”。（《徐东海逊辞当选之文章》，《申报》1918年9月8日，“要闻一”）本日复电徐世昌，敦劝其“坚执冲退，勿为浮议所动，珍重晚节，保惜令名”。（《孙洪伊复徐东海电》，《申报》1918年9月12日，“要闻二”）

9月21日　通电全国，力持护法救亡。

北京政府自武力统一政策遇挫，乃由新国会选举总统，并倡和平统一之说。徐世昌获选后，经过数日观望，于16日接受当选证书。本日孙洪伊通电指出：我国当前之不统一，“原因即肇于今日号召统一之人”。北政府所作所为，与统一目标根本背驰。“枉尺断难直寻，夺朱所以恶紫，即至事无可为，惟有玉碎而无瓦全，必不以苟且一时之为，遗国家百年之祸。护法救亡，争此几希。”（《孙洪伊关于时局之通电》，《申报》1918年9月23日，“公电”）

10月19日　通电讨伐徐世昌。

10月21日　住宅遇警，两暴徒持枪意欲闯入。

是晚6时半，位于法新租界麦赛而蒂罗路仁和里南弄口十号的住宅突来人敲门，管门人左金海启门，见两人各持手枪，见势不妙，急回身将二门关闭。来者见无门而入，连放五枪，击伤左氏左手手指。楼上之人听闻枪声，鸣笛示警，两暴徒始逃逸。（《阍人拒绝暴客》，《申报》1918年10月22日，“本埠新闻”）翌晨，有记者来宅询问详情，“据云此事早在意中。去年秋冬间，即屡有友人报告云，有人谋以汽车载运凶徒夺门而入，冀图戕害。当时颇忽视之，以为无有之事。继闻彼因孙宅房屋第一层门，系以铁制者，不易闯入，其谋已暂缓。及至迁居后数日前，又有友人报告，谓近日颇有形迹可疑之人，往来于左近各处。然亦未以为意，仅令侍役等略为戒备而已。不意竟有昨日之事，幸未入门。如入门则彼此互斗，必有死伤”。（《阍人拒绝暴客续纪》，《申报》1918年10月23日，“本埠新闻”）

12月7日　白坚武衔李纯之命来访。（《白坚武日记》，第170页）

12月10日　白坚武来访，晚间设宴款待，戴季陶、沈定

一、易次乾、欧阳荣之在座。（《白坚武日记》，第171页）

1919年，47岁

1月　发表《对南北和议条件之宣言》。针对“和议先决问题”“善后问题”“处置清室问题”等分别进行说明。（《孙洪伊对于南北议和条件之宣言》，上海《民国日报》1919年1月3、4日，“要件代论”）白坚武在4日日记中详记上述条件，认为“各纲略均可行，惟南北各一师卫京不可行。盖能根本确立民治，无南一师之必要；若其不然，区区者宁能御多数之暴徒乎？空言虽可，按之实际，殊不然也”。并发表感喟道：“自辛亥以来，民气大进。孙洪伊氏以独身倡义上海，而应者四起，袁氏遂毙，固非仅蔡松坡之功也。黄陂被逐后，孙洪伊偕护法诸同人举师讨贼，先声所趋，遂有今日之局。遂鬼蜮佞幸之徒，忌孙如洪水猛兽，驱除暴力发扬民治之功，固不可没也。趋时之辈，乌足言人才?”（《白坚武日记》，第178—179页）

1月10日　当晚9时，白坚武抵沪，随偕李实忱来访，谈至翌晨5时始归。（《白坚武日记》，第179页）

1月中旬　就南方派遣代表之事发表意见。

是月13日，萨福懋致朱启钤函告：日昨孙洪伊请客席散，询南方代表几时可以正式发表，“据云彼及唐少川先生皆屡次有电到粤催派，并云如唐能对彼等表示明白，抱定护法宗旨及废主战派领袖并国防军与废督裁兵各事，彼必尽力提倡，予唐全权，其他九人或为代表，或为参赞，仅赞襄其事”。（朱启钤存：《南北议和文献》，中国科学院近代史研究所近代史资料编辑组编辑：《一九一九年南北议和资料》，第102页，中华书局1962年版）

2月14日　李纯遣白坚武、胡伯午常川驻沪，接洽和局。本日，白坚武、胡伯午联袂来访。（《白坚武日记》，第183页）

2月19日　午间设宴，徐绍桢、方寰如、彭汉遗、白坚武

等在座。(《白坚武日记》，第184页)

3月7日　请宴，白坚武及滇、黔、桂代表在座。(《白坚武日记》，第186页)

3月11日　白坚武偕王乃昌来访。(《白坚武日记》，第187页)

3月17日　晚间9时，邀白坚武“议大局前途”。(《白坚武日记》，第188页)

3月25日　白坚武来访，告知南京方面情形。(《白坚武日记》，第188页)

4月2日　白坚武偕李伯英来访，“商大局进行法”。(《白坚武日记》，第190页)

4月22日　白坚武来访，焦易堂、张新吾、王法勤在座。(《白坚武日记》，第192页)

5月4日　五四运动爆发，致电北京政府立即释放学生，惩办卖国贼首，拒签巴黎和约。

7月11日　白坚武来访，“谈奉吉近状”。(《白坚武日记》，第203页)

8月3日　请宴，戴季陶、牟琳、陈中孚、李艺圃、白坚武等在座。(《白坚武日记》，第205页)

9月1日　致函白坚武，“多隐痛语”。翌日，白来函“宽慰兼告宁情”。(《白坚武日记》，第209页)

9月8日　白坚武来访，谈李纯“注意广州李协和扰赣事”，请函电质询。托白拟稿函复。(《白坚武日记》，第210页)

1920年，48岁

1月1日　发表《民国九年的一宗大事》，阐述废督裁兵之必要及条件。

文章认为，督军制及多兵制是国民八年来所受痛苦之根源。无论就国民自决、国家统一、财政，还是世界大势而论，废督裁兵都是中华民国第一要紧之事。然而废督裁兵不能依靠南北和会，因为“南北代表实在是督军的代表”，而必须由国人从监督借款、建设正式政府、决心不认督军制等方面切实做去，才能够真正实现。(《民国九年的一宗大事》，上海《民国日报》1920年1月1日，“纪念增刊”)

1月24日　昨接唐继尧电，请白坚武赴滇。本日约白讨论滇事，何成濬、王天木在座。何告以滇、川、黔近来消息。(《白坚武日记》，第233页)

1月29日　白坚武来寓，“共议关于直隶新口借款开港事”。(《白坚武日记》，第233页)

3月初　函介河南代表鲍文若赴宁，面谒李纯。(《白坚武日记》，第240页)

6月10日　约白坚武，“商时局办法”。(《白坚武日记》，第258页)

6月17日　白坚武来访，“略谈京、宁近况及吾人应付主张”。(《白坚武日记》，第260页)

10月　粤军攻克广州，莫荣新被迫取消自立，岑春煊、陆荣廷联名解除军政府职务。

11月4日　出席在沪南方要人会议，讨论时局。

广州克复后，陈炯明来电，欢迎各总裁赴粤组织军政府。是日下午1时，孙中山、伍廷芳、唐绍仪召集旅沪西南要人及参众两院议员50余人，在环龙路孙中山寓所召开紧急会议，讨论进行方略。出席会议并参与讨论。会议决定：(一)通告外交团，如北京政府假名统一，押借巨款，西南誓不承认；(二)由四总裁各派干员一人充任代表，兼程赴粤，考察现状，以定进行；(三)顺从新潮，废除广东督军；(四)乘桂军新败之际，宜电令各军进攻桂梧，永绝后患；(五)军政府之名义须继续维持。(《上海孙宅会议汇志》，《香港华字日报》1920年11月13日，“中外要闻”）

11 月 21 日　出席中国国民党本部饯行宴会。

因孙中山等即将离沪赴粤及马素行将返美，中国国民党同志于是日晚在本部设宴饯行，出席者包括胡汉民、孙洪伊、居正、谢持、杨庶堪、徐谦、伍朝枢、马君武、郭泰祺、吕志伊、吕超、卢师谛、石青阳、程潜、蒋尊簋、吴忠信等。席间，孙中山发表讲话。（罗刚编著：《中华民国国父实录》，第 5 册，第 3723 页，三民主义奖学金基金会 1988 年版）

12 月 14 日　抵达广州。（《译电》，天津《大公报》1920 年 12 月 18 日）

12 月 24 日　白坚武奉吴佩孚之命南来，是日晨抵达广州。随即偕张则民来访，转交所携函电，“略谈别后经过情况，并南来宗旨”。（《白坚武日记》，第 288 页）

12 月 25 日　陪白坚武拜访孙中山，白“道来意，并述北方近况”。（《白坚武日记》，第 288 页）

1921 年，49 岁

4 月 7 日　在粤议员召开国会非常会议，选举孙中山为非常大总统。

6 月 15 日　出席广东政府联席会议，商讨联省政府事宜。（《卢永祥倡自治之虚声与实际》，北京《晨报》1921 年 6 月 19 日，“紧要新闻”）

7 月 12 日　自穗乘车赴港，转道往沪。（《孙洪伊亦离粤》，《香港华字日报》1921 年 7 月 13 日，“粤闻”）19 日，抵达上海。（《白坚武日记》，第 322 页）外界推测，孙洪伊北行，系为联省政府事宜赴浙游说。（《西南会师武汉策续闻》，《申报》1921 年 8 月 5 日，“国内要闻”）

8 月 5 日　请宴谭延闿，柏文蔚、杨庶堪等在座，“讨论鄂

局”。(《白坚武日记》，第 324 页)

8 月 9 日　请宴，出席者有川人王致堂、王少生、刘静九，黔人邓鸣皆，湘人李莼生，桂人王乃昌等，“论武汉均势之局”。(《白坚武日记》，第 324 页)

8 月 24 日　由白坚武代复刘湘一函，“劝其注力于全局根本问题，出正名定罪之师，不宜以援鄂自治为限，常陷纠纷，资敌以口实”。(《白坚武日记》，第 326—327 页)

10 月 12 日　白坚武来访，谈近情。(《白坚武日记》，第 333 页)

10 月 27 日　在寓所请宴，白坚武、上海商报馆总经理汤节之在座。(《白坚武日记》，第 335 页)

11 月 16 日　是日为农历寿辰，“周蕴吾倡同人公祝”。(《白坚武日记》，第 337 页)

12 月 26 日　完成《警告国人书》，呼吁拔除卖国政府。

是月 13 日，美、英、法、日在华盛顿会议上签订《关于太平洋区域岛屿属地和领地的条约》，中国方面的诉求被无视，远东局势由原先的英日共治一变而为四国共管。痛愤之余，26 日完成《警告国人书》，并于 29 日公开发表。警告书指出：军国主义未经铲除之前，所有国际会议均为强者处分弱者之会议，必无公理正义之可言。凡我国民，“应急打断希望华府会议之迷梦”。“我之病根”，实在卖国之徐世昌政府；“我能将此亡国病根拔去，则一切卖国条约，胥失其据依，不废而自废。而民意政府成立，庶政蒸蒸日上，国内气象一变，世界各国皆当回易视听以待我，外交形势亦自随之一新”。(《孙洪伊为中国存亡大问题警告国人书》，《申报》1921 年 12 月 29 日，“来件”)

1922 年，50 岁

1 月 5 日　再告国人，望亟谋补救。

是日，完成《再警告国人书》，指出四国协定及中国保全协议，“是完全为日英同盟之继承者，直可谓之扩大的变相日英同盟”，中国瓜分豆剖即在眼前。呼吁国人一面绝对否认四国协定及中国保全协议，一面“急起推倒北京政府，建设民意政府，以截断祸根”。（《孙洪伊为中国存亡问题再警告国人书》，《申报》1922年1月8、9、10、11日，“来件”）

△ 梁士诒借日款续修胶济铁路，吴佩孚决心倒阁，通电反对，嘱白坚武函孙洪伊，“集合西南响应”。（《白坚武日记》，第345页）

3月4日 白坚武来访，“谈隔别两月状况”。（《白坚武日记》，第350页）

5月下旬 发表谈话，称解决时局当在进一步改造中央政府。

各方就恢复旧国会，意见趋于一致。谈话间指出，旧国会恢复后，时局解决仍多曲折，“此际吴佩孚等如能恢复旧国会，更进一步而承认孙氏（孙中山——引者注），则时局解决自属易易”；总之，“今后问题在改造中央政府，确定地方制度”。（《孙洪伊之时局谈》，长沙《大公报》1922年5月29日，“中外新闻”）

6月上旬 与吕复、李文熙谈话，反对强南从北。

上月24日，在津旧国会议员召开国会继续开会筹备处成立会，决定通知各省散处议员速行来津集会，并推举吕复、李文熙为代表赴沪接洽。（《旧国会筹备继续开会之津讯》，《申报》1922年5月27日，“国内要闻”）本月4日吕、李抵达上海后，往访在沪诸议员，劝即赴津。（《津旧议员代表到沪纪》，《申报》1922年6月6日，“本埠新闻”）随即来访，具述徐世昌已去，黎元洪复职，国会将自由集会，行使职权，希望合力赞助，使南北早归统一。对于北方意欲强南从己，颇有异议，指出国会复会，实孙中山领导的护法战争有以促成。今欲广州政府听命于北京，西南万难承认。希望北方诸君详加考虑，找出国家统一之“公平办法”。（《吕李两议员与孙洪伊之谈话》，《申报》1922年6月8日，“本埠新闻”）

6月13日　致函李文熙，辨正对北意见。

阅报悉李文熙回京后向黎元洪报告，称沪粤议员除孙中山一派外均可北上，“足凑成法定人数”；孙洪伊等均赞成恢复法统，“且对黎感情颇佳，复位以后，必能援助统一”，不胜骇异。本日致函李文熙，辨正当时“区区之意，以为黄陂不应复位，国会不应继续六年”，望为明示与当时所谈大相悬殊之缘由。（《孙洪伊来函》，《申报》1922年6月14日，“来函”）

6月18日　致电李烈钧、许崇智等，望速平陈炯明叛乱。

16日，陈炯明部属举兵叛乱，炮轰广州总统府。本日致电李烈钧、许崇智等指出，陈氏此举，公谊私情，均在不宥，“望速旋师讨逆，以申大义，而定粤局”。（《孙洪伊主讨陈炯明电》，《申报》1922年6月18日，“本埠新闻”）

7月底　复电北京知交，表示与孙中山一致护法，拒绝北上。

数月以来，北京政府多次遣使并函电交驰，促即北上。在北知交亦来电劝行。本日复电告，“洪伊与中山，始终一致护法”，“于中山地位未确定以前，本人未便北来，以维人格，而答知遇”。（《孙洪伊辞谢北上》，长沙《大公报》1922年8月7日，“中外新闻”）

8月15日　与王法勤邀集张继、汪精卫等10余人宴叙，孙岳在座。（《孙中山莅沪后情形》，《申报》1922年8月16日，“本埠新闻”）

8月17日　出席孙宅宴会。

是晚8时，孙中山在法租界莫利爱路29号寓所举行宴会，出席者有黎元洪代表黎澍、李繁昌、刘成禺，曹锟代表孙岳，以及孙洪伊、汪精卫、蒋介石、陈策、张继、杨庶堪、陈群暨驻沪国会议员等30余人。“席间讨论良久”，直至11时许始散。（《孙中山前晚宴客》，《申报》1922年8月19日，“本埠新闻二”）

8月中旬　接受访问，谈与吴佩孚合作。

访谈间指出：与吴佩孚合作全国统一事业，并非不可，但目下稍有隔阂。余之意见，“即待全国统一后，征得各方面意见一致，然后恢复国会，制定宪法。而欲统一全国之条件：（一）须承认地方分权主义；（二）中央之政治组织采用执行委员制度，否则亦须维持现任总统，废止从来中央集权主义；（三）中央政府以拥护共和为最大宗旨，再参酌社会民主主义。以上三条必须具备，而后始可言统一。”（《孙洪伊最近之时局谈》，《顺天时报》1922年8月19日，“论说”）

8月下旬　章太炎发表儆告上海民党书，攻击孙洪伊联直。

该函认为，曹锟使者孙岳南来，“实孙洪伊为之中诇”。孙、曹提携，招抚民党，已见其端倪。并攻击陈炯明叛乱，孙洪伊电促北伐军回师援救，“此非亟于中山，其实欲为江西解围。北伐军误堕其术，致南昌垂得而弃之。李烈钧杖顺之师，奔窜无地，长江流域防御外侮之略，于此而终。洪伊为曹、吴谋亦忠矣”。（《章太炎儆告上海民党书》，《申报》1922年8月30日，“本埠新闻”）

9月2日　发表谈话，指出章太炎攻击民党实因同情黎元洪。

谈话略谓：“章炳麟攻击民党，尤攻击孙氏，此因章氏同情于黎元洪氏之故。至民党分裂为软硬两派之说，殊非事实。又孙文氏虽可云已与直隶派接近，然连络上认为已具体化，尚恐未必，盖孙氏与段、张（奉）之关系，深有考虑之必要。”（《孙洪伊在沪谈话》，《顺天时报》1922年9月2日，“国内时事电”）

10月13日　黎元洪签颁总统令，特授孙洪伊以勋二位。（《命令》，《申报》1922年10月16日）

12月上旬　由沪赴宁，晤齐燮元。随即转车前往保定，为曹锟祝寿。稍事停留，即晚车回沪。（《南京快信》，《申报》1922年12月10日，“国内要闻二”；《南京快信》，《申报》1922年12月14日，“国内要闻三”）

12月17日　出席伍廷芳追悼会。

是日正午12时，上海各团体在九亩地新舞台举行伍廷芳追悼大会，各方要人及各团体代表云集。敬送挽联，并报告生前事略，谓伍廷芳“最足使吾人崇仰者，为能以出世之精神，作入世之事业”。（《伍廷芳追悼大会纪》，《申报》1922年12月18日，“本埠新闻”）

1923年，51岁

2月7日　接受公平通信社记者访问，批评彭允彝为北方学潮祸首。（《孙洪伊对于学潮之谈话》，上海《民国日报》1923年2月8日，“本埠新闻”）

2月25日　发表宣言，揭破黎元洪假借约法之命令。

是月22日，黎元洪发布命令，称约法为立国根本，今国会已复，政府依法成立，在宪法未公布以前，凡属国民均应共遵约法。本日发表宣言指出，黎氏向来只知利己，不忠国家，而今总统任期已满，以一平民冒窃总统，根本破坏约法。呼吁国人，一洗因循故习，努力促进国家革新大业。（《孙洪伊之宣言》，《申报》1923年2月27、28日，“本埠新闻”）

2月28日　被孙中山任命为驻沪全权代表。

是年1月，新任北京政府国务总理张绍曾发表和平统一通电，主张就裁兵、财政、教育、实业诸端与各方商谈。孙中山对此颇表关注，随后发表《和平统一宣言》予以回应。2月21日，孙中山由沪抵穗，组织大元帅府。本日签署大元帅令，特派胡汉民、孙洪伊、汪精卫、徐谦为办理和平统一事宜全权代表。（《委派胡汉民等职务令》，《孙中山全集》，第7卷，第145页）对于全国统一新机，孙洪伊主张，先决问题“首在北方政府抛弃历来对西南派之两种误解，即第一扑灭西南派政策，第二招降西南派政策；否则无论如何，南北绝无接近之机会”。（《信使接洽中之统一问题》，《申报》1923年2月6日，“国内要闻”）

3月11日　与项致中谈话，批评北京政府政策。

日前，曹锟遣项致中等二人携命南下，敦请孙洪伊北行。是日项等来访，谈话中表示：“在大局未统一以前，未便在北方担任何种事务。”“北方蔑视中山地位，欲以命令式造成统一，实为数月来时局混沌之总因。张敬舆辞职通电所谓僭窃，实系代表北方一般人之心理。不变此种心理，统一必属无望。”（《保曹代表项致中昨日北上》，《申报》1923年3月13日，“本埠新闻”）并指出：中华民国安危，实系民党与北洋派之手，两派“能互相谅解，则国家举手可定”。（《张阁仍无转圜气象》，《申报》1923年3月19日，“国内要闻”）

4月1日　会晤丁槐，谈南北合作。

日前，丁槐为黎元洪所遣以慰问使名义来沪，与南方代表商谈合作事宜。是日，约汪精卫、徐谦、张继等与丁接谈。丁转达了黎元洪、张绍曾邀请孙中山北上及倡开和平会议之意。南方代表答谓：北京政府此种意见，“殊无和平之诚意”。召开和平会议，必先解决黎氏代表北方资格问题。（《丁槐来沪与民党要人之谈话》，《申报》1923年4月2日，“本埠新闻”）丁随将南方意见电告张绍曾。18日，丁再次来访，告接张回电，谓法统既复，有何和议可言？南方主张对等和议，殊难揣测。针对北政府这一立场，明确指出：当前北方只是形式上恢复法统，西南护法事业并未完全达到。“故开平等会议，以融洽各方意见，使法律与政治并得一适当之解决，实为收拾时局所必经之途径。”望北方当局，以天下为公，实心为国，虚心平气，慎加考虑。（《孙洪伊君关于和议之意见》，上海《民国日报》1923年4月21日，“本埠新闻”）

4月10日前后　与王宠惠、杨天骥晤谈。

日前，王宠惠、杨天骥为黎元洪、张绍曾所遣来沪，并拟赴粤一行。报揭王、杨此行，“原出黎元洪之意，以对粤命令实与中山无涉”，因托“往粤一谒中山，代达被迫下令之苦衷”。事为张绍曾所闻，乃力求王、杨“兼充国务院代表，敦劝中山离粤北上，或仍返沪商榷统一问题”。王、杨抵沪后，数度与胡汉民、徐谦、孙洪伊等晤谈。(《王杨南下使命之所闻》，《申报》1923年4月11日，“本埠新闻”）洽谈间明告：“南方实不能承认黎、张有代表北方能力，且一面遣使接洽，一面派兵入闽，滥发命令，扰乱粤局，可见并无和平诚意。现在如果真欲言和，须（一）自行取消闽粤各令，（二）调回孙传芳入闽军队，（三）立停川战。如此三项不能先办到，则是黎、张殊无代表北方能力，无可言和。”（《中山代表对王杨之表示》，《申报》1923年4月12日，“本埠新闻”）随后，王宠惠等电告黎、张，谓与胡、孙、徐接洽多次，“均能推诚相见，且极盼和平统一之早日实现”，期望北京政府止息干戈，为言和创造条件。（《王宠惠电告与南方接洽情形》，《申报》1923年4月18日，“本埠新闻”）在沪盘桓数日后，王、杨启程赴粤。抵粤后，因战事复兴，接洽“毫无结果”，王当即赴欧，杨则假道上海北返。5月10日午间，孙洪伊、谢持、张继等在徐谦私宅设宴，与杨氏饯别。(《杨天骥由粤来沪》，《申报》1923年5月11日，“本埠新闻二”)

4月23日　出席王九龄返滇饯行宴会。

上年，王九龄奉唐继尧之命赴各处接洽，旅沪甚久。因返滇在即，本日午后上海友人设宴送行，到者有章太炎、汪精卫、胡汉民、张继、孙洪伊等数十人。席间章太炎代表致辞，期望唐继尧与孙中山联合，俾“达到西南诸省爱护国家之初衷”。(《唐继尧代表行将返滇》，《申报》1923年4月24日，“本埠新闻”)

4月中下旬　易宗夔前来接洽。(《南京快信》，《申报》1923年4

月25日，“国内要闻二”）

6月28日　章太炎致电孙中山，请撤上海议和代表，屏绝孙洪伊。

是月13日，北京政潮升级，黎元洪为直系所迫退职。黎氏挚友章太炎认为孙洪伊居南实北，系曹锟私党，种种计划，无不与闻。因阅报悉孙洪伊启程赴粤，本日致电孙中山，请速行屏绝。电谓：“此次京都扰乱，冯玉祥、王怀庆、王承斌实为下手巨犯。冯、王之事，曹锟容可委为不知。至王承斌以直隶省长兼第三师师长，明是曹锟辖下属官，公行劫印，则曹实为主使。人心对于曹、冯，无不切齿，本非为黄陂一人雪愤也。公尚有议和代表在沪，如孙洪伊、徐谦辈，即应速予裁撤，示与曹、冯诸贼断绝关系。至孙洪伊素为曹氏私党，种种计画，无不与闻。其阳示尊崇我公者，正以牵公下水。去岁介绍孙岳前来侮弄，已损我公名誉不小，然其时曹锟恶迹已往者人不复忆，未来者尚在难知，犹可模糊权舆也。今则公为盗匪，觊觎篡窃，事实彰明。而孙洪伊所部议员王乃昌、牟琳等正奖盗媚贼不暇，曹锟所收买之议员，方以流言惑众，谓孙、曹已归调和，冀以解民党之心，惰西南之气。我公为是非计，为利害计，为名誉计，如孙洪伊辈，速应屏绝勿通，任彼归贼，何可曲意招致，受其间谍之术，自损正直之名？”（《章太炎致孙中山电》，《申报》1923年6月29日，“本埠新闻”）

6月30日　致电牟琳、王湘，反对议员南行。

黎元洪离任后，部分议员受外界促动，倡议南迁，国会面临分崩离析之虞。本日致电牟琳、王湘并转民治社同仁指出，段（祺瑞）派活动，意在“拆散国会”，“议员自有天职，保持已死初生之国会，完成将成未成之宪法，为国家立远大基础，勿因一时谣诼，遽尔气馁”。（《孙洪伊反对议员南行》，《申报》1923年7月9日，“国内要闻”）

6月底7月初　谈北京政变，望直系觉悟，与孙中山携手。

报章揭载，黎元洪下野后，小孙派议员牟琳、王湘等往来北京、保定之间，甚为活跃，孙洪伊亦与保定、洛阳信使往还。外间揣测，曹锟若获选总统，则孙有组阁之望。接受记者访问时表示，黎为七年来酿乱主要人物，且总统任期早满，是以被逐不能予以同情。直系之根本谬误在于坚持武力统一，期望直系能够觉悟，与孙中山携手，共谋和平；否则，“公同承认中山之护法政府，实为正当办法”。（《孙洪伊对时局之意见》，上海《民国日报》1923年7月4日，“本埠新闻”）

7月10日　曹锟来电，称愿与孙中山携手。

是日曹锟来电，称孙中山“与国家同其休戚”，恳不吝见教。随将该电转致孙中山。12日孙中山复电，斥曹锟言行相违，见诸事实者，无不“与和平为敌”，“徒务空言”，实难采信。并请孙洪伊本此回复曹氏。（《孙中山答复曹锟齐电》，《申报》1923年7月20日，“国内要闻”）

7月上旬　在沪民治社议员商讨应对时局之策，决定：“（一）护法战争已历七年，时局有收拾之必要。认定和平统一为收拾时局之惟一办法，仍守此方针努力进行不少变易。（二）如和平统一目的不能达到，时局无正当之解决，则回复十一年六月以前之状态，以广东护法政府维持法统，不承认别设政府。”并决议王湘、彭介石、王乃昌等民治社议员10余人来沪，与孙洪伊商讨确定进行方略。（《国会移沪集会消息》，《申报》1923年7月10日，“本埠新闻”）

△　章太炎发表谈话，批评孙洪伊主张。

章太炎在访谈间指出，孙洪伊主张护法，一以反对段祺瑞，一以否认黎元洪，目的在于为曹锟减去敌手。孙洪伊前者宣言孙、曹携手，其“制伏中山之策，最为凶狡”。盖“中山功望最高，而天性又极自负，孙日言奉戴中山为护法总统，中山未有不受也。处位愈高，其倒愈速。既倒则挟曹氏之势，以劫制中山，使其携手。中山急于求援，亦不得不受”。（《章太炎最近之时局意见》，《申报》1923年7月10日，“本埠新闻”）

△ 吕志伊发表谈话，称孙、曹联合绝无可能。

国会参议员吕志伊就孙、曹联合之说发表谈话，认为：“此事在三个月前，容有实现之可能，至今日则断无能成之理。盖孙中山先生月前赴粤后，确曾委任孙洪伊君与直系接洽和平统一。迨第一次攻进韶关，发见曹、吴致沈鸿英密电多通，其破坏和平罪恶昭著，已无携手之余地。经中山电令孙君与北方停止任何商榷，此电曾见各报。至北京骗黎事作，中山知系曹以武力、金钱压迫两院选举，即电孙君速促议员出京。讵意孙君违反中山意旨，反电劝议员留京，实令人不解所谓。至于叶夏声本为民党所屏弃，其在京言论行动，与民党毫无相干。若夫温世霖之徒，奔走保定，挟中山以为招摇，则更不足齿数。要之中山抱三民主义，曹氏则仍在北洋派武力统一之迷梦中，事实上万不能合作。”（《吕志伊之孙曹联合观》，《申报》1923年7月10日，“本埠新闻”）

7月 李石曾来函，责“袒曹助曹”。

李石曾阅报，悉孙洪伊及民治社动向，迭来两函相责。前函责孙洪伊难逃“袒曹助曹之嫌”，认为孙等“惑于乡谊之迷信，在所不免，其影响所及，已甚重大”。后函望孙“自觉”，“能真正独立，与主张能彻底正确”。（《李石曾忠告孙洪伊》，《申报》1923年7月17日，“国内要闻”）

8月20日 曹锟与日本记者谈大小孙。

是日上午10时，曹锟在保定接受东方通信社记者访问，在谈到南方政府时谓：“至对孙中山，余亦为和平统一故，间接有所语。彼目下非常困难，苛征租税，出卖公产，彼表面虽有饰词，其实苦人民也。孙洪伊对孙中山似不赞成，盖孙洪伊为爱国者，孙中山为祸国者也。”（《曹锟与日记者谈话》，《申报》1923年8月22日，“国内要闻”）

10月　发表谈话，否认北上组阁。

是月5日，曹锟借助贿选当上总统，外界颇有孙洪伊组阁之说，报章并载孙遣代表吴伯林赴津，“观北方对孙空气”。（《国内专电》，《申报》1923年10月21日）因是发表谈话，谓：“友人曾有来邀北上，此不过私人周旋，外传组阁之说，实属无稽。至于派遣代表入京，或为时相过从者之北归，而为相识之误认，亦未可知。”（《孙洪伊否认从曹组阁》，上海《民国日报》1923年10月25日，“本埠新闻”）

1924年，52岁

1月31日　离开上海前往天津。临行前表示：宪法已经公布，护法事业“自兹结束，余于此事责任已告终了”。此次北上，因“久居沪上，空气不宜，常苦多病。现拟稍事游历，即回天津，略资休养”，“并无何种政治意味”。（《孙洪伊北上》，《申报》1924年2月8日，“本埠新闻”）然外界推断，此行“与副座事大有关系。国会提组织副座选举会，亦系民治派主动，孙早有组阁志愿”。（《国内专电》，《申报》1924年2月14日）

2月17日　抵达安徽省城安庆。

是日晨，自南京乘轮溯江抵达安庆。安徽军务督理兼省长马联甲派员迎至何毓麒宅下榻，随后赴省公署与马晤谈片刻。下午4时许，马亲赴何宅回拜，晤谈约一小时。翌日，在接受安徽报界访谈时再次表示，“此行完全个人游历，毫无政治臭味”。（《皖马欢迎孙洪伊》，《申报》1924年2月21日，“国内要闻二”）

2月22日　抵达南昌。随后数日游览各处名胜，“余暇则完全消磨于酒食场中”。（《孙洪伊离赣赴鄂》，《申报》1924年3月6日，“国内要闻二”）

3月24日　抵达武昌，寓督军署东花厅。（《国内专电二》，《申报》1924年3月26日）翌日午间与萧耀南晤谈，因“萧病稍愈，医嘱静养”，“仅谈数语”。（《国内专电》，《申报》1924年3月27日）

4月3日　抵洛阳，与吴佩孚多次晤谈。吴建议即入京面见曹锟，但认为组阁“尚未至纯熟时机”。（《白坚武日记》，第471页；《国内专电》，《申报》1924年4月11日）10日为吴寿辰之期，各方来贺者云集，并密商时局要件。12日晚与王正廷赴吴氏宴请，“密商解决时局办法”。（《国内专电》，《申报》1924年4月15日）

4月23日　抵达徐州，陈调元赴车站迎候。（《国内专电》，《申报》1924年4月25日）25日上午，段书云、董伯云于商埠局设宴，陈调元等作陪。午后陈调元及地方官员在花园饭店公请，席间对于时事“颇有谈论”。晚间7时许乘津浦快车北上，陈调元亲送至站。（《徐州》，《申报》1924年4月27日，“地方通信”）

5月15日　当晚7时半由泰安抵达济南，随行者有国会议员张书元及秘书随从等9人。山东军政两界要人或亲自或派员赴车站欢迎。随赴省署，省长熊炳琦在东花厅设宴，席间历述此次游历曲阜、泰安之经过。9时许，宾主尽欢而散，熊亲送至津浦宾馆下榻。翌日下午2时，熊派政务厅长等邀往大明湖游玩。（《鲁官界欢迎孙洪伊》，《申报》1924年5月18日，“国内要闻”）17日下午3时，在铁路宾馆与各新闻记者召开谈话会，就南北、宪法等问题阐述意见。（《济南报界与孙洪伊谈话》，《申报》1924年5月19日，“国内要闻二”）18日午后6时，山东省议会副议长陈韵轩及议员20余人在津浦铁路宾馆设宴，筵间谈山东政团及期望。（《孙洪伊以新郑古物喻鲁省政团》，天津《益世报》1924年5月21日，“要闻二”）

5月26日　下午5时，偕张书元抵达天津，杨以德、水钧韶等暨保安队在站迎迓。暂寓德义楼。（《国内专电二》，《申报》

1924年5月28日）在津期间，酬酢不断。6月2日，吴景濂于日租界春日街本宅设宴欢迎，作陪者有直隶省长王承斌，前国务总理张绍曾，省议会议长边守靖，盐运使张调辰，国会议员陈笃之、宋桢、李燮阳，及省议员等。席间“协商大局”，讨论良久，“互有意见”，结果“尚称融洽”。（《国内专电》，《申报》1924年6月5日；《三处宴请孙伯兰》，天津《大公报》1924年6月5日，“本埠新闻”）

6月30日　午间抵达北京，曹锟代表、国会议员及各界要人200余人赴站迎候。下车后驰往松树胡同民治社本部，宪兵司令车庆云在此设宴，陪席者90余人。席间对各位前来表示欢迎，并谓：此来“专为游览名胜，兼与故旧一叙契阔，绝不愿与闻政治。在京约勾留旬日，仍当遄返津门”。（《孙洪伊抵京》，《申报》1924年7月3日，“国内要闻”）

7月2日　晨间入总统府面谒曹锟，曹谢“去年间接赞助大选，颇示感激”。晚间孙宝琦于本宅设宴款待，阁员作陪。（《国内专电》，《申报》1924年7月3日）

7月5日　赴南苑与冯玉祥相谈“极欢”。（《国内专电》，《申报》1924年7月6日）

7月16日　出席各自治团体欢迎会，演说市政。（《国内专电二》，《申报》1924年7月18日）

7月30日　赴东陵。（《国内专电》，《申报》1924年7月31日）

8月14日　晚间曹锟设宴延庆楼饯别。翌日晨离京赴津。（《国内专电》，《申报》1924年8月16日）

1925年，53岁

2月26日　由天津乘车抵沪，寓法租界打铁浜某宅，随后“与蔡成勋、马联甲等晤谈一切”。（《孙洪伊抵沪》，《申报》1925年2月28日，“本埠新闻”）

3月21日　就孙中山逝世接受访问，主张发扬孙中山精神，以挽救世道人心。

是月12日，孙中山在北京病逝。本日接受醒民通信社记者访问时指出："此非独吾民党之痛，全国人士皆应痛苦者也。"年来道德堕落，而先生"至诚无私"，"故吾人与其颂扬先生之掀天揭地之事，毋宁崇拜先生大公至正之精神，以挽救每况愈下之人心，续成先生未竟之志愿，则先生虽死犹不死也"。（《小孙口中之大孙谈》，《盛京时报》1925年3月21日）

4月18日　在天津安徽会馆举行的孙中山追悼会上率众公祭。（尧日：《天津市民悼孙大会》，《申报》1925年4月23日，"国内要闻"）

4月29日　发表通告全国电，批评段祺瑞执政府与法国签署金法郎案协定，此后我国财政"将无不受其束缚"，经济亡国之祸即在眼前，呼吁全国民众速图应对。（《北洋军阀（1912—1928）》，第5卷，第163—165页）

6月中旬　发表沪案宣言。

5月，上海英、日巡捕残杀工人、学生，消息传来，极为痛愤，发表宣言予以痛斥。宣言指出："巡捕为奉法服务之人，草菅人命，至于如此。吾人为我国人民痛，亦为世界人类痛矣。"当前主政者固仰外人鼻息，"然吾民族非可侮之民族，尽力所至，以与英日两国相周旋。公理不伸，奋斗不止，是在我国民自为之"。（《孙洪伊对沪案宣言》，上海《民国日报》1925年6月16日，"国内要闻"）

10月　与记者谈话，称与直系反奉无涉。

是月15日，浙奉战争爆发。外界传言，孙传芳、萧耀南、吴佩孚等系由孙洪伊、吴景濂、唐绍仪等促动。接受日本新闻记者访问时表示，与浙奉战争并无关系，彼等第一目标在反对张作霖，吾等第一目标则在段政府。执政府成立一年有余，不仅"地位并不合法"，且"旧恶复萌"。如段政府倒台，"必须依约法组织正当政府，并选举大总统”。(《孙洪伊对于时局之谈话》，天津《益世报》1925年10月29日，“本埠新闻”)

1926年，54岁

1月　与天津国会议员集议恢复法统。

是月，与在津国会议员韩玉辰、谷钟秀、王家襄等40余人在英租界张绍曾宅连开会议，讨论恢复法统，决定：（一）在津议员先列名签字；（二）派代表入京拉拢各派议员加入；（三）由张绍曾访黎元洪，表拥护之意；（四）到会各人分担向各方接洽。(《国内专电》，《申报》1926年2月2日)

3月22日　通电全国，痛诋段祺瑞执政府残杀学生。

是月18日，段祺瑞执政府残酷镇压游行学生，酿成惨案。本日通电全国，痛诋段祺瑞政府罪行，呼吁“取彼凶残，鞫于司政，以平群众之冤气；恢复宪章，驱除狐鼠，以定全国之是非”。(《京内外各界对惨案之愤慨》，《京报》1926年3月24日)

4月下旬　与民治派议员迭开会议，讨论恢复法统。

自本月中下旬以来，护法议员前来拜访者络绎不绝，“纷纷高谈法统，通宵达旦，车马盈门”。(《张吴入京与法律问题》，《申报》1926年4月22日，“本馆要电”) 又迭开会议，“主张惩办段祺瑞及安福要人，并恢复法统”。(《冯段两派之人物》，《申报》1926年4月27日，“本馆要电”)

9月16日　致书孙传芳，建议息兵停战。

阅报悉五省联军总司令孙传芳将移节江西，对粤用兵，本日去函告：“战争非弭乱之方，和平为救国之策”，请“共泯阋墙之竞争”。(《杂俎 · 孙洪伊致孙传芳书》，《五九月刊》，1926年第13期，第203—206页) 10月1日，孙氏复函，略谓：“倘粤军能撤退两粤原防，开诚布公，共谋建设，固芳所馨香祷祝，亦全国人民所昕夕渴望者也。先生久居沪渎，粤方当道故旧良多，际此一发千钧，如有挽救之策，尚祈有以教我。”（《孙蒋对和平运动之表示》，《申报》1926 年 10 月 7 日，“本埠新闻”）

10 月 14 日　出席欢迎日本前首相清浦奎吾宴会，发表讲话，指出“中日亲善之口头禅时代业已过去”，两国无论在国际上还是文化上，“实有互相提携之必要”，期望即行修改中日通商条约时，日方将不平等条项撤除，缔结“友谊的对等条约”。（《清浦子爵今日下午抵京》，《顺天时报》1926 年 10 月 16 日）

1927 年，55 岁

4 月 1 日　刺客闯入私宅，躲避得免。

是夜，有刺客五六人潜至位于意租界的私宅，意欲行刺，因避入日租界得免。有报道称：“传该刺客系奉派所遣，因李景林派之阴谋发觉，孙氏亦有关连，故欲加以刺害。”（《孙洪伊几被刺》，《申报》1927 年 4 月 7 日，“各社电讯二”）随后安国军以“与民党通气，谋破北方大局”为由发布通缉令，不得已前往大连避居。（《本馆专电》，《申报》1927 年 4 月 9 日；《褚玉璞侍母回津仍赴徐州》，《申报》1927 年 4 月 11 日，“本馆要电三”）对于孙洪伊所遭遇的针对性行动，有报纸分析：“奉张计画，在先统一北方，则此等旧直系之阴谋，与奉张之在关内有所不利者，即不得不力图消弭。”《北京通信》，《申报》1927 年 5 月 1 日，“国内要闻二”）

1928 年，56 岁

11 月初　中国国民党天津市党部诬指河北同乡会系“土劣团体”，函请市政府查封，并请逮捕孙洪伊、边守靖等。（《平津近闻》，《申报》1928 年 11 月 6 日，“本馆要电二”）

1930 年，58 岁

9 月 20 日　结束四月余的拘禁，恢复自由。

中原大战发动后，阎锡山因恐后方被扰，密令天津市长崔廷献将孙洪伊诱禁四月有余。迄张学良宣布支持蒋介石，举兵入关，形势一变。本日晚恢复自由。随后南下赴沪。（《孙洪伊恢复自由》，《申报》1930年9月22日，“国内要电”；《孙洪伊谈脱险经过》，《申报》1930年10月29日，“本埠新闻”）

1931年，59岁

10月　发表《警告日本国民书》，批评日本政府倒行逆施，肆意侵略中国，期望日本国民“督促政府，收敛野心，立即退兵，速循正轨，共谋解决。宜务其大者远者，定百年大计；勿斤斤于急功近利，而贻后患于无穷”。（《孙洪伊警告日本国民》，《申报》1931年10月9日，“要闻”）

12月下旬　发表“党政商榷书”，批评中国当前危机实在“党治之无功”，呼吁国民党及国民政府结束实无效率之训政，尽早实行宪政。（《孙洪伊对于党政商榷书》，《天津益世报》1931年12月28、29日，“舆论介绍”）

1932年，60岁

1月17日　出席宪政促进会成立大会，当选理事。

鉴及国民党一党专制之弊，发起成立宪政促进会。本月10日下午2时，假座中社召集宪政促进会第一次谈话会，到会者有张耀曾、褚辅成、吴山等100余人。被推为主席，报告发起该会旨在促进宪政，俾国民有共赴国难之轨道；外交失败，在于内政不良，内政不良，在于国民党一党专政，所以救国必先从打倒一党专政开始。（《孙洪伊等发起宪政促进会》，《申报》1932年1月11日，“本埠新闻”）是日下午3时，假座中社召开成立大会，到会者有李烈钧、徐元诰、谢远涵等100余人。与李烈钧等被推为主席，报告该会发起经过。在随后进行的理事选举中，与李烈钧、章太炎等当选。(《宪政促进会昨日成立》,《申报》1932年1月18日,“本埠新闻”)

4月　被聘为国难会议会员，拒绝出席。

因国民政府严限国难会议讨论范围，上海会员以为赴会无益，无补艰危，决定集体拒绝出席，并于本月5、6两日致电国民政府及全国各界，陈明缘由，期望党政诸公“破除成见，与民合作”。10日又致电国难会议，阐明对内对外主张。(《国难会议沪会员不赴洛》,《申报》1932年4月6日；《申报》1932年4月7日；《国难会议留沪会员蒸电》,《申报》1932年4月11日)

6月22日　出席各界留别十九路军将士大会。

根据《淞沪停战协定》，国民政府军事委员会于5月23日下令将十九路军调离上海，派往福建“剿共”。是日下午6时，各团体救国联合会所属八十九团体在四马路大中华饭店大礼堂举行留别十九路军将士大会，蔡廷锴、区寿年、翁照垣等均出席。被推为主席团主席，宣读《留别十九路军将士书》。翌日，蔡廷锴乘轮离沪赴港。(《昨晚各团体宴十九军将士》,《申报》1932年6月23日,“本埠新闻”)

9月29日　出席中华全国道路协会征求会员报告会，演讲道路建设之重要。(《道路会征求首次揭晓》,《申报》1932年9月30日,“本埠新闻”)

1933年，61岁

10月28日　参加文艺座谈社组织的文艺座谈，谈中西文化比较，认为中西文化之不同，前者注重精神，后者注重物质，但精神与物质应该相一致。故复兴中国文化，“一方面应该保存旧有文化中之优点，另一方再吸收西洋文化的优点”，并寄望青年们去努力。(《中西文化之比较》,《新时代》,第5卷第6期，1933年12月1日)

12月10日　出席国际文化中国协会与文艺座谈社联合餐叙。(《国际文化中国协会》,《申报》1933年12月11日,“本市新闻”)

1934 年，62 岁

3 月 7 日　参加旅沪河北同乡会会员大会，担任主席，致开会词。（《河北同乡召开大会》，《申报》1934 年 3 月 8 日，“本市新闻”）

1935 年，63 岁

10 月 20 日　东亚经济协会在天津成立，当选为理事。（《时事日志》，《中央时事周报》，第 4 卷第 42 期，1935 年 11 月 2 日）

12 月 29 日　与陆宗舆、高凌霨、劳之常等组织成立天津市公民协会，旨在“发扬民意，敦睦邦交”，当选为理事。（《津市公民协会成立》，《申报》1935 年 12 月 30 日）

1936 年，64 岁

3 月 26 日　于上海病逝。

自前岁徙居上海以来，因积劳成瘁，兼以年事渐高，潜伏之肝胃疾病时发时愈，“几无宁日”。今年以来，“以天时不正，势益增剧”，医药罔效，于当晚 10 时许溘然长逝，享年 64 周岁。29 日下午 2 时，在马斯南路寓次大殓，上海市市长吴铁城、中央委员孙镜亚及朱庆澜、王一亭等均往吊唁。（《孙洪伊昨日大殓》，《申报》1936 年 3 月 30 日，“本市新闻”）

9 月 7 日　出殡。

是月 6 日下午 2 时，为表彰孙氏一生功高起见，国民政府主席林森、行政院院长蒋介石及军政界 200 余人在马斯南路孙寓内举行公祭。本日下午 2 时，举行出殡仪式，到场各方人士逾 400 人。下午 3 时半，灵柩安抵平江公所。（《孙洪伊氏昨午出殡》，《申报》1936 年 9 月 8 日，“本市新闻”）后由朋友们资助，安葬于杭州九溪十八涧徐村之小山上，与民主革命先行者秋瑾之墓隔丘相望。（《孙洪伊年谱》）

孙瑞芹自传（四）

张坚一　张未名 译　关　康 校

第二十章　20 世纪 20 年代的北京新闻界

1920 年秋，我抵达北京时，当地新闻界好似一个万花筒，完全能反映当时混乱的政治局势。那时有三种英文晨报：《北平导报》《华北正报》英文《北京日报》；以及三家英文新闻机构：路透社、“中美”和亚洲新闻社，以及数十家中国报社和新闻机构。此外，还有英美以及外埠英文报社的记者。

自 1927 开始，中国著名学者梁启超先生就是中国进步党公认的领导者。[①]《导报》的第一位编辑是刁敏谦先生，他后来进入外交部。1919 年，他辞职后，陆续来了多位美国编辑，包括侯雅信先生和柯乐文先生。《导报》被看成自由派报纸，对中国知识分子和外国传教士尤其具有吸引力。它在首都的三份英文报纸中发行量最大，可能也从未做到完全的财务独立，即使在 1925 年至 1929 年夏天，柯乐文把股权卖给一批中国外交官，情况也未见好转。这些外交官后来又把股权转给了南京国民党中央。柯乐文先生在《导报》三出三进后，才掌握了报纸的控制

译校者：张坚一、张未名，孙瑞芹之外孙，现居美国；关康，中国社会科学院近代史研究所编辑。

① 此句疑有错误和脱漏，似应为“1917 年，中国著名学者、曾任中国进步党领导人的梁启超创立了《导报》”。——译注

权。除了已经提到的那些编辑之外，还有哥伦比亚大学毕业生詹（Y. C. Chan）博士、美国的布什（Bush）先生、北大英语讲师以及辜鸿铭的优秀学生费嘉禄（Fei Chia-lu）先生。后来费先生死于结核病。此外还有美国年轻记者洪德先生和国民党员的爱德华·李（Edward B. S. Lee）先生。由于日本抗议张学良发表的一份据称是朝鲜革命党的宣言，《导报》于 1932 年被中国当局取缔。

在这三家报社中，英文《北京日报》的历史最悠久，是由朱淇（Chu Chi）先生在清朝的最后几年创办的。他是广东人，也是北京最古老的白话报之一《北京日报》（Peking Jih Pao）的老板。伍海德先生是第一任编辑。该报依靠政府补贴生存，在不同时期作为外交部下属机构存在，并接受旧交通系或任何政治集团的捐款。近两年来，《新闻报》成了安福系的喉舌，吴来熙（Wu Lai-hsi）先生担任编辑。奇怪的是，该报社与亲日政党关系虽然密切，但仍然批评日本。吴先生在报社去留不定，直到 1926 年，他代表奉系短期管理《东方时报》（Far Eastern Times）。当时还有一位著名记者董显光先生，他目前在重庆负责对外宣传。此外还有鲍明钤（J. M. Bau）博士、何杰才（G. Zay Wood）先生、刁作谦先生等人。李治先生担任首席撰稿人若干年。

1918 年冬，日本人创办《华北正报》，一位英国记者担任总编辑，主要目的是反击世界大战结束后在中国全面展开的反日宣传。它拥有北京报社中最好的设备，包括四台热线型金属排字机。《正报》版面新颖、纸张优质，就其报道内容而言，不必担心《导报》或英文《北京日报》的竞争。但该报有一个严重的劣势，人们觉得它在为一个有侵略图谋的国家效力，无论这种怀疑对错与否。1922 年纽厄尔继任英文编辑，1926 年离开。高孟奇先生继任，并一直工作到 1930 年春天停办。直到高孟奇来之前，《正报》都是三种报纸中发行量最小的，通常都是免费派发。高孟奇掌权期间，发行量稳步上升，但从未达到过《导报》的水平。

1923年，撰写了《庚子使馆被围记》和很多涉及远东政治问题著作的辛博森先生，开始为张作霖元帅开办《东方时报》。这是一份像《北京公报》一样的双语报纸，1917年因编辑陈友仁先生被捕而停刊。有了奉系军阀充足的资金，辛博森想方设法提高发行量。例如，他设计了一项竞赛，谁能确保获得最大订户，就能赢头等奖——一辆汽车。由于这项竞赛以及其他手段，该报的发行量在不到一年的时间内超过了所有英文报。但五卅事件引发的反英运动，降低了该报的受欢迎程度。1925年，辛博森和李治先生被迫辞职。这张报纸在苟延残喘了大约三年后，1928年随着奉系军队撤离北京而停办。

1925年夏天，陈友仁先生用冯玉祥将军提供的资金创办了《民众论坛》（the Tribune）。① 这是一个风格犀利的革命刊物，并且由陈先生和林语堂先生撰写社论。当陈先生被张作霖元帅的警察逮捕时，一对激进的美国夫妇威廉·普罗梅（William Prohme）夫妇接手该报。他们干了几个月，直到局势变得不利时，才将报社移到汉口，并恢复发行。《民众论坛》是绝对的左翼报纸，蒋介石将军推翻武汉政府后将其取缔。鲍罗庭先生及其追随者不得不离开中国。普罗梅太太后来在莫斯科去世。

尽管北京有四家英文报社，但那时似乎没有多少竞争。其实它们都订购了路透社的外国和本地报道，此外还有“中美”和亚洲新闻社的英文报道。实际上，在高孟奇先生到来之前，很少有人报道本地的社会和体育活动。所有报社都有一到两名中国翻译人员，他们通过浏览晚报或中国新闻机构的报道，搜集能让外

① 即People’s Tribune，也有学者翻译为《民报》。——译注

国人感兴趣的内容。《北京日报》多年来一直专注于报道地方事务，别的报社没有仿效它。

路透社实际上垄断了外国新闻。美联社多年以来在北京派驻了一名记者，当我1920年来时，惠分（Whiffen）先生管理本地机构，后来他在莫斯科去世。直到1922年华盛顿会议结束后，雷·马歇尔（Ray Marshall）先生才被派往中国，组建北京分社。我在“中美”时就认识他，当时他负责英文报道。他在“中美”的时间不长，便由高尔德（Randall Gould）继任，直到最近他还是《大美晚报》的编辑。他在《费城公共纪事报》（Philadelphia Public Ledger）和《日本广宣报》（Japan Advertizer Ad）工作过几年，与郝杰士（Frank Hedges）先生一同在北京做全职工作。他曾在中美新闻社任职，我在那里初次见到他。

亚洲通讯社掌握在一名中年华人手中，他声称曾担任伦敦《每日邮报》（Daily Mail）的驻京记者。他非常聪明，熟悉现代新闻行业所有技巧，有一种不可思议的天赋，可以预测政治背景各异的报社需要什么样的报道。他也知道如何利用外国公众对中国政治的无知，尽管中国报业人都知道他的新闻社就他一个人，没有驻外埠的记者，但他刊发的报道总显得他在外地还派驻有其他记者。事实上，他手下没有本地记者，完全是利用中国媒体提供的新闻改头换面，填充英文报道，就足够满足外国读者的需要了。几年来，该社的报道服务颇受欢迎，尤其令编辑自豪的是，它完全由中国人编辑和管理。但当1925年我去《国闻》负责英文报道之后，它的影响逐步下降。事实上，《国闻》的大批报道人员联手击败亚洲通讯社并不难。后来各报社订了它们的越洋无线报道，主要是因为那个公司的无线服务由亚洲新闻社负责分销。[1] 直到1934年，这家公司开办了自己的分部，改从德国

---

① 此句疑有脱漏。——译注

分销。

“中美”在柏尔将其出售给宋采亮后存在了六年多，宋曾经是靳云鹏将军的宣传代理人，后为冯玉祥元帅效力。它的英文部由克益德负责，后者日后成为国际新闻社的驻北京记者。如果我没记错的话，“中美”在1926年就不存在了。

随着时间的推移，我结识了所有驻京外国记者，很多人和我关系融洽。我与《国闻》的关系在交朋友方面特别有价值。虽然国闻新闻社曾一度得到段祺瑞临时政府的支持，但是，社长胡先生放手让我全面管理英文报道。不到一年，我就得到了回报，不仅所有的英文报社，就连所有外国记者都订购了我的英文报道。我收到了很多编辑和通讯员的信，他们对我的卓越表现赞不绝口。

我在北京从事新闻报道的最初几年，经常遇到的一位外国人是《京津泰晤士报》记者纪乐士先生，他还是《伦敦邮报》和《芝加哥每日新闻》的记者。他住在锡拉胡同的一个大宅子里，此处原属于已故总统袁世凯的长子所有。他又矮又胖，性格沉稳。庚子事变时他随英军来京，此后一直留在这里。有报告说，在接手报社之前，他曾在京奉铁路当列车员。他很有趣，每次见面，他都会不停地告诉我，他认识许多中国大佬，如果我需要帮助可以直接告诉他。他在东方时报报社有一个非常好的图书室。1927年他去世后，图书室被拍卖。但是当我初次认识他时，他对书籍的兴趣显然已经让位于集邮。我经常发现他专注于整理最新收购的一大本集邮册，把为《京津泰晤士报》撰写每日专栏的工作丢给法克斯先生，后者于1921年春天从《明星报》辞职后来到北京。

让纪乐士先生感到非常自豪的是，他是第一位向本国报告“二十一条”的英国记者，但以现在的标准衡量，他比较平庸。他似乎很少出去采访，每天完全依赖中国媒体提供的新闻。此外，他非常自以为是，对中国事务和人物的评论没什么深度，反而带有很大的偏见。1922 年，张作霖与吴佩孚之间正在酝酿一场新的内战，当时政府掌握在“财神”梁士诒领导的老交通系手中，纪乐士站在梁和张一边，每天在报纸上批评吴佩孚，尽管编辑伍德海先生是吴的坚强支持者。

1926 年，纪乐士先生和法克斯先生有幸在天津赛马俱乐部春季比赛中获得了一等奖，大约 5 万元奖金，由二人均分。这笔钱在那时相当可观，然而，也埋下了纪乐士先生失败的祸根。因为大发横财，他对工作失去了兴趣，大部分时间都浪费在喝酒和各种娱乐活动上，结果他失去了在《京津泰晤士报》和《芝加哥每日新闻》的工作。不久之后，他去世了。然而，法克斯先生设法从奖金中攒了足够的钱回到美国，并再婚。他的第一任妻子于 1922 年在北京去世。他比纪乐士先生多活了大约 10 年，1936 年，因癌症死于旧金山。

当时李佳白博士常来正报报社。他是美国著名的传教士，也是尚贤堂的创始人和院长。他身材高大消瘦，在一战中的不幸遭遇使他成为一个易怒的人。从一开始，他就站在德国一边，在德国人控制的《北京公报》落入中国人手中后，他创办了《北京邮报》，并发了一篇强烈批评盟国和美国加入战争的社论。他的亲德文章遭到《京津泰晤士报》以及其他英国报纸的强烈谴责，在芮恩施博士要求下，他于 1918 年被中国当局驱逐到马尼拉。

李佳白博士于 1920 年参加了支持总统哈丁的竞选活动，公开反对民主党。1922 年，他回到北京，重新开始工作。他的总部设在南池子附近的一个小胡同里，每月都会用中英文出版一份报纸，专门传播福音和介绍各宗教团体的消息。他在政府高级官员中有支持者，很多人资助他出版报纸。他习惯向北京的报社发送他在月报发表的社论的简短摘要。

他在北京的德国人中非常受欢迎，他们肯定还记得他在第一次世界大战期间为德国做的贡献。他给我留下了非常可爱的印象，而他的同胞，特别是英国人，总是用怀疑的眼光看他。1924年班禅喇嘛来京，他在前总统府为班禅喇嘛组织了一次宗教大会以示敬意。这招来许多保守派传教士的愤怒：他们认为组织基督徒向佛教领袖致敬有违基督教教义。后来李佳白博士将总部搬到上海。他于1927年去世。

《正报》的另一位常客是位俄罗斯老人，我忘了他的名字。他曾任俄罗斯使馆的中文秘书，是位坚定的君主主义者。只要遇到我，他都会询问苏联的最新消息。他似乎一直坚信布尔什维克会被推翻，沙皇终将复辟。相识两个月之后，他就去世了。

在1920年至1928年的八年间，北京有很多中文报纸和报社，在此我仅提及一些重要的。首先是陈博生的北京《晨报》。它是进步党的机关报，在中国知识界有很多追随者。它是第一个向苏俄派遣记者的报社。俄语学校的学生瞿秋白因他的俄语水平以及优秀的中文，被派往莫斯科。我通过他在中学时代的同学吴南如认识他，被他年轻的外表震惊了。后来，瞿秋白加入中国共产党，并在其组织中发挥了重要作用。作为一位才华横溢的作家，他在党内担任了独特的职务。1935年，他被蒋介石将军杀害。

另一份著名的中文报纸是《益世报》。它隶属于天津《益世报》，由中国天主教会控制，曾享有美国的外交保护权。它被认为是报界三巨头之一，另外两家是《晨报》和《京报》。虽然都是独立的报纸，但《益世报》实际上得到了直系的补贴，并在1923年支持曹锟竞选总统。1937年日本占领北平后该报还存在，但在1939年初停止出版。

由邵飘萍先生于1920年创办的《京报》，以其卓越的政治智慧闻名。1926年，张宗昌将军残酷地杀害了邵。有人写了很多关于他的无稽之谈，好像他是一个完人，是中国新闻自由的殉道者。按照20世纪初中国报人的标准来判断，他无疑是一个很有能力的人，可能是北平最厉害的报人，因为他是数百名从业者中，唯一真正了解现代新闻学的人，但他的唯利是图和不择手段也是公开的秘密。他讲究排场，染有中国政治人物的所有恶习，能毫不犹豫地给任何一个肯给他送钱的政治势力效力。同时代的人是害怕而非尊敬他。毫无疑问，他也拿了布尔什维克的钱。早在有人介绍我们认识之前，我就知道他。夏天的下午，人们总会在中央公园看到他。他悠闲地散着步，穿着整洁，挥舞着手杖，有妻子伴随。在他惨死前一周，我在一位中国外交官家的午餐会上遇见了他。当时布尔什维克主义的问题相当棘手，冯玉祥的政治对手公开指责他是布尔什维克。我听到邵说，他怀疑有多少人真正了解共产主义的含义。再听到他的消息，就是他在天桥被张宗昌枪杀了。我在《正报》发了一篇文章纪念他，赞扬他对中国新闻界的贡献。我觉得无论他有何种缺点，即使有很多，都不应该就这样被杀害。邵还在北京创办了新闻编译社。

除了三巨头之外，还有许多规模较小的报社，其中一些由议会各派系资助，另一些则以政治勒索牟利。如果一个时期政治派别多，那么杰出记者就多，例如林白水、薛大可、龚德柏。林白水40多岁时开始在《新社会报》工作，该报后来改名为《社会日报》。我通过该报的新闻编辑吴南如认识他。林是一位杰出的记者，在每日专栏中，专门撰写时评。1923年，我在颜惠庆博士举办的午餐会上第一次认识了他，当时我们都是嘉宾。时任颜博士秘书的吴安排了这次午餐会，目的是以此表达颜博士对我在《正报》上一篇文章的赞赏：我在所谓的金佛郎案中替颜博士说话。我估计林是被邀请来的，因为他的报纸得到了外交部的资助，而颜博士是外交总长。林体胖，秃顶。他问颜博士的一些问题非常天真幼稚。当颜博士说他在清华大学附近买了一栋别墅时，他突然好奇地表示要去看看，并请求与颜博士一起去过一个周末。颜博士是否满足他的要求，我无法得知。1926 年夏天，当奉系军阀重新控制北京时，尽管个人命运处于最低潮，他仍在《社会日报》工作。仗着他与许多奉系领导人的友谊，而且显然出于轻浮的心态，他对当时的总理潘复进行了人身攻击。这是在邵飘萍被枪杀后不到两个月内发生的。

我从来没有见过《亚细亚日报》及《黄报》编辑薛大可。《亚细亚日报》由大小相同的 4 页构成——排版与《社会日报》相同。它主要刊登薛每天为头条撰写的社论。作为一位才华横溢的学者，薛曾在上海参与袁世凯的筹安会。在我写这篇文章的时候，他正在为一个北方派系工作。

龚德柏是在中国新闻界风暴中飞翔的海燕，曾在日本留学的他出身于以盛产激进主义学生闻名的湖南，在各种反日活动中崭露头角。1921 年，他作为中国代表团随员前往华盛顿，回到北平后即投身新闻界。他有强烈的党派意识，如果不攻击谁，就写不出文章。有一段时间，他每天在报纸上攻击顾维钧博士。他也喜欢和同事争论。国民政府成立后，他去了南京，在那里采取了相同的策略，在尽量避开国民党的同时狂热地反日。很奇怪的是，日本人从来没有把他单独挑出来当成中国政府的特别代表。我曾经见过他一两次，但从来没有密切的关系。

与我差不多同时投身报业、后来成就斐然的中国人有成舍我、管翼贤。我本来不认识成，直到几年后，他的《世界日报》和《世界晚报》获得了成功我才认识他。1937 年北平沦陷时，上述两份报纸被日本人接管。作为一名湖南人，成是精干的报社高管，也是热心的记者。他很了解西方新闻业的最新发展态势，并将美国新闻界的很多特色引入中国。我认为他是今天最有能力的中国报社高管之一。

管翼贤最初是神州通讯社的记者，他有一种与采访对象交朋友的才能。他性格温和，是本地新闻界的红人。他于 1929 年创办了尺寸有桌面大小的《实报》，并立即取得了成功。

在我所有的同行朋友中，我最了解胡霖。1921 年夏天我第一次见到他，当时他与《新社会报》的林白水在一起。他留着短而精心修饰的小胡子，外表让人印象深刻。吴南如做了介绍，我们聊了几句。不久，他辞职前往上海，创办了国闻新闻社。1922 年冬，他来北京创建分社，并通过吴先生让我作为记者"掩饰"他的活动。我以此身份为《国闻》工作了两个月。后来因为张太雷的缘故，我离开了《国闻》，同时张太雷访问莫斯科并加入中国共产党。然而，直到 1925 年，我作为英文编辑正式加入《国闻》之后，才开始了解胡的许多优良品质。尽管我们年龄有差距——他至少大我 10 岁，我们依然成了好朋友。他完全信任我的判断力和正直，我们的个人关系很密切。他是有理想的报社高管，每当发生大事，中国员工疲于奔命时，他总是愿意出手相助。他爱憎分明，一旦讨厌一个人，就绝不会改变其看法。1913 年，他在北京政府内政部当职员，但仅仅因为不喜欢某个被指派来的官员，就在此人上任前的那天早晨辞职了。从那时起，他就一直没有再在政府机构任职。

胡的语言天赋在中国报人中实属罕见。他留学日本，能流利地说日语和英语。1919 年，他在巴黎学习法语，并为《大公报》报道巴黎和会的消息，现在能够说读法语。他也懂一点德文。尽管他掌握了三种外语，但除非绝对必要，绝不公开说外语；他对那些找借口炫耀外语知识的回国留学生非常蔑视。胡是百分之百的中国人，致力于保护这片土地的优秀传统文化。

胡很诚实，在安福系和国民党结盟的时候（1922 年至 1924 年间），他曾接受这两个集团给《国闻》的资助，因为当时他别无选择。《国闻》成立之初，他就知道必须在成立后放弃它。与许多同事不同，他生活简朴，没有政治记者的恶习，也从不克扣雇员的工资。为《大公报》和《国闻》工作的人都能领到工资，这是其他私人报社和新闻机构无法做到的。

胡霖在 1926 年买下《大公报》之后便着手重组，因为他渐渐失去了对《国闻》的兴趣。在他的主持下，大公报社在不到三年的时间里，影响力和声望不断提高，后被视为中国白话文报的翘楚。这让他很满意。该报在 1935 年达到鼎盛，当时报社能获利 40%，员工能拿到数千元红利。1937 年中日战争爆发，该报受到了重大打击，胡不得不关闭天津和上海的办事处，并与政府一起迁到汉口，然后又迁往重庆。该报一直支持政府。

通过胡霖，我认识了《大公报》三巨头中的另外两位：张季鸾和吴鼎昌。第一次见到张时，他正在为后来去了河南的胡景翼将军服务。在上海，他已有多年从事革命新闻工作的经验，有中国最佳编辑的声誉。他是一个体重不超过 100 磅的小个子，身材瘦小。他并不太注意个人形象，似乎属于早期中国通商口岸的记者类型，大部分时间都待在室内，通宵工作，直到上午才睡觉，下午 4 点起床，忙得连去洗手间的时间都没有。随着了解逐渐加深，我发现他是一个性情善良、很有耐心的人。在《大公报》为他工作的人说，张季鸾从不发脾气，工作尽职尽责。他每天撰写的社论风格优美、表达清晰，吸引了全国的读者。他也是留日学生，会说日语和英语，日语讲得非常流利。

金融家吴鼎昌是中国最有能力的银行家之一。当我第一次在胡霖家结识他时，他已经发了财，被认为是中国的百万富翁之一。他身材高大瘦弱，用假声说话；如果只听声音，你会认为这是个女人在说话。他毕业于东京高等商业学校，清末回国后成为大清银行的负责人。大清银行是中国银行的前身。吴曾担任北洋政府财政部次长。他于 1935 年加入国民政府，担任实业部长，现任贵州省主席。

在所有同事中我特别喜欢的有三位。我在北洋大学时就认识的金诚夫，从北大法律系毕业后就开始作新闻工作，后来成为

《国闻》中文报道的负责人。他和胡霖一样瘦，但略矮。他是个非常干练的报人，在南京国民政府成立后不久，被调到新首都担任《大公报》记者。他在这个职位上干得非常出色。1935 年，他被任命为新实业部长吴鼎昌先生的首席秘书。

来自德国的留学生曹谷冰接替了金在北平的职位。曹崇高的职业观念，为他的工作带来了高度的科学思维。他对数字非常认真，并会竭尽全力获取有新闻价值的准确数据。与大多数非常渴望与北平掌权的张三、李四周旋的同事不同，每当有官员或军人邀请他一起吃饭时，他都会拒绝。虽然性格不是很随和，但他是北平地区受过最优秀教育的中国记者。1930 年，他被报社派去访问苏联，他的苏联来信后来结集，原拟在苏联发行。从 1935 年到 1937 年，他担任《大公报》驻南京通讯员。

北洋时代的另一位朋友许轩泊，从北大毕业后，几乎跟金诚夫一样，数年间，他已成为《国闻》中文部的二号人物。后来被调到天津《大公报》当新闻编辑，他在那里大展拳脚。1930 年，报纸开始在上海出版时，胡霖必须前往上海坐镇，许于是成为天津的业务经理。他是一个尽职尽责、耐心细致的人，是理想的办公室人员。1937 年 7 月卢沟桥事变爆发前不久，我在天津见过他。他去年春天在香港去世，愿他的灵魂安息。

第二十一章　采访班禅喇嘛

1935 年夏天，我们在中南海两次采访了班禅喇嘛。之所以说“我们”，是因为除了我之外，还有麦克唐纳先生和他母亲麦克皮尔森（McPhearson）夫人、埃德加·斯诺夫妇以及蔡先生。正是麦克皮尔森夫人为这两次采访提供了动力。春天，她从澳大利亚来北平看望儿子，要住几个月，因此渴望与流亡的西藏精神领袖一起度过这段时光。她热衷旅游，曾受到罗马教宗的接见和降福。

蔡先生通过他的一位担任班禅喇嘛贴身翻译的西藏朋友安排了这两次采访。第一次采访定在早上10点。我们前往丰泽园，在大厅等了大约半个小时，有很多蒙古王公和虔诚的汉族佛教徒在等候接见。我们被引导到尊者的面前。班禅喇嘛身披飘逸的黄色袈裟，如往常一样在宝座上趺坐。他非常友好地向我们打招呼，并坦率地回答了麦克唐纳先生和斯诺先生提出的各种问题，我和尊者的秘书担任翻译。采访持续了10多分钟。

热心的业余摄影师麦克唐纳先生起初想请班禅喇嘛摆出姿势照相，但由于下雨只得作罢。在离开之前，我们每个人都向他赠送了一两件纪念品，作为回报，他回赐了我们一条围巾，即哈达。

第二次采访可称为第一次采访的延续。采访的时间很短，主要目的是给尊者照相。他非常礼貌，屈尊为麦克唐纳先生摆姿势，并与麦克皮尔森夫人合影。

此前一年，我曾见过班禅喇嘛，当时他举行招待中国记者的晚宴。我坐在他对面，仔细观察了近半个小时，发现他是一个非常聪明、有文化的人。他中等身材，褐色的脸形如满月，宝像庄严，似乎有一种让别人放松的天赋。当然，他精通佛教经典，并且大部分时间都在祈祷和冥想。他喜欢狗，在不祈祷或不接见访客时，会和最喜欢的两只狗玩。

班禅喇嘛于1924年冬天首次抵达北京，成为中央政府的贵宾。他在内地流亡13年，目睹了一系列内战和中央政府的更替。但无论谁主政，都对他非常尊崇，这似乎让班禅喇嘛很高兴。这无疑是因为他拥有西藏精神领袖的独特地位，同时中央政府也希望通过他改善西藏与中央的关系，而他也能以恰当的方式满足中央的期待。

他离开西藏，云游各地13年，无论走到哪里都受到热烈欢迎。1935 年，达赖喇嘛圆寂，人们强烈希望班禅喇嘛能够返回拉萨并重建权威，从而在西藏地方首脑和国民党之间搭建一座谅解的桥梁。事实上，各界为他的回归做了精心准备，但 1937 年，他却在能遥望故乡的地方涅槃了。

第二十二章　在路透社的第一个假期

1934 年 8 月，我第一次在路透社享受了三周休假，和妻子以及三个孩子一起在青岛游玩了两个星期。我原本打算最早在 7 月份休假，但因故推迟了两次，第二次是麦克唐纳先生的原因，这后来变成了某种形式的好运。我们于 8 月 14 日抵达青岛，虽然已是夏末，而且经常下雨，但我们至少可以享受 7 天的海水浴，唯一的遗憾是没有时间参观著名的崂山。我们在青岛度过了一段美好的时光，或享受海水浴，或寻访亲友。感谢胶济铁路局局长的中国秘书周颂年（Chow Sung - nien）先生、费光庭（Feh Kwang - ting）先生和我妻子同学的丈夫，为我们提供了回程的铁路通行证，并在我们短暂的访问期间盛情招待了我们。

返回北平后，我们得知，度假期间，起居室兼餐厅的一根横梁掉了下来，砸坏了餐桌。事故发生在午后不久，正好落在我经常坐的地方。我最小的儿子和几个住在我们家的亲戚死里逃生。从那以后我常常想，如果我提前在 7 月，或延迟到 9 月去度假会发生什么事？因为事发当时正好是我平时吃饭的时间，我因此很有可能受重伤。所幸无人受伤。起初，房东满心歉疚，提出承担修理屋顶和桌子的费用，但后来他反悔了，说自己在事故中蒙受了重大损失，无力履行诺言，而我应当庆幸无人伤亡。当然，这不能成为他拒绝赔偿我的理由，从法律上讲，我有充分的理由反驳他，但我不想深究。感谢上天，我们逃过了一次可能造成严重后果的事故。

1935 年 1 月 3 日，我们最小的女儿——老八，出生于北城的道济医院。她是家中唯一一个在医院出生的孩子，我的三男四女都是在家里落草的。我们夫妇都希望这一胎是个儿子，各种迹象也显示这个孩子会是个儿子，因此，当诞下一个女婴时，我们都有些失望。但是看到妻子非常沮丧时，我控制住了自己的感情，并尽力安慰她。她是一个非常通情达理的人，很快就摆脱了阴影。我们都决定不再要孩子，采取更严格的节育措施。后来，我们一直执行这个计划，最终取得了成功，没有再为这个家庭添丁。

第二十三章　中日局势

1935 年初，华北地平线上阴云密布，几周后爆发的察东事件让局势不可收拾。曾代表南京政府签订《塘沽停战协定》的黄郛将军名义上仍然是北平政务整理委员会委员长，但已经大权旁落。虽然缺乏同样的权威和声望，但级别相同的军政部长何应钦将军担任了北平军分会代理委员长。察哈尔省主席是宋哲元将军，他曾是冯玉祥将军的忠实部下，而且一向直言不讳。日本军事间谍和日本扶植的“内蒙古自治政府”人员不断侵犯东察哈尔，宋哲元的地位颇为微妙，但他能够镇定地表明坚决抵抗到最后一人的决心。河北省长是于学忠将军，他是少帅的追随者，以强烈的反日倾向著称。

日本军人首先把怒气撒在了宋将军的头上。1 月的某一天，在没有任何警告的情况下，日本飞机帮助伪蒙军队攻击了独石口。中国军队奋起抵抗，战局很快扩大。最后，根据在大滩达成的协议，中国军队不得不从独石口和热河边境地带撤出。当时中方谈判代表是察哈尔省政府成员、宋将军的得力助手秦德纯将军。

在整个察东危机期间，南京方面的行动非常谨慎。很明显，政府屈服于日本的压力，解除了察哈尔省主席宋将军的职务，任命佟将军继任。这种傲慢的态度让宋将军深受伤害，10 个月后他将进行报复，届时他将大变脸，接受日本的帮助，出任冀察政务委员会的委员长。

在察东问题解决后，局势开始平静下来，但注定不会持久。6 月份发生的河北事件将华北拉至战争边缘。因为事件距今已远，很难回忆确切情况，但我依稀记得，日本人首先反对的是于学忠将军及其驻扎天津的东北军。于将军担任北平指挥官期间，我曾见过他几次，他直率的态度和坦率的话语让我震惊。他老练，但也不能指望他取悦日本人。日本人知道他仍然效忠正在欧洲旅行的少帅。最终，于将军被迫率部移驻甘肃。

然而，从天津赶走于将军只是解决河北事件方案的一部分，日本人又节外生枝，要求中央政府撤军、取缔河北的反日活动。欧理渥先生和我都忙着试图充分报道这一事件。多亏联合社记者山上先生的配合，我们毫不费力就获得了日本方面，特别是军方的消息，但几乎不可能找到能够就局势的最新进展发言的中国人。何应钦将军是中国首席谈判代表，应该是最有价值的新闻来源，但无论中国还是外国报社都接触不到他，结果，外国记者不得不依赖那些有关中方的不可靠消息。

在此，我必须把我所做的事与在天津的一个日本宣传家的恶行联系起来。不出所料，谈判旷日持久，经常爆发危机。众所周知，日本要求中央军、国民党人员和组织全部撤出河北。一天，谣传日本人向何应钦将军提出了新要求，而且这些要求比之前的更过分。几天来，欧理渥先生决定无视这些谣言。一天晚上，他给我在《北平时事日报》的办公室打电话，问我是否收到了有关日本新条件的确切消息。我说没有，但他说，国际新闻社的克益德先生刚刚得到冀察绥晋外交专员程锡庚博士证实，日本人的确向何将军提出了新的要求。欧理渥先生立即向上海和伦敦提交了一份有关日本的新要求清单。

第二天，日本人大发雷霆，否认提出过任何新要求，并公开攻击路透社传播谣言。官方公告在天津的日本人圈子中流传。公告还刊登在《京津泰晤士报》上，暗示路透社新闻报道的准确性和可靠性已经下降，原因在于中国人（毫无疑问是指我）卷入其中，这个中国人捏造了日本对何将军提出新要求的故事。我以看笑话的心态看待此事，并决定不理它。

但是，毫无疑问，日本人相信是我促成了欧理渥先生的报道。他们以其他方式表达了对我的不满。5 月初，我决定和妻子 6 月去日本。我和山上先生聊了聊出行计划，并问他是否可以向他的日本朋友写几封介绍信。他表示很高兴接受我的请求，而且还会帮我筹措部分经费。这完全出乎意料，事实上，我的第一反应是拒绝。他解释说，钱来自日本外务省管理的庚子赔款，许多中国教授已获得该基金资助，因而可以在暑假访问日本。在这种情况下，的确却之不恭，在不需要撰写旅行报道的条件下，我接受了 500 日元补助金，并没有附加任何条件。

山上先生还帮我预订了船票，从日本大使馆获得了签证。他还把我介绍给在北平的日本武官高桥少佐。我们已经安排在 6 月中旬前往日本，但随着启程日期的临近，中日局势似乎变得越来越紧张，我开始犹豫应该继续原定计划，还是推迟到秋天。最后，我们决定推迟，而不是听山上先生的建议：他一再表示不会有战争。他是对的，但我当时觉得在中日关系紧张到几乎破裂的时候，留在北平更好。我让他退了船票，并把 500 日元退给他。8 月，当我决定去日本时，山上先生遗憾地告诉我，无法向我提供 500 日元补助了，他解释是报社陷入财务困境。这并没有让我失望，因为我不想接受任何这样的帮助，现在汇率不错，我可以负担得起。我认为这次通信社拒绝向我支付 500 日元，与我报道日本的新条件密切相关。

现在回到最终由“何梅协定”解决的河北事件。随着日本在平津地区、北平至山海关铁路沿线增加驻军，日军将领坚持要求所有中国中央政府部队撤出河北省，并取消该省全部党部机关。不诉诸武力恐怕不能达成协议。有一段时间，虽然公众情绪平静，但似乎开战在即。签订协议的前一天晚上特别紧张。当晚，我在报社值班，并通过电话与路透社记者蔡先生、本市的一些报社朋友时刻保持联系，关注着事态的发展。当然，直到午夜仍然没有达成协议的迹象。事实上，何应钦的工作人员已经在傍晚早些时候离开了这座城市，何将军本人也已经准备好出发，在前门西站停着一辆为他和家人准备的专列。凌晨，紧张的局势突然变化。显然，日本人在最后一刻改变了主意，决定退让一步。何将军接受了中央军和国民党机关从河北撤出的要求，但与公众的印象以及日本方面的刻意宣传相反，何将军并没与梅津美治郎将军签署任何协议。危机结束几天后，何将军向日本华北驻军指挥官梅津美治郎将军发了一封简短的信函，通知他中央军已从该省撤出。不久，何将军返回南京，黄郛将军几个星期前也回到了南京。

在我们访日期间，政局发生了变化。尽管要等到 11 月才能正式生效，但军事委员会北平分会必须遵守“何梅协定”。王克敏先生继黄郛将军之后，被任命为北平政务委员会委员长。黄郛将军两年后死于癌症。在萧振瀛将军和其他人的帮助和怂恿下，北方五省“独立”运动开始了。萧的目标明显是要建立以宋哲元将军为首的北平亲日政府

“独立”运动在 11 月越发猖獗，京津两地正在进行无休止的谈判。默默无闻的前察哈尔省政府成员萧振瀛出任中国首席谈判代表，陈觉生协助。陈后来成为京奉铁路的常务董事，这是对他支持宋哲元上台的奖励。他成了聚光灯的焦点，虽然中国记者

可以接触到他，但对外国记者来说，他是一个神秘人物。

从外国记者的角度看，这是一个“难以报道”的“故事”，因为除了“满洲的劳伦斯”土肥原贤二之外，大多数参与谈判的中国人不为外国读者所知。此外，谈判进展缓慢。据报道，有一天，河北、察哈尔、绥远、山西和山东五省省长同意组建一个“自治政府”。第二天的报道则称，这些省份的统治者仍然忠于南京。此外，使者在北平和这四个省会之间穿梭不绝。

在 11 月的最后一周，情况更加棘手。一天晚上，我和妻子正在外面吃饭，几百名自称来自河北的民众——多数是老人——在新华门前示威，要求实现河北“自治”。示威者最终被警察驱散。

如果我没记错的话，11 月 23 日，滦东地区的行政督察专员殷汝耕先生和留日学生宣布独立，并成立了“冀东防共自治政府”，以通州为“首都”。他放弃了青天白日旗，改用原来的五色旗。

有理由相信，在殷宣布独立时，宋哲元已经承诺跟进，但是在最后一刻改变了想法。尽管宋哲元管理北平，但一直置身事外，从未干涉殷和属下官员的行动，虽然这些人都生活在北平。从表面上看，宋与殷的运动没有关系。

到 12 月初，整个国家和世界舆论都被华北事件的发展彻底唤醒了。一向以在国家危机中采取主动著称的北平学生，尽管在过去几年一直处于沉寂，但现在他们突然采取行动，举行示威，抗议 11 月土肥原贤二将军主导的“自治”活动。他们分成若干队伍，在城市的各个地区游行，但在莫里循大街集合时，被警察拦住。警察用高压水枪阻止他们，随后发生了冲突，一些示威者受伤。

然而，示威达到了预期的效果，南京政府的态度变得强硬，一直关注并暗中支持土肥原贤二行动的东京政府，也受到国际舆论的影响，匆匆将其召回。最后，南京政府取缔了五省“自治”运动，取消北平政务整理委员会，并成立冀察政务委员会，由宋哲元将军担任委员长。宋的大多数追随者都加入该组织。宋将军还被任命为平津卫戍司令和河北省政府主席，而他的两名追随者，秦德纯和刘汝明将军分别被任命为北平市长和察哈尔省政府主席。因此，第29军全面控制了河北和察哈尔。

像很多朋友一样，我对这些变化很不安，特别憎恨他们的行为。9个多月前，宋将军宣称自己已经准备好誓死抵抗，并因此失去了察哈尔省主席的职务。可能南京对他有点傲慢，在他被解职后没有安排替代职位，但如果他真像自称的那样是一个爱国者，就不应该转过来与日本人合作，以求重新在国民政府掌权。我觉得他丧失了在1933年喜峰口抗战时期得到的尊重，但他比那些口头上爱国，实际为保住权势准备随时投靠敌人的军阀稍好些。

他和他的追随者并不确定自己掌权的合法性，所以竭尽全力确保获得中国新闻界的支持。他获得了两个人的支持：一是现任北平市社会局局长、前中国报人雷嗣尚先生；一是曾经在《实报》获得成功的发行商管翼贤先生，此人知道如何与官方合作，并在本地报人中拥有不少追随者。他们尽可能为每家报社提供补贴。报纸编辑、记者、业务经理、第一线记者等人要么成为市政委员会委员、冀察政务委员会委员，或北平卫戍区司令部委员，每月拿50元到几百元不等的薪水，甚至直接领补贴。宋将军一年半的统治确实是中国记者的黄金时代。

我一直想知道路透社能否保住军事委员会北平分会的2250元补贴，如果我现实一点，可以求管先生或雷先生在宋将军面前为路透社说句好话。当然，在冀察政务委员会成立之后，军事委员会北平分会就被撤销了，但我觉得，如果当时我这样做了，就算金额减少，这笔补贴还是能保住的。

新市长秦德纯于 12 月某日下午开始接待外国记者，不久之前我的想法已得到了证实。管先生把我拉到一边，说市长会任命我为市政府委员，每月薪资 200 元。他补充说，这项任命不会公开，我也不需要去上班。这相当于一种间接补贴。我婉言谢绝，说此事需要上司批准。

我没有努力确保路透社继续获取补贴的真正原因有二：首先，新政权不吸引我。更重要的是，欧理渥先生从未要求我设法保住补贴。我是路透社二号人物，却从未从这 2500 元的补贴中受益，这件事无论成功与否都与我和其他中国雇员的利益无关。我自问为什么要插手这件事呢？此外，我感觉张雪楼先生认为我是那种能为路透社做大事的人，这一点和多次为南京报社办事的赵先生不同。另一个因素是对路透社这样的外国新闻机构而言，每月 2250 元的补贴太多了①，我觉得这笔钱应该分给困苦的中国记者。

早在 1936 年，欧理渥先生就暗示我，补贴减少了，根据上海的指示，他不得不将我的薪水削减到 250 元（前一年夏天已经提高到 300 元）。我一点不惊讶，因为我已经习惯了路透社的做法：严格地依据商业原则对待中国员工，也就是说，你必须为报社带来足够的利润才能拿到薪水，否则就得扣工资，以弥补报社的损失。我没有反对，因为当时我有两份工作，减少 50 元对我影响不大。

随着冀察政务委员会的成立，国民政府进行了重组，这无疑是为了应对日本对华北日益增长的威胁。蒋介石将军自任行政院院长，而一些非国民党人，包括几位大学教授进入了行政院。蒋的盟兄弟之一的张群将军卸任湖北省主席，受邀到首都主持外交部工作。中国著名金融家、《大公报》三巨头之一的吴鼎昌先生

① 前后数字不统一，原文如此。——译注

被任命为实业部部长。中国银行前任总裁张嘉璈先生担任铁道部部长。新政府人才济济，舆论交口称赞，给大众留下了良好的印象。

由于以上变动，清华大学前校长、过去八年间我家的好朋友周诒春博士也前往南京，担任新任实业部部长吴先生的副手。他的离开是我们巨大的损失，因为他和他的家人与我们关系密切。虽然满心遗憾，但是知道他在民族危亡之时为国家服务，我们就不那么难过了。我个人感觉，突然离开一个生活了 20 年的地方会让他很失落，但他很乐意离开北平。这么有眼光的人，不能不清楚中日很快就要爆发危机，如果两国决裂，北平将第一个遭到攻击。两个月后，他全家去了上海，只剩下还在协和医学院念书的儿子。

现在回到华北。宋哲元将军和他的第 29 军掌权，有计划地恢复旧秩序，这一点震动了很多人。在背后鼓动宋将军的无疑是那些日本顾问。首先，他起用了许多长期被国民党和国民政府反感的人。在他上任的头几个月，北平成了各路心怀不满的政客和军人的幸福猎场，很多人成了宋将军的亲信。其次，早被南京政府废除的旧习俗和迷信活动死灰复燃。例如，在官方主持下，北平、河北和察哈尔恢复了自 1928 年以来一直被废止的农历新年。宋将军宣布在北平安排不少于五天的假期，每天在怀仁堂为中国官员举行精彩的戏剧娱乐活动。虽然表面上看起来没有任何改变，但大量资金暗中流动。受资助的报刊加入了赞美新政权的大军，并在宋将军的管辖范围内竭力粉饰太平。

由于策动北方五省独立失败，日本军方现在转而专注巩固在河北和察哈尔的既得利益，他们通过鼓励走私，破坏中央政府的权威。重新投靠日本的宋将军很快证明自己对日本的感激之情，将日本顾问安插到河北和察哈尔政府的每个部门。就连第 29 军的军饷清单上，也赫然出现了几名日本顾问的名字。

在1936年的前几个月，公正和爱国的中国人看到这些变化无不忧心忡忡，但在即将到来的风暴面前，他们也意识到自己无力回天。我和很多朋友一样，觉得当时华北被置于火山口。但大多数人似乎被假象欺骗了，有些人甚至表示对宋将军的统治非常满意，宣称他了解华北地区普通民众的需求，并满足他们所需。

中日在华北地区实现了稳定与和平，但从1936年开始，直到两国在上海爆发冲突，上海、汉口麻烦不断，一次又一次地使两国关系紧张，濒临破裂。我不想详细叙述这些事件。幸亏日本当局加以限制，这些事件都没有引发战争。

第二十四章　东游日本

到了（1935年）8月底，我和妻子乘船前往日本度假。假期共有四周。我们原打算6月出发，由于河北事件，不得不推迟。塞翁失马，焉知非福。一方面，中日局势已经平静，我们不用担心突然爆发战争而身陷敌国。另一方面，日本的9月比6月更加宜人，天气仍然温暖，还有很多值得一看的东西。

我们往返日本乘坐的是Choan号，排水量达到2600吨，装饰精美，是往返天津和神户之间最快的船之一。我们坐头等舱，航程愉快，海静无波，尽管第二天妻子生病了，但我们大部分时间都在甲板上待着。我们的同伴包括三名前往日本留学的大学生；一名在陆军士官学校担任语言教师的东北人，他和家人结束在北平的休假后返回日本；还有一名法国天主教神父，他在中国工作20多年，这是第一次离开中国。这位神父似乎精通中国地理，他在门司下船，转到去欧洲的OSF航线。

日本船长、乘务长以及服务员，对中国乘客非常有礼貌。食物很好，我胃口大开。在船上的四天里，我从来没有错过任何一餐，不用说，我妻子也是如此。

第二天，我们接受了门司水警一名随船官员的检查。由于我们携带了日本驻北平使馆的证明，这位非常和蔼可亲的工作人员没有找任何麻烦。

第三天早上，船在门司下锚。尽管下雨，我们仍然下船并参观了该镇。快到中午的时候，我们回到船上，下午在内海继续航行，翌日抵达神户。

穿越内海的航程令人难忘。船只在平滑如镜的海面上滑行。从甲板上可以看到两岸的青山，日落的景色令人叹为观止，唯一的不足是无法把美景拍摄下来，除非有人愿意冒相机被没收的风险。因为事先得到了提醒，我们没带相机，所以也没有把美景偷拍下来的想法。

抵达神户后，我们见到了日本新闻联合社神户分社经理的代表，我把山上先生的介绍信交给他。他用英语简单自我介绍之后，带我们到海关检查行李。接下来，我们去了三宫火车站托运我们的行李，因为我们决定在晚上 8 点 55 分坐快车前往东京。

然后我们拜访了中国驻神户总领事，拿出徐谟先生给总领事蒋华本先生的介绍信，但是蒋不在，副领事甄（Jen）先生接待了我们。甄是宁波人，非常有礼貌，乐于助人，他请一位仆人带我们去拜访了冯泽坤先生的弟弟。冯先生是神户中文学校的职员，收到了他兄长的信说我们要来，热情地欢迎我们，校长董先生（Tung）同样热情。他们带我们四处走走看看，然后在明治茶室招待我们晚餐。后来他们又送我们去东京。

神户是一座非常繁荣的城市。作为远东地区的主要港口之一，神户拥有可与上海媲美的港湾，港口里有世界各地的商船，但以日本船为主。住宅区建在绿树成荫的山上，可以乘坐汽车或电车到达。

商业区靠近码头，有几家百货商店天天挤满了购物者。无论你有什么偏见和先入为主的观念，初访神户都会对日本留下良好的印象。到处都是穿着和服的女人，电车上的售票员、餐馆里的服务员、百货商店的售货员像故事书中的娃娃一样漂亮，和蔼可亲。

百货商店里货物低廉的价格令人震惊。柜台上货品丰富，价格便宜，我和妻子都无法克制购买的欲望。在神户逗留不到一个小时，我们已经买了很多东西。令我们吃惊的另一件事，是百货公司的绝大多数顾客都是日本人，显然，日本的工业化导致了国内市场的大规模扩张。从国内制造商的角度来看，本国市场非常值得培育。中国只有实现工业化，国内市场才有出路。

我们乘坐二等座从神户前往东京，同在 Choan 号上的三名中国留学生与我们同行。换了新床睡不着觉，在从神户到东京的火车上的 9 个小时里，大部分时间我都醒着，抵达横滨已是黎明时分。火车驶入东京中央火车站时，我看到了在站台上迎接我们的古野先生、Sheba 先生和王雪梅小姐。Sheba 是出生在夏威夷的日本人，我在《正报》时就认识他了，当时他是《芝加哥论坛报》驻东京记者，是东京唯一的美国报社代表。他把我们送到 Sannot [1]酒店，这是西式宾馆，夏季还有溜冰场。在 1936 年的“二·二六”兵变时，反叛分子以此处作为总部。

我们在东京共度过了十天，看到首都的所有□□□[2]，并且还从那里到横滨、镰仓、江之岛、日光热海和宫之下做了短途旅行。东京有 600 万人，已成为仅次于伦敦和纽约的世界第三大城市，街道宽阔，交通繁忙，除了有轨电车、公共汽车和地铁之外，还有出租车。坐出租车到市区较远的地方大概花 50 钱。全国有数百万人每天早晚乘火车上下班。据估计，每天至少有两百万人乘坐火车，所以东京站每五分钟就有火车出发或到站。东京

① 原文有误。——译注

② 原文不清。——译注

中心呈现了一个生动的场景：各购票窗口前聚集大群乘客，月台上很多人向离开的亲友或名人告别。

无论日本政府对中国的政策如何，作为个体的日本人非常友善。我们所到之处都受到礼遇。出租车司机也都很诚实，不会欺骗乘客。举一个例子，抵达东京当天下午，在远离酒店的繁华大道上，妻子突然想起住在神田区某条街道的王小姐。我们有王小姐的地址，但都不会日语，只能向出租车司机出示地址。司机说车费 50 钱，我们认为非常合理。但由于王小姐的住处路太难走，司机至少花了 20 分钟才找到地方。我对妻子说，50 钱太少了，很有必要再给点小费。妻子说我们应该按照约定交钱，如果他想多要可以给他 10 或 20 钱。令我惊讶的是，司机不仅毫无怨言地接受了 50 钱，还礼貌地感谢我们。

Sheba 先生在东京最昂贵、最时尚的餐厅招待我们吃午餐。我在餐厅遇到了路透社驻东京记者詹姆斯·考克斯先生，他前一天抵达东京，已经和外交部情报司司长李迪俊（T. T. Li）博士见过了。午餐后，Sheba 先生带我们参观了类似北京天桥的浅草区。我们还参观了一座挤满了朝圣者和虔诚信徒的佛寺。

当天下午，我们礼节性地拜访了联合社总裁岩永先生和古野先生，以及中国驻日大使蒋作宾将军。我们带了徐谟的介绍信。蒋将军亲切地接待了我们，并告诉我们，李迪俊博士是在前一天下午抵达的。蒋将军一表人才，他让我想起了我少年时代的朋友范志沛（Pan Chih-pai），因为他和范先生一样吸引人，我确信他的成就应当归功于仪表。

从他的谈话来看，蒋将军有点不愿意接待中国记者。两个月前，一名冒充新闻记者的中国人下塌东京的一家高级酒店，然后开始订购西装。服装店没有发现任何不对劲的地方，为他做了一套又一套西服，但在结账时发现这个人已经逃之夭夭了。裁缝非常失望，请求中国使馆赔偿。但除了承诺尽力调查之外，使馆也无能为力。根据蒋将军的说法，该案曝光后，日本人对中国报业人员产生了巨大的不信任感。

蒋将军似乎要淡化此事。他表示，那次事件曝光后不久，《大公报》经理胡霖先生访日，为挽回中国新闻界的声誉做了大量工作。胡先生受到日本记者和社会人士的欢迎，给日本公众留下了良好的印象。

东京之行即将结束之际，蒋将军在帝国酒店为李迪俊博士举行午餐会，我应邀作为嘉宾出席。在场的人包括天宇先生，他是东京的外文记者和日本记者中的领军人物。蒋将军用中文讲话，由杨先生和中国使馆的马先生翻译成日语和英语。天宇先生和《泰晤士报》的比亚斯（Byas）先生分别代表在座的日本人、外国记者答谢。

如果我们早点利用观光巴士，就可以在一天之内参观完东京的景点，而且更省钱。乘坐观光巴士，每人每天 4 日元，可以参观所有□□□。[①] 但事实上，我们花了不少于一周的时间游览东京，更糟糕的是，我们错过了许多应该参观的景点。到东京的第二天，作为我们的旅行伙伴和导游的是陆毅勋（Lu Yi-hsun）先生和他的未婚妻李烨梅（Li Yeh-mei）小姐，虽然他们已经在东京六个月了，但显然他们对城市的了解很少，因此只带我们去了上野公园和明治神宫两个地方。如果从一开始就按照古野先生的安排——他已经准备好从办公室派一个人带我们四处走走——我们可以参观更多景点。

在联合社体育记者陪伴下，我参观了明治神宫体育场，看了明治大学和立教大学的校际棒球比赛。这是星期六的下午，宽大的看台挤满了观众，为各自钟爱的球队疯狂欢呼。我对日本人比中国人热衷运动的说法的怀疑，被这次访问完全打消了。在中

---

① 原文不清。——译注

国，对体育最感兴趣的是学生，但在日本，全国人民都热衷体育，除了观看这场棒球比赛的数千人之外，肯定还有几千，不，几百万人在收音机前关注比赛。

在东京的第三天，我们游览镰仓和江之岛。离开北京之前，我们已经得到了两份介绍信，一是徐谟先生写给驻横滨中国总领事的，一是杨先生写给 Chison Lum 先生的。后者是出生在横滨的华裔，父母是广东人。此外，我们在 Choan 号遇到了一位长期居住在横滨的德国女士，她留下了地址，并说如果我们碰巧有机会去横滨，可以去拜访她，她会带我们参观镰仓和江之岛。我们不知道应该去探望谁，但预订了两张往返镰仓的车票。我们决定自己游览，但一登上火车，我们就开始怀疑独自观光是否是个明智的选择，毕竟我们不懂日语。由于横滨也包括在我们的行程中，我们决定先在横滨下车，给中国领事馆打电话。

我们很顺利地找到了领事馆。领事馆坐落在海港附近一座朴实无华的建筑内。总领事 50 多岁，像乌鸦一样瘦弱，他亲切地接待了我们，答应派人护送我们到镰仓。当我们向他出示杨先生给他的助手 Lum 先生的介绍信时——后来我才知道 Lum 先生是中国前驻日本公使汪荣宝先生的女婿——杨先生立即给他打电话。几分钟后，Lum 先生来了。他友善而亲切，给我们留下了非常好的印象。他不会说普通话，只会说粤语，我不懂粤语，所以我们只能用英语交谈。他是横滨一家大型瑞士丝绸公司的会计，显然是高级职员。尽管当天是工作日，Lum 先生仍然提议带我们去镰仓和江之岛。他让我们在领事馆等一会儿，说他会开着租来的车返回。

大约 10 点钟，我们三人出发。我们首先参观了横滨，景点之一是为那些在 1923 年关东大地震中的遇难者建立的纪念神社。Lum 先生告诉我们，当时很多人遇难，他的父亲是一个富裕商人，也遭遇不幸。说到这里，他伤心了。他的家人失去了一切，陷入了极度痛苦，完全是通过中国和日本朋友的帮助才恢复了家产。他感激地回忆起他在前往美国途中在横滨遇到的杨（F. P. Yang）先生，他向后者写信讲述了自己的不幸，因而得到了帮助。

去镰仓花了一个多小时，旅途非常愉快。这里道路宽阔，一侧是海岸，一侧是树木繁茂的乡村。到处都有色彩缤纷的特产商店。日本妇女和儿童穿着的民族服装尤其赏心悦目。

镰仓是东京附近著名的海滨度假胜地之一，曾经是日本的首都。它有日本最大的佛像之一。与日本最大的奈良大佛不同，镰仓大佛位于寺庙的地面上，寺庙保存完好，游客稀少。当地的专业摄影师竭力劝说我们在大佛前照相，作为旅游纪念。我感觉价格不太高，便同意了他的请求。

接下来我们去江之岛。这是一个与镰仓海岸隔着一座木桥的小岛。夏季，镰仓挤满了来自东京和全国其他地区的度假者，但是现在夏季已经结束，我们在沙滩上仍然能看到一些游泳的人。

江之岛不仅仅是一个小岛，岛上有一座小山，山顶有寺庙、餐馆、商店和茶馆。登山时，各种商店和餐馆的服务员热烈欢迎我们，迫不及待地吸引我们去消费。12 点半，虽然我们感到有点饿，但决定先看风景，再满足口腹之需。山上几乎所有的商店都备有贝壳、特产和明信片。我们看中了贝壳，买了许多标本，以及一套照片明信片留作纪念。回来的路上，我们在其中一家餐馆停了下来，并举行了“贝”餐会，Lum 先生作东。

回到横滨时已经 5 点了。我们打算立即乘火车前往东京，但 Lum 先生觉得没有把我们招待好，因而决定带我们去粤菜馆。他点了比江之岛的午餐更丰盛的菜肴，我们大快朵颐。晚餐后，我们赶紧登上东京的晚间快车，8 点钟后回到了酒店。

经过一天的休息，我们作为 Sheba 先生的客人参观了箱根。如果没记错的话，这是一个星期天，早上，Sheba 先生开车来到酒店。Sheba 太太没有来，我们略感失望，虽然我们不止一次提出探望她，但未能如愿。每当我们提出这个话题，Sheba 先生总是说她住在郊区，不方便我们去拜访。

箱根之旅比我们之前的镰仓之行艰苦。一方面，它离东京比镰仓远。另外，箱根的景点与镰仓不同：箱根因其山景和泉水闻名。我们至少花了三个小时才抵达，而且很长一段时间我们是在非常陡峭的山路上行进。最终，我们停在了一个高峰的顶上，在那里我们看到了温泉的硫磺蒸汽。之后，我们在箱根酒店吃午餐，欣赏美景。在返回的路上，经过热海，在横滨大酒店停留饮茶。然后我们及时回到东京吃晚饭。

我非常感激 Sheba 先生的热情招待。因为他不让我们支付当天的车费，所以我决定给他买一些礼物。在横滨短暂停留时，我去了一家书店，购买了庄士敦的《紫禁城的黄昏》，送给他。他对这本书非常满意，告诉我他迫不及待想阅读它。

在访问日光之前，我们两人都参加了由《华北正报》日本老板举办的一系列欢迎活动，现在这位老板已退休，闲居东京。他后来带我去了帝国饭店，请我们吃午餐。古野先生还在东京俱乐部举行了午餐会，让我能够见到一些日本朋友，例如鹭泽先生，还有太田先生，他是《大阪朝日新闻》的前驻北京记者，现在是《东京朝日新闻》的编辑。午餐之前，我参观了朝日新闻社的东京办事处，惊叹于这家富有进取精神的报社的组织和效率。

总裁岩永先生也邀请我去银行家俱乐部吃午餐，在那里我遇到了丹麦电报公司派驻上海的一名工作人员和一些驻东京的外国记者。我还会见了联合社英文部的几位成员，包括明治时期著名的政治家松方的最幼子松方三郎先生，以及日本著名的宣传家河上清的儿子。

根据古野先生的建议，我礼节性地拜访了外务省情报部主任天羽先生和军部情报部门负责人根本大佐。这两次访问都是在联合通信社英文部经理须原先生的陪同下进行的，访问根本大佐时他担任翻译。我第一次见到天羽先生时，他担任北平日本使馆二等秘书，这次他非常亲切地接待了我，后来又派一名助手带我去东京一家大剧院看歌舞伎，然后在剧院吃晚餐。

在东京的倒数第二天，我们去了日光市。古野先生让一位会讲中文的联合社员工担任向导。我后来非常惊讶地发现，尽管日光是游览胜地，但这位向导是第一次来。四年之后的今天回顾这次访问，我必须说这次参观不很顺利。首先，天气不理想，离开东京时，天空阴沉，看起来会下雨。在火车上，我们遇到了一位荷兰人和一位美国女孩，他们也去日光市。到日光时，大雨瓢泼，但我们还是顺利地抵达缆车车站。缆车将游客带到了中禅寺湖。一位日本作家说它和英格兰的湖区一样美丽。在湖岸上闲逛约半小时后，我们离开湖岸去看日本最著名的瀑布——华严瀑布。过去，需要花一天的时间才能看到山脚下的瀑布，但现在花几钱就可以从山顶坐电梯到山脚，时间不过几分钟。下了电梯，从洞穴出来的时候，瀑布飞驰而下。不过没有什么可怕的，这是一个最令人敬畏的奇观。事实上，光是这个瀑布就值得来日光旅游。我们在那里待了至少半个小时，无法忘却如此令人印象深刻的景色。我们终于明白为什么日本人喜欢说：“除非你去过日光，否则不要使用美妙这个词。”

除了华严瀑布和中禅寺湖，日光还有许多历史名胜。我们乘出租车返回日光，在日式餐厅吃午饭。然后我们又去参观了德川幕府的创始人德川家康和第三位幕府将军德川家光的陵墓。德川家康的陵墓的简洁风格令人难忘，虽然由青铜建成，没有明亮的装饰。据说很多建筑饰物由黄金制成，所以释放出奇特而美丽的光泽。东照宫是炫目的奇观和艺术杰作之一。

日光还有许多其他名胜古迹，但时间有限，我们无法逐一参观。我们必须赶上下午早些时候回东京的快车。傍晚我们回到首都，感到不虚此行。

我们在东京的最后一天花在和日本、中国朋友告别上。中午，我参加了蒋将军在帝国酒店为李迪俊博士举行的午餐会。此外，还遇到了《新闻报》的明星记者顾执中先生，他是前一天从美国返回上海途中抵达日本的。

晚上，Sheba 先生在东京最著名的鱼餐厅招待我吃炸鱼。著名的电影明星卓别林最近光顾过这家饭店。餐厅的新颖之处在于用餐的方式。在东京度过了将近 10 天的时间，我已经习惯于坐在精致小房间的榻榻米上就餐；小房间被移动木门隔开，漂亮的女服务员提供服务，负责倒酒和上菜。但这家餐厅别有特色，我们坐在大厅而非单间里，大厅中间是一口沸腾的大锅。一位看起来庄严肃穆的厨师坐在大锅前面，一手拿着煎锅，把生鱼倒入大锅。鱼炸好了，他会把它们捞上来，端给围坐在大锅周围的客人。鱼很好吃，我忘记吃了多少。我非常喜欢这里的美食和新奇的体验。

晚餐后，Sheba 先生带我走马观花地参观了著名的吉原区，让我一睹日本人的夜生活。约翰·帕里斯（John Paris）在他的著名小说《和服》（Kimono）中给我们描绘的日本夜生活非常糟糕，但是那天晚上我看到的却是截然不同的情形。我们首先访问了比较正规的区域，在那里我们不时看到一名男子站在会馆前招呼路人，显然是要引诱他们进去看艺伎。我们路过了很多类似的地方，没有看到《和服》里描述的那种站在笼子里、准备由性饥渴的男人挑选的艺伎。

随后，我们来到了一个声名狼藉的地区。在这里，色情业更明目张胆和商业化。一条条小巷里面大多是非常不结实的木房子。每个房子临街都有小窗口，后面坐着一个化了妆、穿着华丽和服的女孩。她总是以娇嗔的语气与迷恋她的男人交谈，千方百计以自己的娇羞诱惑他共度良宵。有时，窗户是关上的，说明房屋主人已经成功地开始营业。

大多数访问日本的中国人，特别是留学生，似乎对日本女性的看法不佳。他们说，只要一首歌就可以与日本女人发生婚外情，并公然宣称日本女性是世界上最放荡、最缺乏道德感的女性。很难想象有人会对一个伟大国家的女性做如此肤浅的观察和诽谤。每个国家都有以付出美德换取生计的底层女性，用最糟糕的样本判断一个国家的女性是非常不公平的。更糟糕的是，短期观光者永远不会接触到那些受过教育的女性。他们中的大多数人都度过了“愉快”的时光，如果你离开自己的国家，并且一心找乐子，无论在日本还是美国，都可以随时得遂所愿。第一次远离家乡的学生特别容易放纵自己，在日本尤其如此，因为大多数中国学生住在寄宿公寓，并有漂亮女孩服务。在这种情况下，很容易与女仆一拍即合；如果二人能保持长久的关系，就不必担心。但这不应该成为谴责全日本妇女的原因。我个人对日本女性非常敬仰。如果说日本男人看起来很丑陋，而女人却是甜美、漂亮、迷人、温柔的，勤于劳作且具有自我牺牲精神。日本在世界上的重要地位很大一部分要归功于她的女性。

我毫无愧疚地回到酒店，并把见闻告诉妻子。她没有任何疑问，因为她知道我不是放荡的人。

第二天一早，我们离开东京前往京都。古野先生、须原先生以及在东京休假的清华大学著名日本问题专家钱稻孙教授和他的家人到车站送行。一位联合社的摄影师在月台上给我们拍了一张合影。

下午抵达京都后，大阪的联合社工作人员小寺先生接待我们。他受古野先生指示，问候我们，并担任向导。小寺先生 30 岁出头，是典型的日本人。虽然是日本人，但他英语相当不错，曾去印度报道日印商业谈判。此外，他还是业余摄影师，为拥有一架莱卡相机而自豪。

互相问候之后，他带我们去了京都酒店，我们在那里住了三天。因下大雨，我们决定把参观计划推迟到次日早上。晚上，小寺先生邀请我们在日式餐厅晚餐。他当天晚上回到神户，承诺第二天早上再来，带我们参观京都。

如果住在日本，我会选择京都而不是东京。京都其实相当于日本的北平。京都以皇城长安（现称为西安）为模板，曾是日本的首都，比其它地方作为首都的时间更长。这里的居民似乎比东京、大阪或神户的人更轻松。人口超过500万的京都拥有比其它城市更多的神社和寺庙。著名的明治天皇在这里出生并长大。他和皇后葬在这里，他们的陵墓已成为日本所有爱国人士的麦加。京都以美女著称（相当于中国的苏州）。此外，它是日本的文化中心。京都帝国大学与东京帝国大学的地位不分轩轾。

虽然我们在京都只待了四天，但看到的景点可能比东京更多、更便宜。这是因为我们在小寺先生的建议下利用了观光巴士。巴士从京都火车站出发，每人收费4日元。考虑到巴士要将游客带到十多个分散在城市不同地区的景点，这个费用很合理。小寺先生全程陪同，并向我们解说到访各地的不同传统和传说。我们与日本游客一起在桃山皇陵前致敬。

经过一天的观光后，我们对京都的主要印象是：首先，要想看完京都的□□□，① 至少需要几周而不是几天。其次，不能不钦佩日本政府为促进旅游业所做的努力。所有的寺庙、神社和历史建筑都很整洁。没有任何破坏氛围的现象：没有乞丐或愤怒的孩子追逐游客乞讨，也没有导游强迫你接受服务。另一方面，日本政府尽一切可能让旅游者感到舒适和便利，以增强对日本的好感。在每个车站、酒店或餐厅都有免费的海报或小册子，绘有城

① 原文不清。——译注

市及周围地区的地图，并印有为期一天或更长时间的游览介绍。第三，在日本观光和旅行是一种真正的乐趣。来自一个贪婪的酒店管理员、铁路搬运工、码头苦力将游客视为合法侵害对象的国家，我不得不承认日本给了我一种安全感。很多时候，我觉得给铁路搬运工或餐馆服务员的小费太少了，但他们总是说“ありがとうございます（谢谢）”。在日本购物也很愉快。在京都，我们遇到的一件事说明了日本店主对陌生人的诚实。在朝日餐厅用餐后，我们决定步行回酒店。在途中，我的妻子在看起来像印刷厂的窗口看到了一幅中国画。她走进商店，询问价格。店员回答说这不是商品。我们试图通过手势向他说明，只要他开价，我们就会买。在类似情况下，任何其他店主都会利用我们的热情提高价格，但令我们惊讶的是，虽然我们准备给他 1 日元，但他只要了 10 钱。

我们在京都的第三天去了奈良。奈良距离京都大约半小时的火车车程，它是日本的前首都之一。这次访问是在小寺先生的陪同下进行的。在奈良下车后，我们乘坐人力车简单地游览了城市。我们参观了著名的鹿园，数百只温和的鹿在公园里游荡，准备从对它们感兴趣的游客手中取食。我们还在拥有日本最大佛像的寺庙里徘徊。这里挤满了焚香、祈祷的朝圣者。令我印象非常深刻的是，无论我们去东京、镰仓、京都还是日光，都看到寺庙内挤满了朝圣者和信徒。日本无疑是一个佛教国家，但这并没有妨碍她拥有世界三巨头之一的地位。这似乎违背了流行于某些地区的奇特观念：即佛教是一种阻碍国家进步的宗教，印度和中国当前的困境就是证明。然而佛教在日本的流行，并伴随着她成为军事强国，无疑否定了这种观念。

人力车之旅结束后，我们回到火车站附近的一家日式餐厅吃午餐。午餐后仍有充足的时间，我们决定乘观光巴士上山。路上走了大约两个小时。在此期间，山景的美丽充分展现在我们的眼前。4点钟，我们独自返回京都，小寺先生直接去了神户，说好第二天再来京都带我们去看二条宫殿。

这座宫殿建于17世纪，由德川幕府的创始人德川家康建造，豪华而辉煌，堪比皇宫，是京都胜景。但它不对外开放，游客需要通过本国的外交部门获得东京宫内省的许可。当我在与蒋将军的谈话中提到想参观二条宫时，他答应帮忙，但是一听说我在联合社有一些朋友，就说我的日本朋友可能会帮忙，效率比中国大使馆高。结果证明他是对的，小寺先生似乎没有遇到多大困难，就让我们参观了宫殿。他穿戴正式的礼服和礼帽，看来相当郑重。宫殿离酒店很远，我们乘出租车到那里。进去后看到一间间互相连接的典型日本房屋，屋子里都装饰着华丽的挂轴，显然受中国的影响。除了陈设和装饰外，宫殿整体上与中国宫殿相似：回想一下，紫禁城比二条宫更宏大、更精致。

在京都的最后一天的早晨我们参观了两家博物馆，看到了精美的日本艺术品和手工艺品。这些博物馆里有许多来自中国的东西，对中国文化和考古学感兴趣的人不能错过。不幸的是，我对中国历史和文化了解不多，只能简单地浏览。

下午我们告别京都，花了不到两个小时，就抵达了大阪。我们住在新大阪酒店。这座建筑造价百万，被认为是日本最大的西式酒店之一。稍作喘息之后，我们礼节性地拜访了联合社的大阪经理塚本先生。在日本人里，他的个头算是很高的，且穿着整洁。他的高效和能力给我留下了深刻的印象。他会英语和德语，多年来一直担任驻柏林记者，目睹了纳粹的崛起。他对欧洲金融界有很深的研究，还写过一本与此有关的著作。

这里的办公室像东京的一样，像一个忙碌的蜂巢，每个人都狂热地工作，且节奏很快，而不是像中国政府新闻机构那样敷衍。塚本先生和小寺先生带我们去了距离酒店仅几个街区的大阪日日新闻社大楼。《大阪日日新闻》是日本的两家日报之一，发行量达120万份，它声称比对手《大阪朝日新闻》的发行量大，尽管许多日本人认为应该是后者。毫无疑问，两家报社竞争激烈。《大阪日日新闻》更受欢迎，有时会刊登轰动性的报道，所以对大众而言更有吸引力。除了出版报纸，两家企业都经营着一些下属企业。例如，面向员工的银行和合作商店。报社有一个宽敞的礼堂，经常举办有关当前热门话题的公开讲座。简而言之，这家报社在地区生活中占有重要地位。

两名分别来自报社日文、英文部的员工接待我们，他们非常有礼貌。稍事休息，我们开始参观这座建筑。位于建筑物地下室的印刷厂给人印象最深，印刷机将一摞一摞下午制版的报纸打印出来。由此我想到了《大公报》《申报》和《新晚报》，这几份报纸的发行量在中国应该是最大的了，但在设备、销售和公共服务方面远远落后于《大阪日日新闻》。英文部的工作人员英语很好，问我对日本的印象。我说很好，任何人初次访问日本都会像我一样留下深刻印象。他对我的回答非常满意。我在次日的早报上看到了对我访问的简短报道。

接下来我们参观了朝日大楼。它是大阪最高的建筑物之一。虽然两份报纸报道的内容大同小异，但人们不可能不注意到二者的细微差别。《大阪朝日新闻》是自由主义报纸，似乎更受人尊敬，这一点表现在工作人员的平静、严谨的气氛中。有人告诉我，大阪朝日新闻社的设备比竞争对手好，但我不熟悉报纸印刷机，所以看不出来。

晚上，塚本先生和小寺先生在一家船餐厅招待我们。晚餐后，我们参观了一家咖啡馆，看了看大阪的夜生活。我们夫妇都不跳舞，所以没有停留太久，很快就回到了酒店。

尽管第二天下雨，我们还是对大阪附近的娱乐演出之地——宝塚——进行了全天的访问。宝塚是一个娱乐中心，它的成立归功于一位名叫小林的商人。此人富有进取精神。宝塚比上海大世界更宏大，拥有歌剧院、动物园、水族馆、植物园以及娱乐中心应有的设施。入场费仅为20钱，但如果想看日本著名的歌剧，就需要另外支付30钱。

宝塚的主要吸引力一直是日本歌剧。剧团的演员全是女子。在看了游乐场和各种节目后，我们前往歌剧院。礼堂已经挤满了人，大多是日本人，但也有一大群外国人。剧院座位比中国顶级的现代剧院的座位更舒适。舞台上的表演美得令人窒息。因为歌是用日语唱的，我们听不懂，但表演者穿着外国风格的衣服，非常漂亮迷人。她们的表演也很可爱，令人愉悦。观众的表现也很好，完全没有中国剧院的嘈杂。演出结束后，我们在娱乐中心的中餐馆吃晚饭。随后乘坐地铁回酒店，第一次在地铁隧道行驶让我们非常兴奋。

在大阪的第三天也是最后一天的早晨，我们参观了大阪城。这座城堡由著名的丰臣秀吉建造。在塔顶可以欣赏城市和海港的美景。回到酒店，我们作东招待塚本先生和小寺先生吃西餐。然后，我们前往神户，由小寺先生陪同，他虽然在大阪工作，但住在神户。

我们打算住在大和酒店。这家酒店虽然小，但很舒适，有不少中国客人。不幸的是我们没有预订房间，没有空房。在神户还有另外两家西式酒店，即东方酒店和托罗酒店，但由于东方酒店位于海边，我们决定前往位于山坡上的托罗酒店，据说这是神户最好的酒店。托罗酒店是神户唯一一家由外国人管理的酒店，以格洛斯特公爵访日期间在此下榻为荣。这家酒店显然主要为外国人提供服务，对中国客人很冷漠。我们花12日元住一个房间，不包括食物。房间装饰陈旧，床上有蚊帐，浴缸也相当破旧。这里的服务很糟糕，日本男僮和在通商口岸的外国酒店工作的中国服务员一样，对中国人很不客气。我按电铃后等待半个小时，才见一个日本男僮应答。幸运的是，我们只住了一晚，但在离开之前，我给管理层写了一封信，抱怨酒店的服务。

从大阪到神户当天下午，我们再次与小寺先生一起去了很多地方。之后我们打电话给神户中文学校的冯先生和唐先生。第二天，神户警察洪山先生（我忘了他的日本名字）负责招待我们。他在北平学过几年中文，作为日本人，他的中文非常好，且性格相当安静，愿意与我们交朋友。由于日本出色的情报服务，他知道我们原计划在 6 月访问日本，而且他也知道我与路透社的关系，当他得知我们将访日时，立即打电话给中国学校的冯先生并问他是否认识我。冯先生的回答是肯定的，洪山先生请他在我们来的时候通知他。

由于我们先在神户短暂停留，然后才去东京，所以冯先生未能及时告知洪山先生我们已经到了，但是大阪的报纸择要刊登了我对此行的观感，因此他还是为我的到来做好了充分准备。早上回到神户的时候，洪山先生到托罗酒店拜访我。我起初有点吃惊，因为我不认识他。尽管我怀疑他可能是警察派来监视我的，但他非常友善和诚恳的态度打消了我的怀疑。或许他的真正使命就是监视我，但我必须说，我没有什么可以隐瞒的。洪山先生问我对酒店及其服务是否满意。我说我原本打算住大和酒店，但由于没有空房，别无选择，只能住这里。洪山先生打电话给大和的经理，问他现在是否有空房。得知有房客刚刚离开，洪山先生带我们去取了行李箱。

我必须说，日本服务生一发现我认识洪山先生，立即彻底改变了态度。洪山先生命令他们为我租一辆出租车，并把我的行李搬下楼，他们非常恭敬地向他鞠躬致敬。众所周知，日本人对长官非常尊重，在这里我亲眼得见。

我们在大和酒店受到了非常郑重和礼貌的接待。酒店最好的套房可以随意使用，此外我们还享受了 10% 的折扣。虽然只住一晚，但待遇就像我们要住几个星期一样。想到我们在托罗酒店的体验，我建议所有准备去日本的游客，尤其是中国人，无论如何都要住日本人开的酒店。

然后，洪山先生带着我们从神户坐火车，20 分钟后抵达足利。这里位于内海海岸，是一个相对安静的度假胜地。主要景点是一个大型公园，我们在那里闲逛。公园是免费的。洪山先生说他感到很惊讶：第一次访问北平的中央公园时居然得买门票。他说，日本所有公园都免费。

洪山先生很友好，能用流利的中文和我妻子交谈。此外，他精通中国事务，有很多中国朋友。两个月前，海牙国际法庭成员王宠惠博士访问神户时，他也负责护送。他的父亲也是警察，多年来一直在神户警署服务，现在已经去世了，他认识流亡日本的康有为先生，在他的书房里，还有一幅康先生的书法卷轴。

我们在足利的一家餐馆午餐，之后我们决定不坐火车，沿着海岸步行回神户。我们已经在日本呆了 17 天，明天就要回家了。在这 17 天里，我们参观了日本的很多地方，但错过了一件事：我们还没去过日本人的家。和他们的中国兄弟一样，日本人似乎非常不愿意邀请朋友到家中做客，似乎如果家没有理想中那么好，就不能让别人来，除非是最亲密的朋友。我已经提到 Sheba 先生不愿意让我们去他家打电话，但最终我们在出发前第三天，在三宫酒店的晚宴上遇到了他迷人的妻子。即使是联合社社长的夫人，据说她是一位非常富有的人，也是在参观时而非家里招待我的妻子。

在返回神户途中，沿着海岸漫步时，我们表示希望去洪山先生的家里打电话，并向他年迈的母亲致敬。令我们惊喜的是，他很乐意带我们去他家。我忘了他住所的地名，这里离神户有一段距离，我们必须先回神户，然后乘坐另一列火车。像大多数日本建筑一样，这座房子相当小，但里面一尘不染。房子有两层，一楼的一个房间装饰成中式。洪山先生的书房有许多中文书籍，证明他对中国的兴趣。他 70 多岁的母亲非常热情地迎接我们，为我们提供茶和冷饮。当然，她不会说中文，但在儿子的帮助下，她向我们问了许多有关中国的问题，然后向我们展示了二楼的房间，房间很干净。她告诉我们，她有一个已婚的女儿，和她住在一起，还有一个儿子。她的女婿在军队服役。她表露了对儿子一直单身的焦虑。

我们对访问非常满意。在洪山家停留了一个小时后，我们告别了他年迈的母亲，乘坐公共汽车与洪山先生一起返回神户。晚上剩下的时间用于购物。第二天早上，我们乘坐 Choan 号回国。洪山先生、冯先生和董先生都来码头送行。

尽管归途没有来时那么平静，但船上有更多有趣的乘客。这些人包括洛杉矶外科医生爱德华·琼斯（Edward Jones）博士和他的妻子、来自波士顿的寡妇博林（Boring）夫人，纽约一家女子学校的老师图拉尔（Turaer）及其旅行伴侣，以及一对英国夫妇，丈夫是退伍的驻印度军官，妻子很年轻。他们都要去北平。我们很快就和美国人成了好朋友，在我们短暂的访日期间，日本朋友的热情好客让我们深受感动，于是我们决定为美国朋友做点什么。有一天，我们邀请他们到家里，招待他们午餐，还带他们游览了故宫和景山。

回顾这段时间，必须承认，我们很享受此次旅行。如果我们先去美国和欧洲，那么对日本和她的人民的钦佩可能会少些。那些曾经去过欧美的人告诉我们，欧美的生活比日本更有效率。但事实仍然是，对于一个从未出过国的人来说，访问日本最能给人带来启发。它让你对中国在工业、教育和经济方面的落后感到羞耻。更重要的是，它让你感受到倘若一个公正、不怀偏见的外国人访问日本和中国，会对前者印象更好。我的大多数同胞都倾向于认为日本在欧美不受欢迎，却没有意识到许多去过日本的外国人对她和她的人民赞不绝口。无论欧洲和美国如何同情中国，都出于人类对于不幸者的普遍而自然的同情心，然而我不希望我的国家被外国人以这种方式同情。

第二十五章　上海之行

（1936 年）4 月初，我和妻子带着两个孩子在上海和崇明休了四周假。休假期间，我考虑了很多事情。自 1932 年举行父亲的葬礼以后，我就没有回过家，现在急于利用清明节来扫墓。其次，守寡妻姐的唯一女儿，已经与在海关工作的吴鸿祚先生订婚并即将结婚。因为这对年轻夫妇第一次见面是在我们家，所以两人的父母认为，我们应该是婚礼的嘉宾。我 1930 年加入北平扶轮社，拟作为两名官方代表之一，参加 4 月在上海举办的国际扶轮社第 81 区第一届会议。听说我即将访问上海，北平扶轮社提出支付我的差旅费，但我决定放弃一半，因为不管是否去开会，我都会去旅行。

途中，我们在南京短暂停留，拜访了徐谟夫妇。我们花了三天时间畅叙友情，外出观光。城市的防御固若金汤，到处都是戴着钢盔的士兵。当局很明显认为会有来自空中的威胁，所以经常举行防空演习，各部门的低级雇员每天早上都要接受训练。如果遭到袭击，政府肯定会坚守首都。

我拜访了实业部次长周诒春博士，他是政府中最尽职、最优秀的官员，工作举足轻重。我还探望了《国闻》的前同事金诚夫先生，他现在是实业部的秘书。此外还有我在燕京的一些学生，他们现在在中央通讯社的英文部门工作。他们争着要招待我。金先生特意在一家摩登餐厅准备了最精致的晚餐，我在餐桌上遇到了一些著名的中国报人，包括《中央日报》社长程沧波先生。

抵达上海后，我们在车站见到了周诒春的夫人及其已婚女儿李太太、吴鸿祚先生和我的兄弟瑞芝，他们也在海关工作。周夫人把我们带到她在愚园路的家，我们在那里住了好几天。

在为期三天的大会正式开幕前一天下午，我们抵达上海。当天下午4点钟，在虹桥路上海扶轮社的一位著名成员的家中举行了一场招待会。我乘坐了7小时火车，感到非常疲惫，因此不是很想去，但由于我是北平代表，必须参加，因此，在匆匆理发之后，周先生开车送我，先去报到，然后到LIMIT街。① 但是路上开车走了一个小时，到达那里时，绝大多数代表已散去了。然而，邀请人和女主人非常亲切，在草坪上接待了我。不久，我就离开了。晚上，我参加了自助晚宴。我在那里遇到了许多睽违多年的北洋和南洋的老朋友。

第二天（4月14日）上午，银行家兼上海扶轮社前任社长朱博泉先生主持了开幕式，来自中国各地的200多名扶轮社成员出席了会议。朱先生精通会议议程，擅长英语，是一名出色的主席。发言者很多，但除了王正廷博士和国际扶轮社的官方代表外，其他人的发言不得超过五分钟，但有几个人仍然超时了。再次当选社长②的王正廷博士发表了精彩演讲。虽然有很多人批评他，但我认为，所有人都认为他个性鲜明、口才出众，足以给接触他的人留下深刻印象。他是第81区的第一任社长、最善良的扶轮社成员，扶轮社确实非常幸运。

会议结束后，代表们在楼下的大餐厅用午餐，由扶轮社南京分社主席徐谟先生负责。在主桌就餐的是各地扶轮社的主席。徐先生一如既往地证明自己是一位能干的主持人，在午餐会上，他招呼各个俱乐部的代表讲几句话，每位代表都介绍了本社所在地的美好。我个人认为来自香港的代表大卫·区（David Au）先生

① 原文如此，疑有误。——译注

② 据《申报》（1936年4月15日）载，王正廷当选为名誉总裁。——译注

讲得最好，他含蓄的幽默赢得了大家的赞赏。

午餐后，代表们分成不同的小组，对扶轮社的某些议题进行圆桌讨论。我参加了关于等级的会议，不是因为我对此知道得多，而是因为我对其他问题知之甚少。上海扶轮社的哈里斯（Harris）先生负责讨论，他对这个问题的全面了解让我印象深刻。实际上每个人都比我懂得多，有话题可讲，我完全不懂，在整个会议期间保持沉默。一些演讲者，如著名的上海律师梅（T. H. Mei）博士，讲得特别好……[①]他们的英语相当完美。

会议结束后，许多人参加了由上海扶轮社的日本成员举办的招待会，但我没有去。晚上，主办方在礼查饭店为代表们举行娱乐表演。《上海时报》（Shanghai Times）编辑、上海扶轮社主席主持会议，有面向扶轮社的国际代表和王正廷博士的演讲和陈述。晚会非常成功。顺便说一句，在这次晚宴上，我第一次见到沪江大学校长刘湛恩博士，两年后他被枪手暗杀。

第三天上午，大会又举行了一次会议。接下来是市长吴铁城（他也是上海扶轮社的成员）在江湾的市政府举行的午餐会。午餐会在市政大楼宽敞的大厅里举行。市长致欢迎辞，王正廷博士得体地答谢。午餐后，又在市政府楼前合影。后来我和另一些外地会员在当地扶轮社的 M. T. 曹先生的引导下参观了市政府。大会在派拉蒙球场结束。除了扶轮社之外，还有数百人参加。因为我不会跳舞，所以没有带妻子，也没有邀请任何客人。我很喜欢主办方举办的夺旗橄榄球赛（flag drill），它将大会带进高潮。

第二天早晨，我和小儿子一起回家，将德珩和老七留在上海。德珩不得不留在上海协助准备她的侄女的婚礼。

我只在崇明待了四天。虽然家务劳动是个苦差事，但继母显得非常开心和满足。她在一位多年来一直在我家的女仆协助下，

---

① 原文省略。——译注

干家务活，做饭、照料花园和果园。由于在海关工作的毛弟[①]是家庭主要收入来源，加上我偶尔的资助，她比其他人更幸运。但她仍然有两个儿子要抚养，外加一个到了结婚年龄的女儿。她不担心女儿，因为一位算命先生说，她唯一的女儿会晚一点结婚。

与她同住的是琴姐姐和外祖母，她自己的母亲。外祖母年逾七旬，虽然很瘦，但并不显得衰老。她一直对我很好，具有多种美德和令人钦佩的品质。但我常常觉得上天对她不公，她 20 多岁丧夫，留下一个 4 岁的女儿（后来成为我的继母）和一个遗腹子。遗腹子的落生缓解了她的丧夫之痛。接下来的 20 多年中，她一心一意照顾、拉扯两个孩子。女孩根据习俗，只接受了初级教育，14 岁便辍学了。儿子上当地小学，后来就读于上海南洋大学。他在中学时代并没有多出色，但成为土木工程专业大一新生后，他让大家看到了希望。但他身体不好，被怀疑得了结核病。身体检查证实了这种怀疑。如果他能够得到适当的照顾，还有望康复，但那时，结核病被当成绝症。更糟糕的是，家里决定让他马上结婚，希望这样可以冲喜。婚礼按照习俗举行，但他的病情加重了。两年后他去世了，六个月后未亡人也成了结核病的受害者。

外祖母痛失独子，悲伤可想而知，但她在生命中最为悲惨时仍勇敢地生活着。她一如既往地保持着安详和温柔，在已婚的女儿、三个孙子和一个孙女的陪伴下，找到了唯一的安慰。1938 年 3 月，日本占领崇明之后，她与继母去上海避难。从家信得知，她很健康。但是在今年年初（1939 年）[②]，她生了一场小病便去世了。我唯一的遗憾是没能见上她最后一面。我将永远怀念她。

---

① 毛弟，即孙瑞芝。——译注

② 指写作此章的时间。——译注

虽然我四年没回过崇明了，但这里没什么可看的。我一如既往地拜访亲友，这在一天内就完成了。我拜访了岳母，她可以起床并且能够和我说话，但是60岁出头的她让我感觉老态龙钟。四个月后，她去世了。

我特意安排一天为父母扫墓。一个雨天，借助市区和坟墓所在地庙镇之间的公共汽车，我一个小时之内就抵达目的地，并没有感觉到旅途的疲劳。继母陪伴我扫墓之后，我们就回去了。

另一天，我专程去给岳父和姐夫韩城扫墓。墓地远离城市，我们需要坐马车才能到达。虽然路上花了两个小时，但天气很理想。韩城最小的女儿陪着我。到达那里后，我在两个坟墓前供上了酒等祭品，行三鞠躬礼。我在墓地徘徊了一会，试图与两个至爱亲人的灵魂交流。

我在侄女婚礼前几天回到上海，拜访了老朋友。我与卢祺新先生聊了很久，他后来去上海路透社工作。我还拜访了董显光先生、鲍威尔（J. B. Powell）先生、刁作谦博士、理查德·简（Richard Jen）先生和同盟通信社的堀口先生。他们招待了我。

一天早上，我去路透社办公室，看到了张雪楼先生。当时他似乎很忙，我们简单地聊了几句。他提到北京办事处捉襟见肘的财政困境，问我能否想方设法吸引订户。我答应尽力，我有一些与宋哲元将军非常亲近的朋友。张雪楼先生举止得体，但不热情，没有约我去喝茶或午餐。

侄女的婚礼在一家酒店举行，主持人是徐谟先生，他恰好来上海参加自己侄女的婚礼。我们和徐太太、她的孩子、蒋女士、徐夫人的妹妹一起去杭州游览。我们在杭州度过了三天，观光、划船、散步。我第一次来这里是1910年，当时我还是南洋小学的学生。一晃26年过去了，但我仍然清楚地记得西湖和附近的景点。我记得第一次访问灵隐寺的情景，很多同学违反校规，设法带零花钱，买小贩的水果和食物，身无分文的我只能眼巴巴地看着。现在，我虽有不少钱，但绝不挥霍。尽管在我们中间有一位高官的妻子，我们仍然很节约。在灵隐寺，我们甚至没有在餐馆吃饭，而是在露天凉亭里午餐，吃的是从周围的小贩那里买的食物。

因为是浙江省省会、全省铁路和公路网络的中心，杭州的防御与南京一样严密。航空学校和空军基地位于郊区。我们到达当晚就举行了一次防空演习。从酒店的窗户，我们屏住呼吸看着飞机飞过万里无云的夜空。酒店和街道的灯都关了，一团漆黑。

我有一些少年时代的朋友，现在在政府部门或银行工作，但是我忘了地址，没法找他们，因此，我没有拜访任何朋友就离开了杭州。

回到上海后，我度过了余下的几天假期，与亲友告别。这次我和堂弟瑞槐住在一起，妻子和两个孩子在 T. F. 李夫妇家做客。我的银行家堂兄和容力化工上海分公司经理李先生住在大夏大学的大夏新村，堂兄住在自己家，李先生住在租住的宿舍。虽然是中国地界，但大夏新村靠近租界，在八一三事变中，所有房屋都被日本人烧毁。

4 月底，我和小儿子一起回到北平，妻子和老七去崇明与母亲短暂团聚。

如果说 1936 年夏天，中日两国相对和平，这并不是因为日本人放弃了他们在华北的野心，而是因为东京爆发的“二·二六”叛乱事件，让日本军国主义者一时不知道应该在中国做什么。然而，华北地区的走私并没有减少，到 1939 年年中甚至上升为国际丑闻。南京尽力反走私，但由于它无法有效控制华北，因而大多数举措都无法推行。

第二十六章　南京之行

虽然冀察政务委员会完全处于日本人的掌握中，但南京仍然藐视它，拒绝落入日本的圈套。日本大使川越茂先生经日本军方委任，接替在“二・二六”事件后被召回的有田八郎先生，现在他正努力向南京推销“广田三原则”，如果南京接受的话，就意味着中国的政治、经济、军事完全落入日本之手。9月份，川越先生和张群将军在南京展开谈判，漫长的谈判一直拖到10月份，所有人都明白，日本要让中国沦为其远东帝国的附庸。而南京，无疑受到了英国和美国的暗中鼓励，决心用全部力量和资源抵抗。在日本提出的所有要求中，与“反共”有关的条款最难以接受。简单讲，日本不仅要求中国签署东京—柏林反共产国际协议，还得加入共同“防共”协议。如果接受，这将使日本有权以镇压共产党为借口向中国任何一个地方派兵。

南京政府，或者说蒋介石将军，现在的处境不妙。他要抵抗日本不断增加的压力，倘若对日本表现出一点点软弱，就得面对国内的反对意见。越来越多的公众舆论反对所谓的不抵抗政策。被蒋介石将军驱逐到西北的共产党人改变了他们的策略，现在要求抗日，建立联合政府，以应付日本的威胁。他们的宣传产生了效果，上海等地的许多知识分子也接纳了联合政府的主张，加入大合唱。政府对局势的新发展保持警惕，直到1937年中日在上海开战才告一段落。

1936年北平的双十节庆典，可能是自1928年以来组织得最周密的一次。这完全是为了配合宋哲元将军要求在各种可能的场合粉饰太平的政策。上午在南苑进行了军事检阅，有外交机构成员和中国官员参加。我代表《北平时事日报》坐在观礼台的前面。军队方阵行进令人印象深刻，宋将军从专门搭建的观礼台上向方阵致敬。在观礼台上，有穿各式各样军服的外国军人，还有身着正装和礼帽的外交官。游行过后，主办方提供了香槟和饮料，许多外国客人利用这个机会向宋将军致敬。

作为一名报道军事新闻的新手，我思考如果日军在华北采取进一步行动，第 29 军的这些彪悍士兵是否可以与日本人作战。毫无疑问，他们的健壮，可以与日本人媲美，但我对他们的装备和高级指挥官的能力没有把握。炮是老式的，没有高射机枪。军官虽衣着光鲜，但我怀疑他们是否具备现代军事科学的知识。我在内心深处担心，中日真正摊牌之后，这支在国庆日接受检阅的军队很快就会被消灭掉。不幸的是，不到 10 个月之后爆发的卢沟桥事变，证实了我的担心。

下午，为外交官在怀仁堂举行了大型招待会，随后是文艺演出。我和欧理渥先生同去，但没有待多久。

两周后，我为私事匆匆访问了南京。我之前收到了徐谟先生的一封快信，问我是否愿意接受战时外交专门委员会（council of International Relations）主任的职务，接替被任命为中国驻华盛顿大使馆[①]参赞的时昭瀛（Shih Chao-ying）先生。徐先生说，该职位月薪 500 元。委员会虽然得到外交部的支持，并且在外交部长的管辖下，但并非外交部的一部分。该机构在一年半之前成立，目的是每月通过公告发布中国事务的信息，现在有许多在美国拿了博士学位的人供职。主任的职责是指导研究以及管理理事会的行政工作。徐先生说，他会推荐我，但他强调我必须面对那些留学生，他们可能会反对在一个从未出过国的人手下工作。我当然非常感谢他，但我觉得自己没有做这种工作的天赋，于是决定亲自前往南京当面婉拒。我还打算利用这次访问，看看我在南京的朋友是否可以帮助我掌管英文《北平时事日报》，因为自去年 12

① 原文如此。似应为驻苏联大使馆。——译注

月1日以来，这家报社一直没有经理。张明炜先生虽有和蔼可亲的品质，但对如何管理报社一无所知。他自1932年以来一直负责该报。当时受压抑的《北平导报》被重组为《北平时事日报》，谢尔顿·艾德（Sheldon Eidge）先生担任编辑，泰勒（C. A. Taylor）先生为新闻编辑。我于1934年1月1日加入报社，直到1935年12月底张先生离开北平，两年中，我没有一个月按时领到工资，其他员工也是如此。如果能仅仅晚一周领到工资，那我就太幸运了。报社绝对没有正常的工资制度。这个月我可能先获得报酬，一周或两周后轮到泰勒先生和李治先生，下个月他们先拿工资。最倒霉的是排版和校对人员，他们的薪水很少，有时到月底也得不到报酬。

因为我总是在月底领到工资，所以《北平时事日报》的工资晚一两个星期也无所谓。但我必须承认，一旦在月末拿不到钱，我会感到沮丧。毫无疑问，制度缺陷甚至制度缺席让《北平时事日报》的工作人员士气低落。然而，张先生是一个非常和蔼可亲的人，他宽容到了极点。名义上他是每月只有250元工资的业务经理，但他有一个至少1000元的账户，有时会达到1500元。确实，他住在这里，但他每天在办公室只坐一两个小时。有时我连续几天见不到他。他几乎每天都在外面招待报社朋友，或者与其他人游玩。

我从未见过比《北平时事日报》工作人员更耐心、更幽默的员工了。他们会抱怨，但仅此而已。虽然英国人以具有强烈的权力感著称，但李治先生和泰勒先生似乎完全屈服于中国环境。当然，他们抱怨，但不敢与张先生直接对话。张先生不断从广告和发行部门揩油。国民党中央的每月补贴定期到账，但不是用于支付工作人员的工资，而是立即用来支付账单等等。

在张先生离职后，李治先生成为名义上的主管，事情开始好转。他上任时寻求英国政府的庇护。作为一名老派报人，他长期与中国人一起编辑政府公报。他认为自己是一个认真负责的人，做事也很轻松。他经常对排版或校对工人发飙，但我必须说，他对我一直非常礼貌。

就在我匆匆访问南京之前，中央通讯社英文部的鲍静安先生告诉我，国民党的宣传部门对张先生一直不在北平非常不满，他建议我找找国民党的老朋友，看看他们是否能帮我得到这份工作。我并没有打算赶走张先生，但我觉得，如我有机会，肯定能做得比他好。我意识到我面临着一个很大的难题。第一个不利条件是我并非国民党党员。其次，1930 年短暂管理《导报》时，我撰文批判过该党。随后的事件表明，这些担忧不无道理。

抵达南京后，我立刻去外交部拜访徐先生，并解释说我无法接受他提供的工作。他明白了我的想法，说不会强迫我接受。然后我问他是否认识后来担任国民党宣传部代理主任的方治先生，如果可能的话，可否帮助我。徐先生说，他不太了解方先生，但他会请求外交部情报司司长李迪俊博士帮忙联系，并安排我当面与方先生讨论此事。等了三天之后，我成功地见到了非常亲切的方先生。他答应考虑此事，并问我是否可以等，由于我急于返回北平，没有接受他的建议。事实上，会晤没有任何结果，我不得不得出结论，我被拒绝了。

我访问南京期间恰逢纪念蒋介石委员长 50 岁生日的一周庆典，10 月 30 日上午，政府在明孝陵进行了大型的航空表演。这一天的南京洋溢着欢乐气氛。我和徐谟夫妇、蔡顺利先生乘车前去。在途中，我们看到成千上万的学童和学生步行前往航展地点。抵达后，蔡先生和我被带到了看台，徐先生和夫人则走上了演讲台。我站在看台上看了近两个小时。飞行表演令人印象深刻。中国空军学员驾驶的数十架飞机飞过检阅台，随后他们编队组成蒋介石将军的中文名字。20 多年来，我第一次开始对祖国的未来充满信心和乐观情绪，特别是在面对这些明显证明国家进步的事物时。蒋介石是这个场合的真正英雄，他在洛阳，因此没有出席活动、接受国民的敬意，但我觉得参加检阅的数千人心中只有蒋将军一人。他已成为中国的救世主和民族团结的象征。我从不崇拜英雄，但此时，我加入了对这个人的崇拜。在我看来，蒋已成为此时的象征。

短暂逗留南京期间，我还拜访了赵敏恒先生，并秘密和他谈了北平路透社的事。张雪楼先生仍然将获取宋哲元将军补贴的希望寄托在沈能毅先生身上，这让我很诧异。正如我已经指出的，沈先生负责1932年军事委员会北平分会的3000元补贴，但后来他负责少帅的宣传工作，并对后者施加了影响。1933年，兵败热河之后，张去职，沈先生失去了北平财政部印刷局局长的职位，并返回上海。由于习惯了奢侈的生活，并且养着很多女人，沈先生在三年内将钱财挥霍一空，现在非常窘迫。虽然是浙江人，在上海长大并接受教育，但他却无法在南京找到工作。1936年秋，李思浩先生被任命为冀察政务委员会经济委员会委员长，沈先生认为交好李先生的时机到了。显然他已经让张先生相信，他可以从宋将军处拿到补贴，条件是任命他为北平路透社联合主任（专门为他设立的头衔），一旦补贴到账，得给他20%至30%的佣金。因此，张先生向他提供了资金，让他们乘飞机前往北平。如果我没记错的话，他于10月10日下午与李思浩先生一起抵达北平，欧理渥立即按照张先生的指示，邀请他们共进晚餐，洽谈“生意”。

我对赵先生说，我非常怀疑沈先生是否能达成目的。我补充说，在中国，人际关系非常重要，尤其是在政治方面，沈先生可能为少帅做很多事情，但他并不是宋的支持者，宋有自己的宣传代理人。他同意我的意见，并解释了沈先生为北平路透社工作的条款。赵先生解释说，路透社不会给他工资，但如果沈继续努力，他将获得佣金。

我顺便提到北宁铁路局局长陈觉生先生似乎在中国报人身上花了不少钱，还曾邀请我共进晚餐。赵先生说，他在南京外交部工作时就非常了解陈先生，并建议我回北平后和欧理渥先生一同拜访他，请求他订阅一份路透社的报纸。他补充说，我可以提一下他的名字。他表示相信陈先生可能会提供500元订阅费。我答应按照他的要求去做，虽然我对这个程序的适当性和合法性有点怀疑。最后，我写信给陈先生的秘书，询问他是否可以让他的上司订阅报纸，条件是天津的路透社将承诺每月以500元的价格向铁路的各个部门提供10或20份报纸。多次通信之后，陈先生同意以每月40元的价格购买电报服务和路透社本地报道。订阅一直持续到1938年陈先生去世。[①] 这笔钱是由天津路透社收取的。我从来没有要过佣金，他也没有提供过。

第二十七章　绑架蒋介石

1936年最轰动的新闻无疑是12月12日的西安事变：张学良将军在共产党的策动下，在西安绑架了蒋介石将军。此事具备一切大新闻必需的要素：戏剧性、悬疑和惊奇。夏季成功地镇压了陈济棠叛乱，蒋介石将军50岁生日庆典，两件事显示了国家的统一，公众开始相信国内局势仍算和平，尽管此时共产党仍然牢牢占据西北。[②] 因此，当12月13日早上，蒋委员长被绑架的消息传到北平，所有人都震惊了。更加令人惊讶的是，绑架是张学良将军干的！许多人认为蒋以不同寻常的大度和宽容对待张，张丢失了满洲和热河，却没有受到惩罚，仅被允许辞职并出国。回国后，他担任武昌行营主任，后来被调到西安，负责“剿

① 应为1937年底。——译注

② 原文为northeast，应为西北。——译注

共”。张多次承诺忠于蒋。实际上，张是最后一个反叛并且绑架恩人的人。

张在一份宣言中提出了六项要求。他大谈民主等诸多问题，这听起来很不真实、很虚伪，但有一些受误导的外国人相信他是真诚的，并称赞他是中国民主革命的继承者。然而，中国公众绝对站在蒋和国民政府一边。除了共产党人以外，所有舆论都团结起来谴责张。在现代中国历史上，这个国家第一次被一个人的命运深深地震撼了。许多以前对蒋不友好的人现在希望他平安并为他祈祷。在蒋被囚禁的两周里，所有中文报纸的发行量都在飙升。

蒋夫人戏剧性地奔赴西安，与丈夫在一起，并协助谈判，以求丈夫获释。此行为吸引了全国公众的注意力，人们普遍钦佩她的勇气。必须承认，她于 1927 年与蒋成婚时，无论她的家庭还是国民，都不看好这段婚姻。人们说她是个野心勃勃、飞扬跋扈的女人，控制了丈夫。但是随着岁月的流逝，越来越明显地看出，她既不轻佻也不贪婪，反而是一个致力于实现国家利益最大化的女性。她彻底改变了蒋的生活，并且经常在国内外事务方面帮助他。她的西方教育背景、观念，不见容于接受传统东方教育的人。三位宋女士中，孙中山夫人被称为中国革命之母，她的人格和正直的本性广受赞誉。但我认为蒋女士高于其姐姐，因为她更有能力，更多才多艺。

事件发生后的两周是这个国家最令人焦虑的一段时间。全世界都把目光投向中国。像往常一样，官员们在如何让蒋获释的问题上存在分歧：一些人强调不惜一切代价营救蒋，即使是与绑架者达成妥协。其他人则坚持必须维护政府的尊严，就算危及蒋的生命安全也应讨伐反叛分子。随后的事件表明，双方选择妥协，毫无疑问，事件的迅速解决得益于武力和谈判双管齐下。

蒋将军于圣诞节当天下午获释，当即与妻子、张将军一同前往洛阳。第二天，他乘飞机安全返回南京，并受到了热烈欢迎。张被判处数年监禁，但在蒋的建议下得以赦免，理由是他已经真诚地忏悔了。

我仍然清楚地记得圣诞节那天晚上，蒋介石被释放的消息传到北平时的场景。我在 C. C. 林夫妇家里参加圣诞晚会，6 点钟回到家。半小时后，路透社记者蔡先生打电话问我是否听说蒋已被释放。我问他消息来源，他说是从中央通讯社的地方分部得知的。然后，我打电话给中央通讯社英文部的编辑鲍静安先生，他确认了这一消息，并说他们正在出号外。

《北平时事日报》出号外时遇到了麻烦，因为是在圣诞节假期，因此不会按时发行报纸。严格来说，这不是我的业务，我只是兼职新闻编辑，但我无法抗拒为报社和英文读者服务的机会。我首先与李治先生联系，并讯问他消息是否可靠，但当我建议出增刊的时候，他并没有说会来帮助我。新闻编辑泰勒先生反对在家里安电话，理由是他不值晚班时来电话会打扰他，所以我无法通过电话联系他，而且，他前一天病了。

我没有放弃，相信自己有能力出号外。我打电话给办公室，看看是否能找到排版人员。经过漫长的等待，终于有人接电话了。他告诉我编辑室和排版室锁门了，报社现在只有他一个人。我让他给保管钥匙和纸张的会计王先生打电话。联系上王先生后，他马上来到办公室，我也随后赶到。然后，我们雇了一辆车去找工头陈先生，幸好他在家里。他很积极地响应了我的号召，并承诺叫来两三个排版和印刷人员。

到了 7 点半，我在办公桌上编好了号外。中央通讯社是第一个发出报道的，但内容写得很糟糕。落后两个小时的路透社刊发了一个更好的新闻，但我决定写一个独家报道。第一段说蒋的释放，并提到当地人的反应。在不到半个小时的时间里，所有的稿件都送到了排版间，但是因为没有足够的人手，排版、校对、印刷几乎花了两个小时。我亲自校对。我再次打电话给李治先生，问他是否可以花几分钟过来看看号外。他说没必要，现在家里有客人。出刊时已经10点了。与中文报纸相比，我们至少落后了两个小时，但我觉得聊胜于无。第二天下午，回到办公室时，李治先生对我的卓越表现表示了祝贺。自从我加入该报以来，这是他第一次赞扬编辑人员的工作。

我不关心西安事件的后果，也不关心未来中日关系的走向。有些外国评论员认为，蒋与共产党人达成协议，后者毫无疑问是事件的幕后主使。七个月后中日爆发冲突，原因在于日本担心国民党和共产党人之间的和解会进一步巩固中国的团结，从而加强抗日力量。这种观点还有很多商榷的余地，但就我而言，西安事变标志着中国历史的转折点，现在评估它的影响还为时过早。

第二十八章　卢沟桥事变

尽管在卢沟桥事变爆发之前几个月中，中日之间摩擦不断，但我并不相信这个夏天会出事。当然，鉴于两国经常发生摩擦，我也没有完全排除擦枪走火的可能性。早在3月，我们就邀请徐太太和她的孩子们来北平消夏。6月底，妻子在颐和园为他们租了一栋房子，还给她们提供了很好的家用设施。因为徐女士的长女喜欢音乐，想在夏天继续学习钢琴，所以妻子又送去一架钢琴。7月1日，她们抵达北平后立即驱车前往颐和园。她们对租来的房子非常满意，但住了不到一周，卢沟桥事变爆发，她们不得不撤回城里。我的妻子非常勇敢，在事件发生后的星期天冒险出城，成功将这家人带回城里。他们在7月中旬乘火车返回南京，在北平住了不到三个星期就花了800多元。

讨论卢沟桥事变双方谁对谁错完全是浪费时间，争论谁开第一枪也是徒劳的，因为这两个问题都不重要。日本人会说是中国人挑衅在前，他们被迫“自卫”。中国人会强烈坚持是日本人开了第一枪，还会说，日本无权在他们没有条约授权的地方举行全天军事演习，双方部队相距不远，无论谁开第一枪都会引发冲突。

回顾 1937 年 7 月决定国家命运的若干事件，我不得不说卢沟桥事变的最初原因并不重要，当时有更严重的国际事件，例如，此前两个月，日军在松花江击沉了一艘苏联军舰，由于双方的善意和克制，一如两个月前的丰台事件一样，事件得以在一天内和平解决。不幸的是，缺乏善意导致两国陷入大规模敌对行动，而冲突的终结遥不可期。

7 月 8 日早上，蔡先生的紧急电话把我叫醒，他激动地告诉我，中日两军在宛平县的卢沟桥开战了。除此之外，他没有给我提供任何细节。我立刻去路透社，要求埃默森先生向伦敦和上海发送一个快报。像往常一样，日本人首先发表声明。事实上，在蔡先生打电话给我之后不久，联合通讯社的安土先生也打电话给埃默森先生。不出所料，日本人声称 29 军在夜间演习期间向日本军队开火。中国的第一份官方声明不仅姗姗来迟，而且让人难以相信。与中国官员保持密切联系的管先生在 9 点钟打电话给我，说日本指挥官坚持认为是中国宛平驻军士兵在夜间演习时向日本军队开枪的。中国指挥官矢口否认，说开枪的可能是一个便衣。日本人要求到宛平县寻找肇事者，中方拒绝，战事就发生了。

直到下午，中方才又发表声明。声明采取了市长秦德纯将军接受《北平日报》记者采访的形式，后者是由冀察政务委员会提供补贴的报纸。声明只是说在演习期间有一名日本士兵失踪，日军指挥官立即通知宛平县中国指挥官，要求允许进城搜寻失踪人员。中国指挥官以日本人在深夜搜查会扰民为由拒绝了。日本人坚持，遭到了中国人的抵制，结果就开战了。中立的外国人愿意相信日本人的说法，但正如我之前所说，根据后来的发展情况，当初谁开第一枪的问题已不再重要。

所有人都意识到事件的危险性，但奇怪的是，当时没有哪个消息灵通人士认为它会导致大规模的战争。东京和南京的最初声明都很谨慎。日本政府一再表示不希望事件恶化，主张和谈。南京也希望和平解决，但强调这种解决方案不得损害中国的领土和主权。面对这些矛盾的声明，人们很想问后来为什么又发生战争。

在我看来，原因不难探究。首先，尽管双方政府都发表了和平声明，但也都进行了军事准备。南京政府派遣部队进入冀南，日本用火车将军队从满洲运到长城以南。日方认为自己的行动属于预防措施，并像往常一样援引《辛丑条约》。《辛丑条约》允许外国军队驻扎在北平—山海关铁路沿线。与此同时，日方质疑南京是否有权向河北调动军队，宣称这样违反 1935 年的“何梅协定”。我认为，虽然协议将该地区非军事化，剥夺了主权国家自我防卫的权利，而这是每个主权国家都具有的权利，但无论协议的条款是什么，心存公正的人都不可以责怪南京采取向华北派兵的预防措施。

其次，日本媒体对卢沟桥事变负有不小的责任。东京政府不希望事态扩大，但与之相反，媒体每天都鼓吹“暴支膺惩”，敦促政府发动战争。他们毫无疑问受到军队的唆使，而商业目的也是一个主要因素，因为报纸发行量在战争期间一定能飙升。

第三，对国内政治的顾虑导致南京政府采取了错误的宣传政策，最终落入日本的陷阱。我毫不怀疑在最初两周内，尽管和平解决已经无望，宋哲元将军还是与日本人达成了协议，该协议在 7 月 28 日外交部官方发言中得到了南京政府的认可。考虑到国内情况，南京政府更希望对协议保密；事实上，联合通信社每次报道此事时，政府都会否认。为了沉重打击蒋介石将军的威信，日本军方称这种否认说明南京方面缺乏诚意，但他们不懂得蒋将军的真实想法，也不了解其尴尬处境。

最后，宋哲元将军对事态的恶化有不可推卸的责任。事变爆发时，他在老家山东乐陵，没有立即返回北平，直到7月12日才动身。他在天津与日本指挥官田代少将谈判了八天。7月20日，他抵达北平，第一个命令就是搬走街上的沙袋，这给了公众虚假的安全感。他似乎逐渐失去对军队的控制。有许多关于第29军官兵，例如冯治安将军决心抵抗的报道，很多朋友非常高兴，但我认为这是一个不好的迹象：一支军队的首长无法控制部下，麻烦就不远了。在这次事件中，冯的军队一再自行其是，给了日本重新采取行动的借口。

7月21日之后形势迅速恶化。一天后，一位医务界的朋友问我是否会发生战争。自事件开始以来，我第一次给他以肯定的回答，并建议他尽快离开北平。

在日本占领北平之前的三个星期里，我非常努力地工作。除了在路透社的职责之外，在泰勒先生缺席的情况下，我被任命为《北平时事日报》的代理新闻编辑。泰勒先生于6月底回澳大利亚休假，享受全薪外加600元奖金（《时事日报》对外国雇员很慷慨）。李治夫妇结束了在南京和上海的三周商务旅行后回到北平（当然由报社为他们报销），李治先生没有和我商量，就把我作为代理新闻编辑的名字印在第4页的编辑专栏的顶部，好像是对我的晋职，后来在我的建议下又删掉了。虽然泰勒先生不在，这是个不利因素，但我能够与在夏威夷出生的中国人、燕京大学新闻系毕业生顾先生，以及年轻的德国人韦德金（Widekind）先生亲密合作。这期间的报纸办得相当不错。我们是一个快乐的团队，晚上戒严，不能回家，等报纸付印后，我们就在简易床上休息。报社只有一张军事通行证，外国人也得持有通行证才能在午夜之后外出，所以这一段时间，如果我值晚班，就得和李治先生分开走：我们二人中的一个先到家，再让苦力把通行证送回办公室，另一个再走。街道空旷无人，坐人力车从办公室到家大约不过10分钟，我至少六次被哨兵拦住。我从煤渣胡同走出来时，常常有点紧张，但到了哈德门大街就踏实了。尽管街道死一般寂静，气氛令人战栗，但我绝对不会回头。

张明炜先生在这个麻烦的时候到了北京，住在北京饭店。他为我们树立了榜样。他每天都来办公室与我和李治先生讨论如何在日本占领北平后继续办报。由于担心印刷报纸的材料短缺，他又下了些订单。工作人员在月底前就得到了7月份的工资，这可是该报有史以来第一次。火车恢复通车后，张先生于8月初离开北平。

1937年7月28日，日本战车开上了北平的大街，我永远忘不了这一天。前一天晚上，我把全家带到了路透社，埃默森先生非常友好地为我们安排了一个房间。只有一张床，我们不得不睡在木地板上。晚上我几乎没睡。第二天早上5点钟，我们被日本飞机的轰鸣声惊醒了。我们跑到花园里，看到日军轰炸机编队朝着29军驻扎的西苑方向飞行，不久就听到了爆炸声。

街道堆着沙袋，沙袋后面是端着上了刺刀的步枪的中国士兵。街道当然封闭了，但小胡同除外。我不管情势如何，不顾妻子的反对，冒险出门，设法走哈德门大街东面的小胡同回家，带着一篮子做午饭和晚饭的食物回来。

10点左右，我去中国电报局看看情况，他们之前拒绝发送急电。快到北京饭店的时候，从莫里循大街方向传出枪声。我立即冲回办公室。后来得知一些美国海军陆战队员正在莫里循大街买东西，中国哨兵误认为他们是日本人，开了火。其中一人轻伤。他们立即止步，返回大使馆。

11点钟，蔡先生打电话给我说，中国军队重新夺回了丰台，这是北平以东的第一个重要的火车站，那里有很多的日本驻军。

他把消息来源告诉了我，此人是《新闻报》的本地记者，我认识他。但当我打电话询问时，他没有给我任何明确的消息来源，只是说他从可靠的圈子里听到的。我把这些信息告诉了埃默森先生，但说我不相信这个消息，也不会报告给上海。不久之后，王（C. F. Wang）女士打电话给我，问我是否听过这个“好消息”，她指的就是收复丰台。知道她是一个非常爱国的人，我决定不打击她的热情，就回答说我听到了类似的报道，并很高兴得到她的确认。然后，北平图书馆馆长袁同礼博士打来电话，他告诉我同样的消息。我非常了解他，就问他怎么知道的，他说是听市长秘书说的，但没有说出名字。我没有反驳他，也没有表示怀疑，觉得在这样的局势之下，爱国主义更重要，不应该说那些残酷的事实。

到了下午，埃默森先生仍然遵照我的建议，没有向上海发送电报，尽管他一定也从其它渠道听到了这个消息。他打电话给中央通讯社英文部的鲍静安先生。鲍先生立即告诉他，丰台已被29军夺回，中央通讯社正在发号外。我并不是说鲍先生故意误导埃默森先生，他可能对这个消息信以为真，但如果埃默森先生稍微谨慎一点，就应该记得鲍先生与官方通讯社的关系。相反，他向上海起草了一条消息，报道中国军队收复丰台，要求中央通讯社广播电台发送这则消息。他没有咨询我，事实上，我觉得由于我当天早些时候反对发消息，他失去了一则独家新闻。然而，半小时后，日本大使馆的一位秘书打电话给埃默森先生，说绝对没有丰台被中国人夺回的事，它仍然在日本人手中。埃默森先生别无选择，只能重新发一份电报，撤回之前的消息。后来我才明白，上海日侨向路透社抗议这份虚假的报道，因为他们认为正是这则由南京中央广播电台播放的报道，促使通州保安队反正，并杀害了数百名日本平民和士兵。

4点钟，我去北平时事日报社办公室，看到所有人都在谈论中国在丰台的胜利。张先生走进编辑办公室，手里拿着《实报》的号外。他建议《北平时事日报》得“做点什么”，我和李治先生应该发一份英文号外。李治先生迟迟不同意，我相信他在内心深处也怀疑消息的真实性。短暂的思想斗争之后，我也同意了，因为不服从张先生的命令，会让我遭到不爱国和亲日的指控，但当号外出来时，张先生和李治先生肯定都明白该消息是假的。

那么究竟是谁造的谣？我个人认为这是中国军事当局故意干的，想以此唤起人民的精神和士气。反对战争的道德论据之一是它破坏了我们对真理的尊重。我们都被教导不要撒谎，但当国家之间爆发敌对行动时，我们认为传播谎言和相信谎言是一种爱国责任，因此，报道收复丰台消息的人最有可能具有崇高的动机。

那天晚上我睡在办公室，上床时已到午夜。隆隆的炮声越来越清晰，日军在战车和轰炸机的协同下继续推进。但张先生、李治先生以及我自己都没想到，第二天早上这一切都结束了。我醒来后，一个办公室小伙子告诉我，29 军在前一天晚上撤离北平，宋哲元将军去了保定，张先生离开了办公室。一时间，我被这个消息惊呆了。这意味着什么？虽然我当时思绪非常混乱，无法理清背后的逻辑，但我知道这意味着日本人已经来到我们的家门口，北平也陷落了。

我接下来去路透社把家人带回家。回来的路上，我们看到街上的中国人兴奋地交谈着，显然还不知道过去 24 小时内发生的事件的重要性。

家人安全返回后，我又回到了路透社，但我看到了什么？赵先生给埃默森先生发来一封无线电报，抱怨他从北平发来的电报，并用这句话结束：“警告孙瑞芹要小心点。”我完全震惊了。我做错什么了？显然，南京方面认为我应该为从北平路透社发出的报告负责。我希望我有这种权力，但事实上，我无法控制埃默森先生，他是经理，直接对上海负责。我非常愤慨，立即起草了一条消息，为自己辩护，并说对埃默森先生发布的信息并不满意，要求中央通讯社将我的信息发给赵先生。在我去年夏天重新加入路透社之后，欧理渥先生告诉我，埃默森先生后来知道我发给赵先生的信息内容，显然为了防止被还在英格兰休假的张雪楼先生批评，他声称我在关键时刻没有给他任何协助。后来我听说，基于以上指控，张雪楼先生决定在六个月后免掉我的工作。但是，我现在什么也做不了。

8 月 8 日是 29 军撤离后的第二个星期天，日军正式入城。让许多曾经相信政府宣传的人震惊的是，宋将军撤离城市的一个条件是日本人不占领城市，而由一个特别委员会处理政务。

我在午餐后不久就带着莱卡相机出去冒险，希望能到中南海，拍点莲花的特写，但是坐人力车到达南河沿的南端、靠近欧美同学会时，我看到警察封锁了道路，他们正在忙着清理通往中南海的主要通道。我只好改去南池子，从那里过马路到户部街。我看到日本军队在沿着天安门到东单牌楼的街道上排成两排，准备接受检阅。几乎没有中国人围观，但是在 7 月最后一周躲在使馆区避难的日本侨民，到处挥舞着日本国旗，高呼“万岁”。

通往中南海的路被封锁了，我让人力车夫送我去南城叔叔家。沿途我看到墙上贴满了由日本占领军指挥官发表的布告，警告人们自我约束，破坏和平的人将遭到严惩。我没有在叔叔家呆多久。回来的路上，到处都是日本兵，主干道上还有骑摩托的士兵。

我很沮丧，考虑一旦火车恢复通车就带家人去天津的可能性。但我举棋不定，我在这里住了 17 年，有一个大家庭。去哪儿呢？上海还是崇明？由于两个日本海军陆战队员在虹桥机场附近被杀，上海的形势也很紧张，并且没有人知道它会不会导致战争。我有两份工作，虽然都不是永久性的，但让我很难做出决定。对于那些与中央社或《华北日报》有关系的朋友来说，这个决定很容易：他们必须离开北平，不管他们是否喜欢，因为他们是国民党员，如果留下来就会被捕。确实，日本人非常清楚《北平时事日报》也拿国民党的补贴，但由于主编是英国人，所以他们有所顾忌。

看到8月的前三周离开北平的火车上拥挤的景象，我决定留在北平，至少目前是这样。北平和天津之间每天只有一趟列车，在卢沟桥事变发生前，车程两个多小时，现在则需要24小时。更糟糕的是，车票一票难求，必须在凌晨4点去车站等售票处开门。恢复通车后的第一批离京列车很是壮观，每辆车上的难民都挤得像沙丁鱼一样。我和妻子多次去车站送朋友走，每次回来时都会说，如果现在走，不可能在孩子不生病的情况下到达天津。我们决定留下来，后来，离开北平的朋友们对我们表示祝贺。

我们在精神上饱受痛苦。在这种境遇下，当局做的很多事还是可以预期的，但我实在不能相信有些中国人自己做的事。读这个时期的中国报纸真是太痛苦了。版面减少到4页，只发联合通讯社的新闻。此外，报纸充斥着警察局长和那些汉奸的声明，极力贬低南京政府，公开宣布与日本人合作。国民党旗被丢弃，五色旗重新飘扬，任何源于或受国民党统治影响的东西都被废除。北京的名字也恢复了，公园再次更名为中央公园。

最让人恐惧的是告密者。没有人能保证绝对没有仇人。面对北平人民普遍遭受的不幸，人们会认为他们应该团结在一起。但是无数例子表明，不法之徒利用这种特殊环境与声名狼藉的日本人狼狈为奸，勒索财主或同情国民党的人。很多人因匿名告密者向日本宪兵队提供的线索而被捕。好在日本当局意识到这种方法不公正，开始要求提出指控的人必须提供他们的真实姓名和地址，否则指控无效。这产生了效果，秩序很快开始恢复正常。

虽然我相信我没有仇人，但我与《北平时事日报》和路透社有关系，两家报社一个被称为国民党宣传机关，另一个与日本的联合通讯社有联系，让我面临相当大的危险。如果日本或北京伪政府准备抓人，在《北平时事日报》的工作人员中，我是唯一可能被捕而不会引起抗议的。我的很多朋友担心我的安全，敦促我离开。事实上，在日本人占领北平之后的三个月里，我每天都生活在随时会被捕和遭监禁的恐惧中，但我在这场苦难中幸存下来，甚至连家都没有被搜查过。从那以后，我一直对这样的免疫力感到疑惑，我归因于以下原因：

（1）尽管我碰巧在《时事日报》工作，但日本情报部门知道我以前与《华北正报》的关系，而且我不是国民党员。

（2）日本人希望我在他们控制报社后加入他们。这个判断通过我辞职后又被请回去一事，得到证实。

（3）他们知道我在当地的外国记者中略有名气，担心如果逮捕了我，外国朋友就会把这个消息传到国外，造成对日本不利的后果。

奇怪的是，在这三个月里，我遭受的大部分压力来自于一个我从未预料到的中国人圈子。接下来我要谈谈这件事。

第二十九章　1937 年的北平路透社和新闻界

现在回头讲我在路透社的工作。在我匆匆访问南京之前，我通过一个朋友向管翼贤先生暗示，希望宋哲元将军订阅一份本社的报道。我向他提到了军事委员会之前给我们的补贴，朋友怀疑我们能否如数得到这笔钱——欧理渥先生和我也有这样的疑问。后来，我与乐于助人的管先生直接联系，他意识到路透社这样一个有影响力的新闻机构具有何等宣传价值，承诺尽力而为。他说他会拜访雷嗣尚先生，此人负责宋用来行贿的基金。在我的怂恿下，欧理渥先生邀请雷和管先生共进午餐。我们没有谈“生意”，但双方都对这顿午饭的目的心知肚明。雷先生让我感觉，不久就会有事。

在沈能毅先生来了以后，欧理渥先生将希望寄托在他和李思浩先生身上。（1936 年）11 月的某日，他告诉我，所有人的问题都已经解决妥当，第一笔钱——金额没有明确规定——将在 12 月底发放。尽管我有疑虑，欧理渥先生和张雪楼先生似乎都很高兴。

此时，我从管先生那里得不到任何消息，心情烦躁，多次给他写信。他说，由于萧振瀛先生辞去了天津市市长，雷先生失去了靠山，恐怕职位不保，目前无能为力。他说还有希望，建议我耐心等。

12 月底即将到来，但没有迹象表明经济委员会将通过沈先生支付任何款项。于是欧理渥先生写信给沈，提醒他履行诺言。沈先生的回复充满歉意，代表李先生解释，他之所以无法履行诺言，是因为他尚未控制经济委员会的财务。欧理渥先生和张雪楼先生一定相当失望。后者特别感到委屈，他后来向欧理渥先生抱怨说，他为沈先生的北平之行预支了 600 元，他不知道日后怎么交账。

等了将近一个半月之后，我终于明白管先生不可能为路透社做什么贡献。有一天，他打电话给我，要求马上来见我。他来了，说市长秦德纯将军同意以每月 300 元的价格订购一份路透社的报纸，第一笔款项将在 1 月底支付。欧理渥先生认为此事聊胜于无，便同意了。起初他有点怀疑钱能否到账，后来他看到我很顺利地收取了订阅费用，才放下心来。截至 1937 年 7 月日本占领北平，我们的服务停止，路透社共收到了 1800 元。600 元的订阅费到账后，从 2 月底开始，工资涨了 25 元，这是报社对我努力的回报。

欧理渥先生计划于 5 月开始回国休假，路透社驻上海的新闻编辑埃默森先生将于 4 月下旬抵京交接。埃默森先生于 4 月 20

日与他的俄罗斯妻子一同前来，不幸的是，欧理渥先生在前一天病倒了，所以我和堂弟不得带着他处理本地路透社的例行业务。因为听说此人德行不好，花钱大手大脚，债台高筑，所以我们都对他怀有偏见。尽管如此，我们仍尽力与他保持良好关系，并尽可能使他开心。在埃默森夫妇抵达后的第二天，我们在东兴楼举办了欢迎午餐会。他们似乎非常享受，不过我被埃默森夫人幼稚的举动震惊了，她像一个被惯坏了的孩子。

我对埃默森先生的第一印象是，作为一个英国人，他太过轻浮，而我通常把英国人与举止谨慎、庄重威严联系在一起。他中等身量，宽肩膀，虽然在穿着上不很讲究，但从外形上他可以扮演电影里的理想领导者。后来他告诉我，他的父母都当过演员，他们原本打算让他从艺，但他选择了新闻业。

与其他英国人不同，只要一见面埃默森就能和别人交上朋友。第二天我到办公室后，他对我和堂弟已经直呼其名了，而且在北平的六个月一直这样。坦率地说，他行为草率，会毫不犹豫地把办公室的秘密透露给偶然认识的人。在许多方面，他是一个真正的民主主义者，没有架子，以极其随意和亲切的方式对待办公室的仆人。他对仆人也直呼其名，如果他认识的话。

他似乎非常爱妻子，把大部分工资都花在了她身上。第一次见面时，她看起来非常健康，后来他告诉我们她患有结核病，必须去瑞士治疗。她常常来办公室，在我们的背后爱抚丈夫，后者也会这样做。他们真的是一对感情外露的夫妇。

虽然每月收入 1000 元，埃默森先生仍然债台高筑。他吃的是一个外国人能够享用的最简单的食物。妻子返回欧洲后，他只保留了一名从上海带来的女仆。这位江苏女人身兼厨师和“男仆”。埃默森先生从未按时支付工资，但她仍很慷慨地借钱让他买香烟和别的东西。这位阿妈经常求他，说自己没有钱生活了。然后埃默森先生会嘲笑她说：“阿妈，你肯定有钱。去给我买一包香烟。”然后阿妈心软了，又去买香烟。

他很乐意接受晚餐或午餐邀请，但我从来没见过他招待朋友。有时他会邀我或我堂弟喝茶，但后来我们都拒绝了，因为他只请我们喝质量最差的。

他没有礼貌，也没有应言行得体和谦虚的概念，他经常仅仅在腰部围了一条披肩就冲到办公室。在7月的紧张时刻，我的家人在路透社大楼住了两晚。7月28日早晨，我们被日本飞机的轰鸣声惊醒，赶紧都起来了。尽管知道我的妻子和一个成年女儿在草坪上，他还是光着上身就出来了。我很生气，决定第二天把家人送回去。

虽然是报社的工作人员，但他办事拖沓，粗心大意，不守时，无法与欧理渥先生相提并论。如果应该给他每个月1000元，那么欧理渥先生应该得到5000元。他起草一条消息通常需要1个小时左右。幸运的是，在卢沟桥事变爆发之前，没有发生任何重要的事情。日本占领后，北平与外界联系的电报系统彻底瘫痪，所有外国记者只得使用各自大使馆的无线电台，但一个晚上只能用一两个小时，这样一来，报道速度的竞争没有了。

与欧理渥先生不同，埃默森不能直接在电报上写稿子，必须先打草稿，再多次修改，然后让办公室小王在电报表上打出来。从外面送来的消息也不例外。他从不直接用打字机写稿子，反而会推给我堂弟，然后修改草稿，再让堂弟或小王制版。结果，早上10点钟出版的限期总是推迟，因为有时他直到9点半甚至10点才上班。他确实没有时间观念，晚上下班之后，就到附近的歌舞厅，到很晚的时候带着一个女孩回来。在这六个月里，辛苦的工作人员士气低落，以至于一些人处于罢工的边缘。

在卢沟桥事变爆发后的第一周，埃默森经常在早上和一些外国记者去卢沟桥，但他从没想过应该写一篇本地报道。我催促他写稿子，他还是置之不理。日本占领北平之后，一次他坐汽车去南口，后来他在小额现金账户报销了超过80元的汽油费。在8、9月间，他成功地从上海获得了300元的特别拨款。钱一到账，他就把金额告诉了所有人，然后每月给一位名叫汉森（Hansen）的美国人150元用于写报道，余下的钱就进了他的腰包，那些超负荷工作的员工一分钱没有拿到，他们在事变爆发后的几天中，冒着很大的风险向订户分发报纸。

在很多中国人心中，1937年的新年混杂了希望与恐惧。蒋介石将军被绑架及随后获释，再一次证明了国家的团结，同时中国军队在绥远省主席傅作义将军的指挥下，成功地抵抗伪蒙军队的入侵，增强了人民的抗日决心。也许这种信心中潜伏着危险，因为当公众看到绥远军队相当轻松地击败了得到日本飞机和坦克支援的伪蒙军队，会小看日本的军事实力。中央政府日益强大，宋将军更加倾向南京，这令日本人非常不满。从1月到卢沟桥事变爆发，北平和南京之间人员往来络绎不绝。迄今为止一直拒绝在自己辖区征收所得税的宋将军，放弃了原有立场，同意让河北省银行代表南京政府征税。夏天，华北地区的高中和大学重新开始军事训练。

尽管有这些觉醒的迹象，但当局还是一如既往地轻率。春节和去年一样，在怀仁堂举办晚宴和戏剧表演。这些娱乐活动持续到4月。在北平、通州和丰台，中日两国也发生了一些冲突，多亏冀察政务委员会的和解态度，除了有可能酿成大祸的丰台事件——其实此事在一天之内就解决了——都得到和平解决。

1937年春，在政务委员会的主持下，一些抱着善意的代表团前往日本。其中最重要的一支由天津市长张自忠将军领导，团里还有不少第29军的高级军官。另外一支代表团由12名中国记者组成，成员由管先生精心挑选，都是支持宋将军的，没有中央通讯社或国民党北平机关报《华北日报》的成员。代表团的编设不透明，从一开始人们就怀疑他们不光获得了冀察政务委员会的财政资助，还拿了日本人的钱；名声狼藉的记者团不走海路，反而穿过满洲和朝鲜去日本，这后来成为上海、南京等地中国新闻媒体攻击的焦点。赵敏求先生因参加代表团而失去了工作。他原来是我的学生。我很抱歉，因为他是一个非常聪明的人，但我帮不了他。

我必须借此谈谈在北平的中国媒体及其政治背景。在北平还是中国首都时，这个城市存在着各种政治派别资助的报社和新闻机构。首都南迁对新闻界产生了有益的影响，因为它迫使以补贴为生的那些报纸暂停出版。到1937年，报纸数量减少到不超过10份，中央通讯社是此地唯一的官方新闻机构。《世界日报》《申报》《北平晨报》和《华北日报》最为人所知。独立的《世界日报》被认为是最优秀的。它的老板成舍我先生是中国本土出身的最有能力的新闻人之一。在政治方面，他不属于任何派系，但像许多不参与政治的中国人一样支持国民政府。这倒不一定是因为他喜欢国民党，而是觉得面对国家危机，应该忽略党派分野，并支持现在的政府。管先生掌管的《实报》能够挣钱，所以从财务的角度讲也是独立的。该报以发行量最大著称。报纸采用小报的版面，经过精心编辑，深受各类人士的欢迎，特别是店主和人力车夫。《华北日报》属于北平的国民党宣传部门，虽然经理胡天志先生（Hu Tien-chih）是一个非常尽职尽责的人，但该报具有所有党报的缺陷。《北平晨报》原来属于少帅，现在成为了冀察政务委员会的喉舌。它由留美学生罗隆基博士和一位非常出色的主笔、比利时留学生孙宝堂（Sun Pao-tang）先生编辑。除了以上“四巨头”外，还有一些小而不太知名的报社，它们依赖政府机关和铁路部门的定期补贴和偶尔救济维生。他们的所有者要么是纯粹的政客，要么是已经过气、在其他地方找不到合适工作的帮闲文人。

和其他地方一样，北平新闻人也有圈子。其中一个群体主要由接受补贴的小报社所有者组成，他们的中心是管先生。他个性亲切，且具有不可思议的天分，与北平的任何派系都保持着友好和亲密的关系。他被公认为是他们的朋友和发言人，特别是在争取补贴方面。另一组由成舍我先生领导，他相当激进，看不起那些伪新闻人。他得到了中央通讯社北平分社社长潘仲鲁和《华北日报》的胡天志先生的支持。尽管两个圈子的领导人经常在社交聚会上相遇，但始终存在着无声的斗争。平津新闻学会成立于 1935 年冬天，主要由成先生集团的成员组成。成先生是执行委员会的主席，该委员会完全由亲南京的报业人员组成。管先生当选为监督委员，但对委员会没有影响力。另一方面，他在所谓的“北平报界公会”有自己的组织。我是新闻学会监督委员会成员，但不参与“政治”。日本占领北平后，中央通讯社和《华北日报》暂停出版，《世界日报》和《晨报》被日本人接管并重组。《实报》虽被没收，但一年半之后，管先生重获管理权。

第三十章　争夺《北平时事日报》和离开路透社

与其他同时代的中国报章一样，《北平时事日报》在七七事变的最后几天将版面缩小到 4 页。李治先生在整个危机期间的作为应得到高度赞扬，尽管我仍然觉得，如果手头的资源能够多一点的话，他或许能把报纸再多维持几个月。我不止一次向他建议重组报社，以商业报道为主，不再撰写引发日本人不满的社论。我暗示，即便报社压缩开支，我也不介意减薪。他不接受我的建议，坚信南京方面有能力每月支付补贴，他也对英国政府的外交保护能力充满信心。事实上，他的社论变得更加犀利。

在八一三事变爆发后的一天，如果我没记错的话，莫里循大街派出所的两名警察来到办公室，要求见经理。门房说外国经理还没有到，但会马上通知他。中国经理刘先生和我在场，立即走到房东梁氏夫妇的房子，从后门离开。后来，李治先生来到办公室，建议警察去英国大使馆询问本报社的所有权信息。我认为李治先生当时的态度太过唐突生硬，可能会引起警方对报社的敌视。

两天后的一个下午，我从报社回家的时候，妻子告诉我，有一个叫亨利·全（Henry Chuan）[①] 的人很着急地给我打过电话，他希望我回电话。我只是知道他是灯市口公寓的业主。这个公寓被称为“家，甜蜜的家”。虽然我知道他的企业和他的过去，但并不熟悉他，我以为他是希望我在报上给他做一些免费宣传。因为已经是晚餐时间，我告诉妻子，不给他打电话，如果他有急事，会再来电话的。

似乎预感到了危险，妻子坚持要我打电话。我打了电话。他的口气就好像我们是老友一般。我问他有什么事。他带着警告的口气说，他不能在电话里讲，要我小心点。我感觉我正身处极大的人身危险之中，好像警察在外面等着逮捕我。

我非常生气，一直自问这个与我只有点头之交的人为什么关心我。我的第一反应是不理他，然后决定躲一躲。孩子们吓得不敢出门。我让人力车夫把车准备好，大胆地走出去，门外没有警察。

全先生在 Pei Chun Kung 非常热情地招呼了我。在房门紧闭的接待室中，他以严肃的口气告诉我，那些日本“猴子”早就知道国民党与《北平时事日报》的关系，并决心控制它，把它变成自己的喉舌。我告诉他，本报曾经属于国民党，但最近它已成了李治先生的私人财产。他对此置之一笑，说日本人知道李治先生只是一名员工。然后他说他有一个计划，能够“为国民党和中国保存《北平时事日报》”。

---

① 整理稿如此，疑为“Henny Ch’üan”。——译注

我要他说得具体一点。全先生说："让我们接管这份报纸，进行重组，并像别的中国报社那样设一名日本顾问。等中国获胜了，报纸可以转而效忠中国。"他一再强调，他是本着为中国和中国员工利益最大化才提出这一建议的。我问他是否真的相信有一位日本顾问可以为中国的利益服务？他没有给我满意答复。

谈话没有结果。此时大雨瓢泼，他希望我在他府上住一夜，但我决定不掉进他的陷阱。妻子很快就来了，然后我们去了C. C. 林夫妇家。我告诉他们发生的事情，他们留我在他们家暂住几天。

第二天早上，我给李治先生家打电话，告诉他前一天晚上的事情。我说我必须辞职。他同情我的立场，并补充说，由于我家累沉重，不应该承担额外的风险，因此不得不接受我辞职的请求。他给我写了一封非常友善的信，赞扬了我对工作的付出和判断力。

一周后，两名信使出现在煤渣胡同两头，一人被警察逮捕，《北平时事日报》的若干副本落入警方手中。因此，报纸在第二天暂停出版。不难看出是谁策划了这起事件。这没什么可怕的，李治先生和当时北平市长江朝宗将军有私交，于是他和市长谈判，获得了恢复出版的许可。确保不会有人再来骚扰报社或员工之后，李治先生让我撤回申请，重返工作岗位。

两天后，《北平时事日报》完成了恢复出版的准备工作。这是一个星期天——我们夫妇在一个朋友家里玩麻将时，全再次打电话到我家。得知此事，我又陷入惶恐，没有兴趣打麻将了。然而，我决定不回电话，以免破坏假日。虽然女主人和其他牌友明显感到了我的不安，但我们仍然继续玩。我确信全没有放弃他控制《北平时事日报》的计划，他的电话就是铁证。

我们很早就回到了家里。德珩发现我很沮丧，决定替我给全打电话，询问他下午早些时候打电话的目的。他已经离开了他的公寓，联系不到。

第二天早上，我像往常一样去路透社工作，全在10点钟左右打电话过来。德珩骗他说我生病了，可否代为传话。令她惊讶的是，全说必须亲自见到我，而且马上就来。德珩解释说现在不方便，建议12点钟再打电话过来，他同意了。

德珩急忙打电话给我，要我尽快赶回来。我马上回来，穿上睡衣躺在床上，假装生病。在预定的时间，全来了。他被带到床边，简单问了问我的健康状况之后说，根据他得到的消息，《北平时事日报》完全没有恢复出版的可能，日本人决心查封它，如果市长向李治先生低头，他们就会毫不犹豫地将他免职。他继续说，李治先生的顽固让这么多中国人失业实在太可惜。然后，他重申两周前的建议，报纸应当由一位新的中国主任和一位日本顾问重组，他的堂弟吉米·全（Jimmy Chuan）当中方主任，虽然我后来得知，后者并不知道他的计划。一如既往，他说这是为了国民党和国民政府的利益。

我回答他，据我所知，李治先生已获得市长的许可，报纸可在几天内恢复出版。他表示强烈怀疑，但我说我选择让未来证明一切，并说我已经辞职，与报社没有联系了；我相信他知道李治先生，如果他不认得，我会把他介绍给李治先生，以便有机会与他讨论他的计划。当他离开时，我感觉这个消息让他非常不安。

正如所料，《北平时事日报》恢复发行，至少一个月内没有日本人或警察骚扰。与此同时，尽管我还在辞职状态，但仍然回到了报社。我原以为全已经放我一马，不料发生了一件意想不到的事情，证明他仍密谋控制报社。9月的一个星期三早上，花旗银行的保罗·孟（Paul Meng）先生打电话询问我是否能见见他的弟弟。我对他弟弟略有所知，此人以激进著称。我回答说我很高兴见他，说好下午4点在路透社见面。后来孟再次打电话说，他弟弟非常想早点见到我。考虑到他的背景，一直以为他想来见我是为了私事，我说2点钟会在路透社等他。

孟在2点钟准时到了，寒暄几句之后，让我吃惊的是他说自己是作为全的使者来的。一提到这个名字，我就想结束谈话离开，但我控制住了自己。他说，全已经收到明确的消息，即日本人决定指使中国警方在未来几天内对报社采取行动。全提出了两个替代方案：（1）自愿与中国新任董事和日本顾问重组；（2）以日本人指定的价格把报社卖给日本人。如果这两项提案遭到拒绝，日本人将没收报社，将其重组成自己的喉舌。

显然完全受全的影响，孟说全是爱国的，他这么做出于对报社的关心。我对这个建议嗤之以鼻，问他是否真的相信一家有日本顾问的报社可以为中国的利益服务。我直截了当地说，全不是一个坦率的人，他就是为了私利。换句话说，他想控制报社。

孟让我把这些建议转达给李治先生，说全想在三天内得到明确的答复，否则报社就是自找麻烦。我建议全直接与李治先生接洽，因为我已经辞职，现在只是暂时帮忙，等到有人接替我就走。

下午晚些时候，我向李治先生转达了全的提议。他觉得这是疯子的痴心妄想。他问道："谁是全？"我解释说他是灯市口公寓的老板，也是吉米·全先生的堂兄。李治先生说，他非常了解吉米·全，并会与他联系，要求他管管这位堂兄。

回到家中，思考下午的事，尤其回想起我对孟说全的坏话，我开始后悔自己的鲁莽行为。这个孟不是全的代言人吗？如果是这样的话，他必然会将我所说的告诉全，后者肯定会生气，并且觉得我阻碍了他的邪恶计划。我必须进一了解这两个人，还要去拜见保罗·孟，并问他是否事先知道他兄弟来访的目的。

匆忙吃了晚餐，我去拜孟先生。我说我当着他的兄弟说了一些对全不敬的话，如果他把话传达给全，我就要倒霉了，因为全无疑有日本人的支持。孟说我不必担心人身安全，而且他的兄弟与全没有密切联系。他还表示，全在为《北平时事日报》利益最大化努力，他还是国民党员。

回到报社为第二天早上的发行做准备时，已经是9点半了。李治先生已经来了。半小时后，一名工人进来说，全先生乘车来到报社，现在正在门外等候，要见我。起初我以为是吉米·全来了，但是，一看到亨利·全的名片，这个疑问就消失了。我告诉李治先生，要他替我去接见全。二人谈了2个多小时，全重申了通过孟传达的建议。他详细阐述了条件，并强调如果在接下来的三天内没有令他满意的答复，就会采取行动。李治先生不拿他当回事，说他必须终止谈话，如果他还有别的建议，可以在第二天下午4点来报社。

第二天，全再次来到这里，这次他的堂兄带来了一封介绍信。就像前一天晚上一样，李治先生坚持说，如果全想跟他做生意，就必须出示证件。谈话持续了两个小时，其间全的语气变得更加挑衅和尖锐。他明确表示，如果到周六还没有收到满意的答复，李治先生最好想法保证员工的人身安全。李治先生仍然不为这些威胁所动。

周五没有发生麻烦，然后是星期六，到下午6点还没有任何异样。晚上我下班，比平常睡得早一些。9点钟，我被人力车夫叫醒，他说李治夫人乘一辆车来了，有急事要见我。我出去迎接她，她压低声音告诉我，应该值班的顾（T. C. Ku）直到8点半还没出现，可能被绑架了。记簿员王某从下午起就失踪了。她来接我去报社，让我把顾失踪的消息报道出去。我马上拿了一条毯子，和她一起去了报社。

我在报社看到了华文学校佩图斯（Pettus）先生。李治先生告诉我，通过佩图斯先生认识的日本牧师志村的斡旋，此事已经顺利解决。顾、王和一名在晚上被绑架的送信小伙子将在第二天中午前获释。李治先生已经签署了一封致北平特务机关长松井大佐的信，承诺不发表任何反日社论。

那天晚上我睡在办公室。第二天早上，李治先生和其他人聚集在办公室，焦急地等待三名被绑架的员工获释，但直到2点，他们才获得自由。顾和王对事件的描述基本一致：他们如何被绑架，如何被关押在西城城墙根一间小黑屋。他们没有遭受酷刑，但绑架他们的是一个看起来凶神恶煞、无所不能的人。

无疑这件事让李治先生认为亨利·全是个危险的人，与北平的黑社会有勾结，证明了他的威胁是实在的。李治先生向佩图斯先生和其他人询问全的情况，他们都把此人描述成全家的害群之马。从那时开始，李治先生的态度从蔑视和漠不关心变成警觉和带蔑视的恐惧。他一生都处于危险之中，被迫向英国大使馆写了一份长篇备忘录，详细说明了事件的来龙去脉，并请求使馆提供保护。李治太太亲自给詹姆斯·全（James Chuan）先生打电话，请求他的帮助，防止他的堂兄对丈夫造成人身伤害。詹姆斯·全先生答应警告他。

正如后续事件显示的那样，绑架事件是亨利·全最后一次试图控制报社的赌博。10月，《北平时事日报》面临完全不同的困难。张先生离开之前向李治先生承诺，南京的每月补贴不仅会按时到账，金额还会增加。但9月的补贴在10月的第一周尚未到来。总的来说，中国员工忠诚地支持李治先生，尽管业务部门两名成员中的一人的行为有些可疑。但是，报社急需现金支付各种账单。为此，李治先生送会计王先生去天津，通过中央社的无线电机联系南京，他在那里待了好几天，也没有钱送过来。

从天津回来几天后，王先生在家中被中国警察逮捕。曾于8月辞去业务经理职位的刘先生也被拘留。李治先生立即努力让他们获释，但这次没有成功。他向市长请愿，但显然这件事是他无法控制的。刘女士和王太太每天都来办公室，向李治先生求助。但几周过去了，两人仍然没有被释放的希望。

回顾10月份的事件，我确信王和刘的被捕是日本人迫使李治先生出售《北平时事日报》计划的一部分。由于没有来自南京的补助，两名员工还在监狱，印刷商每天来办公室要求支付逾期账单，李治先生在10月中旬之前已经做好了把报社转让给日本人的心理准备。正在这种情况下，一名姓王的先生找他，此人是李治先生从前教《圣经》时的学生，他告诉李治，他为中国人谈判收购报社事宜。同时我也接到了松村先生的电话，他是我在《华北正报》的前同事，现在是联合通讯社的员工，询问我是否可以在第二天见松方和松尾先生。我建议他们在第二天下午5点来路透社。松村先生说，他们想看看报社的办公室。经过李治先生的批准，我将见面时间定在5点。

1935年，我在东京第一次认识松方先生，他是著名的明治政治家松方正义最小的儿子，在英国和美国受过教育，他是一个很好的日本人。松尾先生当时是联合通讯社英语报道的负责人，我对此人略知一二。二人准时到来，我把他们介绍给李治先生，然后带他们参观印刷室。他们尽可能彬彬有礼，在与李治先生的谈话中，从未透露有收购报社的愿望。

现在回到李治先生与王的谈判。谈判拖了两个多星期才结束。虽然李治先生不止一次要求我加入，但我没有参与。北平张明炜先生的私人代表陈先生以及另一位中央社的陈先生参加了会议。我觉得，李治先生一开始并不急于在8月补贴到来之前完成谈判，他说希望能拖几个月，尤其是布鲁塞尔会议即将开幕。但是，由于日本通过王先生明确表示，谈判结束之前，他们不会释放王和刘，李治先生改变主意，决定尽快出售报社。

10月31日的报纸刊登了签约声明，晚上签署了协议。我在前一天辞职。10月30日下午，李治先生通知业务员工和报社工人，报社已经转手，新管理层将于11月1日接管，工作人员不会发生变化。他感谢大家以往的配合，并遗憾地表示自己不得不离开他们。我原本以为他会把出售报纸的部分收益用来支付员工至少两个月的工资，因为他们在过去的四个月里非常认真地工作，老雇主理应发放一些福利，但李治先生对这个问题不提一字。他也没有告诉我出售报社的价格。没错，他多给了我一个月工资，但他是在我的要求下才这样做的，而且我原本有权享受至少一个月的假期，但因目前的局面被迫放弃。后来我了解到，他向检字和印刷工人支付了半个月的工资，但却拒绝给校对和业务部门的人支付薪水。我不知道李治先生把支付各种账单后剩下的2万元用在何处，但我想他有资格获得这笔钱。我为那些在报社服务超过五年的同胞感到遗憾，在报社被出售时，他们一无所获。

谈判结束前三天，王先生和刘先生获释。王先生脸色苍白而憔悴。他让我小心，说日本人无所不知。显然他已经在警察总署承认了一切。他在报社易主后留了下来。

11月1日上午，负责谈判出售协议的王先生从北平时事日报社办公室打电话给我。他说我们原来是《华北正报》的同事，现在“我们已经收购了报社，你应该来加入我们”。我礼貌地解释说我已经辞职了，因为在过去的四个月里身体不适，我需要休息，不能答应他的要求。一个星期后，松村先生来看我，要我加入该报。他说松方先生请他找我时，向他介绍了我于1929年离开《华北正报》时的情况。松村先生强调说，高孟奇先生被任命为《北平时事日报》的新管理人员，他们欢迎我回去工作。我在回复中感谢了松方先生，但表示身体状况不佳（我在四个月内掉了10磅），需要休息，也不确定会留在北平逗留多久，不得不拒绝他的邀请。松村和松方先生都了解我的情况，没有给我施加压力。

我之所以拒绝加入被日本控制的《北平时事日报》，应完全归因于爱国主义的影响。日本政府一再宣称日本并非与中国人民为敌，只是与反日的国民党和南京政府作战，虽然我不是国民党成员，万幸逃过其代理人的迫害，但我觉得目前就是中日之间的冲突，所有爱国的中国人都应该不分党派，一致支持南京政府。在上海爆发冲突的最初几天，我深受感动。我收听南京中央广播电台每天播出的战况报道，以及中国士兵和飞行员的英勇抵抗的消息。我希望能为国家进绵薄之力，但由于我身在沦陷区，实在无能为力。但是，我相信虽然在北平的我们不能积极参加抗日运动，但至少可以避免为日本人做事。正是出于这种精神，我在《北平时事日报》被收购后立即辞职。同样，我拒绝了松方先生的邀请。

在做出这个决定时，我并非没有意识到《北平时事日报》给了我一个比路透社更稳定的职位。过去的经历告诉我，路透社是一个“阴晴不定”的雇主，雇佣中国人要考虑商业因素。在五年内，我的薪水屡次升降，这主要取决于本地新闻报道工作和翻译服务的收入，以及我获得订户或争取补贴的能力。我在过去六个月为报社赚了 1600 元，而公司自 3 月以来仅给我加薪 25 元。人们会认为，本地报道服务的收入已经下降，报社应将其过去的部分利润拿出来以度过萧条时期，但这个原则不适用于路透社，特别是中国员工。也就是说，报社会立即削减中国员工的工资，以减少损失。我不介意这个原则，只要路透社能与员工同甘共苦，但事实并非如此。

现在，北平的少数中国报纸充斥着日本联合通讯社发布的新闻，这是日本占领北平带来的一个影响。战前，我能从中国报纸找到一些值得翻译出来的消息，这样报纸日均发行 12 页，其中翻译新闻占 8 页，本地报道 4 页。现在不一样了，这些报纸没有自己编发的中国新闻，全都转载联合通讯社派发给它们的报道，这些内容同时出现在联合通讯社免费分发给《北平时事日报》和所有外国记者的报道服务中。这意味着我没法从中国报纸翻译新闻，因此，翻译版面减少到 4 页。即便如此，我在组稿时也遇到相当大的困难。埃默森先生掌权时期，我不必担心他抱怨版面减少，因为他对我每天为这两项工作付出的劳动完全无动于衷。但欧理渥先生将于 11 月初返回，埃默森先生将立即前往英格兰。

但截至 11 月底，本地报道和翻译服务没失去多少订户，报社在支付我每月 275 元的工资后还盈利了。12 月 1 日，《北平时事日报》为本地报道和翻译服务支付了 75 元，另外还有 250 元用于电报服务，它拥有自己的翻译人员，因此终止了服务。这项服务因而损失了 75 元，反过来意味着，公司在 12 月因给我发工资而损失了 75 元。

许多人会问，75 元对路透社这样的全球新闻机构会有什么影响？路透社严格遵守商业原则，75 元意味着很多，特别是当员工碰巧是中国人的时候。因此，从 12 月 1 日开始，我每天都担心减薪，但这个担心直到 1938 年 2 月的最后一周终于被打消。欧理渥先生让我在晚上 6 点见他，说他收到了一封来自张雪楼先生的信，想与我讨论信的内容。

我在指定的时间打电话。欧理渥先生站在壁炉旁，读了张雪楼先生给我的信。这封信中有一段话最能体现路透社对中国员工的态度：由于本地报道和翻译服务不赢利了，应该暂停，我的工作应该立即停止。这封信继续说：现在每月赤字 500 元，所以应该全面减少中国员工工资，他们的月薪总额不能超过 2000 元。

欧理渥先生问我是否会接受 75 元的减薪，他会写信给张雪楼先生，要求他保留本地报道和翻译服务。我既不拒绝，也不接受，因为此时我需要时间深思熟虑。然后他告诉我，他已经决定每个月给冯子坤（Feng Tze-kun）先生“几个小钱”作为退休金。他接下来说将从这个或那个人的工资里扣除一两元。我每月挣 150 元的堂弟是唯一逃过“斧头”的中国人，因为他负责的商业服务仍然能够支付他的工资。

回到家后，我和德珩讨论了这个问题，她对事情的转折完全不感到意外。我说宁愿辞职也不接受减薪，她不置可否。第二天早上，我去了路透社，完成翻译后，我给欧理渥先生写了一封信，表示拒绝减薪 75 元的提议，并表达了辞职的决心。我谈到了路透社对中国员工的刻薄，并提醒他，离农历新年只有一个星期了，它是中国的重要节日，如果报社想减薪，也应该安排在节后。我问他是否会在圣诞节前给英国人减薪。我进一步提出了辞职补贴的问题，并说鲍静安在几年前以相似的条件从上海辞职，他因连续工作三年得以拿到两个月的额外工资，而我工作超过五年，应该拿到更多。总而言之，我告诉他，虽然 17 年来，失业的危机第一次离我这么近，但我仍然可以在别处找到工作。

欧理渥先生没有表示是否收到了我的信，但我确信他立即把信寄往了上海。我原本打算在 2 月 1 日离开，但由于我没有收到他的答复，于是在 1 月 31 日之后照常工作。到 2 月底，欧理渥先生告诉我，他收到了总经理的信，接受我的辞职，报社会额外支付三个月的工资。

2 月 28 日是我在路透社的最后一天，中国员工来办公室与我告别。其中一人表达了对报社对待中国人态度的愤慨，说大家应该集体辞职。我感谢他们的同情，并要他们照常工作，又说，如果国家贫弱，就不能指望从外国人那里获得正义。我告诉他们，报社原本打算在农历新年前减薪，但由于我的抗议，才推迟了一个月。

我必须说，欧理渥先生的态度给我带来了意外的痛苦。我们的关系一直非常亲密。我钦佩他的工作能力和对中国的真诚同情。我怀疑他并不同意路透社对中国人的很多政策。我原本以为当我辞职时他至少会说些什么，以表达他对我工作和个人的赞赏，或者表达对公司因为财务状况不佳，不能继续雇佣我的遗憾，但当我和他握手时，他一言不发。他是如此激动，以至于无法表达自己，抑或是英国人传统的含蓄表达方式？

现在谈谈冯先生。当我在 1932 年加入路透社时，他已经有超过 15 年的工作经历，最初是记者，然后是翻译，最后是员工管理者。1932 年 7 月，我开始负责报社后的第一件事就是告诉他，张雪楼先生决定把他的薪水从 120 元降至 90 元。当时张雪楼先生在场，他强调说这将是他的最后一次减薪，并承诺在几年后让他退休。

退休金得到了保证，冯先生便欣然同意。但显然口头上的承诺并不算数，两年后他的工资再次被削减，这次是每月减到 75 元。不过报社对养老金的承诺还是有效的，仍然期待养老金的冯先生再次屈服。当听到欧理渥先生在讨论中国员工大减薪，顺嘴说报社以后每月只给冯先生几个小钱当退休金时，我感到非常惊讶。为了不让这位老人失望，我决定对他保密，但提醒他不要对报社抱太大希望。最终，他每月获得 20 元、为期 18 个月的退休金。然而，冯先生是路透社领取退休金名单上的第一位中国人。

尽管我已经说明，路透社一旦收入下降就削减中国雇员的工资，这是其政策的一部分。然而从上文的介绍中，读者可能会觉得我的情况是一个孤例。事实上，我是第三个因为路透社的这项政策离职的中国雇员。前面提到的鲍静安，因为不接受减薪，在工作两年多后辞职。路透社与中央社签订合同之后，前外交部雇员鲍先生于 1936 年早些时候以 400 元的薪水加入南京路透社，鲍先生每月向中央社提供外文报道，先后获得 1 万元。不久之后，他被派到上海，负责上海站的翻译工作，并监督其中文报道。起初，路透社显然对他的工作感到满意，给他加薪 50 元。两年后，张雪楼先生突然觉得给鲍先生的工资太高了，决定给他减薪。鲍先生拒绝，并辞了职。

我的另一位朋友卢祺新先生继任，欧理渥先生很高兴。卢先生每月挣 300 元，报社承诺以后给他加薪。他在路透社呆了一年多，张雪楼先生用同样的策略对付他，即要么减薪，要么走人。同前任一样，卢先生选择辞职。直到今天，现任中央社香港分社负责人的卢先生仍然对路透社和欧理渥先生怀恨在心。

在我辞职近两个月后的 1938 年 4 月，日本军队在上海的发言人对路透社进行了强烈攻击，并称在南京国民党档案中发现的文件显示，在中央行政机关会议上，同意国民党中央委员会将 1 万元作为对路透社的补贴。两天后，张雪楼先生否认了这一指控，但表示路透社与中央社签订了新闻交换协议，后者支付了一定费用。他为这项协议辩护，说这是纯粹的商业交易，一如路透社与联合通讯社之间有合作一样。

鉴于我在路透社的经历，我经常想，像张雪楼先生这样受过良好教育、出身显赫的人，怎么能那样对待路透社的中国员工？当然，作为经理，他必须执行伦敦的指示，但如果他对中国人有一丝同情，也应在公开或私人场合指出这样的政策是不明智的。对我来说，路透社的商业行为及其对待中国员工的工作方式特别令我伤心，因为我阅读英国文学、学习最优秀的英国政治思想，认为英国是一个自由和正义的国家，她的人民天然具有公平、正义的性格。也许我太天真了，被英国的宣传迷惑了，事实上当英国人谈论社会正义和公平竞争时，考虑的只有他们自己，中国人则不属于他们的文化和文明的范畴。在这方面，必须说，尽管目前很多同胞认为日本是一个卑鄙狭隘的民族，但对我最好的就是我为之工作了七年、现在已经解散的《华北正报》。在这七年里，我总是能按时领薪水，还有两个……①

① 以下缺。——译注

陈布雷致宋美龄函一封

古为明 整理

编者按：此函为陈布雷亲笔，作于抗战时期，笺为“国民政府军事委员会委员长侍从室第二处用笺”。函中所言歌乐山第一保育院为“中国战时儿童保育会”所设。该会 1938 年 3 月 10 日成立，是妇女界组织的以救济教养战时难童为宗旨的抗战爱国团体，宋美龄任理事长，徐闿瑞与邓颖超、史良等同为常务理事。

夫人尊鉴：

谨陈者。歌乐山第一保育院，闻三月份经费未蒙总会发给。该院主持人徐闿瑞同志另有函呈夫人，请赐鉴察。

布雷不知此项经费缓发之经过，但徐同志主持该院，闻极艰苦而负责。谨以上闻，乞夫人察核，赐予主持，不胜感祷。

陈布雷谨上

三月二十三日

整理者：古为明，中国社会科学院近代史研究所副编审。

《近代史资料》总 142 号

主　　编　刘　萍
执行编辑　刘　萍
编　　辑　关　康
　　　　　张淑贤